André Groenewoud

Jahrhundertverbrechen – Opfer und Täter erzählen

AF177843

*T*opicus

Das Buch

Zwölf Jahrhundertverbrechen, die Deutschland und die Welt bewegten. Der Journalist André Groenewoud hat sie beleuchtet, weil er wissen wollte: Was machten diese dramatischen Lebenseinschnitte mit den Betroffenen? Wie lebt der Kaufhaus-Erpresser Arno Funke alias »Dagobert«? Was denkt der Sohn von Hanns Martin Schleyer über die RAF, die seinen Vater umgebracht hat? Und was macht heute das berühmte Napalm-Mädchen aus Vietnam? Antworten fand der Autor in zahlreichen Gesprächen mit Opfern, Tätern und Ermittelnden.

Ein informatives, bewegendes und zugleich sensibles Zeitdokument über Jahrhundertverbrechen, das in den Mittelpunkt stellt, was oft vergessen wird: den Menschen.

Der Autor

André Groenewoud, Jahrgang 1972, hat nach dem Abitur BWL studiert, wusste aber schon immer, dass er Journalist werden wollte. Der Emsländer arbeitete als Chefreporter und Autor für die Bunte in München und Paris, schrieb für den Stern und war Korrespondent der Reportage-Agentur Zeitenspiegel in New York. Nach Europa und Amerika ist er nun für das ZDF im Südostasien-Studio in Singapur im Einsatz. André Groenewoud berichtete in seiner Laufbahn weltweit über Schulmassaker, Naturkatastrophen und Terroranschläge, besuchte die Deutsche Kerstin Cameron in der Todeszelle eines Gefängnisses in Tansania und trug mit seinem Artikel dazu bei, dass sie später freigelassen wurde. Als Interviewer sprach André Groenewoud mit Ministern, Ministerpräsidenten, Bundeskanzlern, Bundespräsidenten, Premierministern, Staatschefs, Königen und Kaisern. 2019 erschien sein erstes Buch: »Das wollte ich Ihnen noch sagen – Ein Jahrhundert im Gespräch.«

ANDRÉ GROENEWOUD

JAHRHUNDERT VERBRECHEN

OPFER
UND
TÄTER
ERZÄHLEN

*T*opicus

Deutsche Erstveröffentlichung bei
Topicus, Amazon Media EU S.à r.l.
38, avenue John F. Kennedy, L-1855 Luxembourg
November 2023
Copyright © der deutschsprachigen Ausgabe 2023
By André Groenewoud

Buchcover: Allyse Karam & Buchumschlag: bürosüd⁰ München,
www.buerosued.de
Umschlagmotiv: © GoodStudio / Shutterstock
1. Lektorat: Kanut Kirches
2. Lektorat, Korrektorat und Satz: VLG Verlag & Agentur,
Haar bei München, www.vlg.de
Gedruckt durch:
Amazon Distribution GmbH, Amazonstraße 1, 04347 Leipzig /
Canon Deutschland Business Services GmbH,
Ferdinand-Jühlke-Straße 7, 99095 Erfurt /
CPI books GmbH, Birkstraße 10, 25917 Leck

ISBN 978-2-49671-400-5
e-ISBN 978-2-49671-401-2

www.topicus-verlag.de

Für Sirap

INHALT

VORWORT

VON SILKE MAIER-WITT

Silke Maier-Witt ist eine ehemalige Terroristin der zweiten Generation der Roten Armee Fraktion (RAF). In den 70er- und 80er-Jahren war sie eine der meistgesuchten Personen in der Bundesrepublik. Maier-Witt taucht 1980 in der DDR unter, wird 1990 enttarnt und wegen der Entführung und Ermordung von Arbeitgeberpräsident Hanns Martin Schleyer zu zehn Jahren Haft verurteilt. 1995 kommt sie vorzeitig aus dem Gefängnis frei. Maier-Witt arbeitet anschließend als Friedenshelferin im Kosovo und in Nordmazedonien.

* * *

Als Ende November 2017 die *Bild*-Zeitung in ihrer üblichen reißerischen Manier mein Treffen mit Jörg Schleyer bekannt gab, war klar: Jetzt wissen so ziemlich alle, dass ich meine Beteiligung an der Entführung und Ermordung von Hanns Martin Schleyer bereue. Diese für mich unangenehme Art der Offenlegung meiner Begegnung mit dem Sohn des Mannes, an dessen Tötung ich beteiligt war, hatte ich nicht gewollt – aber das war der Preis, den ich zahlen musste.

Trotz dieser kurzfristigen Aufregung war das Gespräch mit Jörg Schleyer ein wichtiger Schritt für mich. Lange hatte ich eine direkte Konfrontation mit einem der Angehörigen der Opfer der mörderischen Aktionen der RAF vermieden, sie vor mir hergeschoben, nicht für möglich gehalten. Dann fand das Treffen mit Jörg Schleyer statt – und zum ersten Mal sprach ich mit einem der Menschen, denen ich mit meinen Taten und Worten großes Leid zugefügt hatte.

Die Begegnung mit Jörg Schleyer hatte eine Vorgeschichte: Es begann mit einer Gedenkveranstaltung in Berlin kurz zuvor, im Oktober 2017, 40 Jahre nach dem Deutschen Herbst. Dort wurde noch einmal die öffentliche Erklärung der RAF nach der Ermordung Schleyers vorgetragen, die ich ja damals bekannt gegeben hatte. Diese unsäglichen Worte haben sich in mein Gedächtnis eingebrannt. Worte, die den Ermordeten noch zusätzlich verunglimpft haben. Sie nun 40 Jahre später wieder zu hören, war schwer zu ertragen. Aufgewühlt kehrte ich in meine schäbige Pension zurück. Ich war mit aller Direktheit an diesen Tag und meine Rolle erinnert worden. Ich schämte mich zutiefst dafür, dass ich ohne Zögern diese furchtbare Botschaft öffentlich gemacht hatte. Mir wurde bewusst, dass ich erfolgreich verdrängt hatte, in welch großem Maß ich am Tod von Hanns Martin Schleyer beteiligt war. Irgendwann in dieser Nacht schrieb ich einen Brief an die Familie Schleyer.

Meine Auseinandersetzung mit meiner Beteiligung an den verbrecherischen Aktionen der RAF begann erst nach meiner Verhaftung in der DDR im Juni 1990. Bis dahin hatte ich mein Gewissen damit beruhigt, dass ich selbst niemanden getötet hatte und in den zehn Jahren in der DDR eine andere geworden war. Die RAF und meine Beteiligung an deren Taten schienen weit weg zu sein.

Mit meiner Verhaftung war ich wieder die steckbrieflich gesuchte Terroristin Silke Maier-Witt. Es gab kein Ausweichen mehr und kein Verdrängen. Schon zu Beginn meiner Haftzeit in Ostberlin war ich bereit, alle Fragen zu beantworten.

Die wichtigste Frage, die mich umtrieb und noch immer umtreibt: Wie genau ist der Prozess abgelaufen, an dessen Ende ich mich einer Gruppe anschloss, die das Töten von Menschen für ihre politischen Ziele rechtfertigte? Wie konnte ich mein

Entsetzen angesichts der brutalen Aktionen beiseiteschieben, ja sogar Rechtfertigungen finden und weiter in der Gruppe funktionieren? Das war so nach der Besetzung der deutschen Botschaft 1975 in Stockholm, nach der Ermordung von Generalbundesanwalt Buback 1977 und kurz darauf nach der Entführung von Hanns Martin Schleyer.

Ich frage mich noch immer: Wieso konnte ich die Skrupel verdrängen, die ich durchaus hatte, als ich das Schlachtfeld nach der Schleyer-Entführung sah? Wie viel Munition da verschossen wurde! Vier Begleiter Schleyers lagen tot auf der Straße. Das war erschreckend. Auf der einen Seite habe ich Entsetzen gespürt, auf der anderen Seite habe ich gehorcht und funktioniert.

Ich kann mich mit dem, was ich getan habe, heute nicht mehr identifizieren. Wie ich im Gespräch mit dem Journalisten und Autor dieses Buchs André Groenewoud sage: Ich finde noch immer keine Antworten.

Die RAF ist Teil meiner Geschichte. Sie gehört zu mir. Aber je älter ich werde, umso schwerer fällt es mir, mich mit meiner Vergangenheit auszusöhnen. Reue ist schwierig. Ich empfinde eher Scham.

André Groenewoud habe ich während seiner Recherchen für dieses Buch, das verschiedene berühmt gewordene Verbrechen thematisiert, kennengelernt. Was mir gefällt: Er wertet nicht und macht sich nicht gemein mit Opfern und Tätern. Auch mir gegenüber war er unvoreingenommen. Die Gespräche, die er geführt hat, sind berührend und zugleich einfühlsam. Die Bandbreite ist dabei groß: Wie geht es heute den Überlebenden des Massakers von My Lai in Vietnam? Und wie Ines Falk, die das Gladbecker Geiseldrama nicht vergessen kann? Bereut ein leitender Wachmann des Foltergefängnisses der Roten Khmer in Kambodscha, gemordet zu haben? Was empfindet der Barbesitzer, auf dessen Terrasse während der Terrorattentate von Paris 20 Gäste erschossen wurden, darunter seine Lebensgefährtin? Fühlt sich der Kaufhaus-Erpresser Arno Funke (»Dagobert«) wohl, als einer der bekanntesten Verbrecher Deutschlands auf einer Liste mit Hitler zu stehen?

Vor allem: Fühlte ich mich wohl, von André Groenewoud für dieses Buch befragt zu werden? Nein, denn es gibt Schöneres, als an seinem Lebensabend auf diese Art und Weise von seiner Vergangenheit eingeholt zu werden. Doch ich fühlte eine moralische Pflicht, ihm Auskunft zu geben.

Populärer Verbrecher: Arno Funke schrieb in den
90er Jahren als »Dagobert« Erpressergeschichte

Der Kaufhaus-Erpresser

Der »Fall Dagobert« gilt als der längste und aufwendigste Erpressungsfall in der deutschen Kriminalgeschichte. Zwischen 1992 und 1994 verübt Arno Funke unter seinem Pseudonym »Dagobert« Bomben- und Brandanschläge auf Karstadt-Filialen in verschiedenen Städten der Bundesrepublik, um Geld vom Kaufhauskonzern zu erpressen. Seine technischen Fähigkeiten, seine Fantasie, das Bestreben, Verletzte zu vermeiden, und die ungewöhnlichen Geldübergaben machen ihn äußerst populär und zu einem der bekanntesten Verbrecher Deutschlands.

Martin Textor ist der Chef des Sondereinsatzkommandos (SEK) in Berlin und oberster Dagobert-Jäger. 1994 gelingt es ihm, Arno Funke zu verhaften. Der Erpresser wird zu neun Jahren Haft verurteilt. Nach sechs Jahren und vier Monaten kommt Arno Funke auf freien Fuß. Ich spreche mit dem ehemaligen Kaufhaus-Erpresser und mit Ex-SEK-Chef Textor im Jahr 2022.

* * *

Ein DIN-A4-Blatt, der Brief trägt das Datum 3. Mai 1995, der Absender schreibt aus einer Justizvollzugsanstalt. »Lieber André, mir geht es den Umständen entsprechend gut. Ich habe jetzt viel Zeit zum Lesen und Fernsehen. Zum Malen bin ich bisher leider nicht gekommen. Es gibt schönere Plätze als das Gefängnis.« Er unterschreibt die Zeilen mit Arno Funke. Und fügt in Versalien hinzu: DAGOBERT.

Arno Funke sitzt zu diesem Zeitpunkt bereits seit über einem Jahr im Gefängnis. Er war Deutschlands meistgesuchter Verbrecher.

Im Sommer 2022 veröffentlicht das Männer- und Lifestylemagazin *Esquire* eine Liste mit den zwölf bekanntesten Verbrechern Deutschlands. Auf Platz eins landet Adolf Hitler – wer sonst? Es folgen auf den Plätzen zwei bis vier die RAF-Terroristen Andreas Baader, Ulrike Meinhof und Gudrun Ensslin, auf fünf und sechs Hans-Jürgen Rösner und Dieter Degowski, die Geiselgangster von Gladbeck. Und dann, auf Platz sieben: Arno Funke. Hinter ihm liegen auf der Acht der Serienmörder Fritz Haarmann, auf der Neun Armin Meiwes, der »Kannibale von Rotenburg«, auf der Zehn Konrad Kujau, der Fälscher der Hitler-Tagebücher, und auf Platz elf der Frauenmörder Fritz Honka. Schlusslicht ist der Kunstfälscher Wolfgang Beltracchi auf Platz zwölf.

Warum Niels Högel, der schlimmste Serienmörder in der Geschichte der Bundesrepublik – das Landgericht Oldenburg verurteilte den Ex-Krankenpfleger 2019 wegen Mordes in 85 Fällen zu lebenslanger Haft –, nicht auf der Liste steht, bleibt ein Geheimnis der *Esquire*-Redaktion. Aber Arno Funke steht auf der Sieben, zwischen Rösner, Degowski und Haarmann.

Ob er sich in einer derartigen Gesellschaft wohlfühlt, sechs Plätze hinter Hitler?

»Oje«, sagt Arno Funke, als ich ihm die Liste vorlese, »mit Sicherheit nicht.« Dann macht er erst mal eine Pause. »Eigentlich«, fährt er fort, »wollte ich immer zu den Guten gehören.« Er wisse natürlich, dass Journalisten gern zuspitzen, gern provozieren, aber er könne auf solch eine Liste gern verzichten.

Wie kommt es, dass dieser Kunstlackierer einer Kfz-Werkstatt, ein ehemaliger Schilder- und Lichtreklamemacher, derart populär wird, dass man ihn auch mehr als 30 Jahre nach seinen Taten nicht vergessen hat? Dass im vergangenen Jahr der *New Yorker* ein seitenlanges Porträt über ihn veröffentlicht und sich daraufhin Hollywood bei ihm meldet? Dass die ARD eine TV-Doku über ihn zur besten Sendezeit ausstrahlt?

Es ist dieses Katz-und-Maus-Spiel mit der Polizei zwischen 1992 und 1994, das ihn populär gemacht hat. Seine Fantasie und seine technischen Fähigkeiten, vor allem aber das Bestreben, bei seinen Bombenanschlägen keinen Menschen zu schaden, bringen ihm enorme Beliebtheit ein. Der *Stern* zeigt ihn auf dem Titel, der *Tagesspiegel* krönt ihn zum »Gangster des Jahres« und schreibt, dass Funke das Räuber-und-Gendarm-Spiel auf ein in der Geschichte der Polizei noch nie gesehenes intellektuelles Niveau gehoben hat.

In der Nacht zum 13. Juni 1992 zündet Arno Funke in einer Karstadt-Filiale in Hamburg eine Bombe. »Das war eine Rohrbombe, und sie ging in der Porzellanwarenabteilung hoch«, sagt Funke. Personen werden nicht verletzt, der Sachschaden ist allerdings beträchtlich. Am folgenden Tag erhält Karstadt ein Erpresserschreiben von ihm. Zu diesem Zeitpunkt ist Arno Funke immer noch Arno Funke. Ein paar Tage später schaltet der Kaufhauskonzern im *Hamburger Abendblatt* eine Anzeige mit dem Text »Onkel Dagobert grüßt seine Neffen.« Was niemand weiß: Der Text wurde vorab vereinbart und signalisiert Arno Funke die Zahlungsbereitschaft des Konzerns. Warum hat er sich ausgerechnet »Dagobert« als Pseudonym ausgesucht? Arno Funke: »Reiner Zufall. Ich hatte einen Turnbeutel für Kinder in leuchtendem Orange. Und da war die Dagobert-Figur drauf. Und ich dachte, dann soll Karstadt eben in der Zeitung unter der Rubrik ›Grüße und Glückwünsche‹ schreiben: ›Onkel Dagobert grüßt seine Neffen.‹«

Der längste und aufwendigste Erpressungsfall der deutschen Kriminalgeschichte hat begonnen. Eine derartige Jagd hat Deutschland noch nicht gesehen. Sie macht Arno Funke zu »Dagobert«, dann zu Deutschlands populärstem Kriminellen. Einer Art Volksheld, vor allem in Ostdeutschland.

Zwei Monate später, am 14. August 1992, kommt es zu einer ersten Geldübergabe. Arno Funke: »Ich hatte der Polizei gesagt, sie solle das Geld in eine Apparatur legen, die ich mit Topfmagneten ausgestattet hatte, und diese an der Kupplung am Zugende befestigen. Ich hatte mir einen Intercity ausgesucht, der Hamburg um 16.40 Uhr Richtung Berlin verließ. Meine Apparatur beinhaltete eine Zeitschaltuhr und war schwer zu knacken. Aber das war nur ein Trick, denn ich hoffte, dass die Polizei raffiniert genug war, die Attrappe zu öffnen.«

Sein Plan funktioniert: Die Polizei stellt die vermeintliche Abwurfzeit fest, ermittelt anhand der Fahrtstrecke des Zuges den genauen Ort, 100 Kilometer hinter Hamburg bei Hagenow, und postiert dort mehrere Beamte. Doch Funke ist schlauer: »Ich hatte eine zweite, echte Zeitschaltuhr als Batterie getarnt in dieser Apparatur versteckt. Per Fernbedienung habe ich das Gerät schon kurz hinter Hamburg in Reinbek eingeschaltet und das Geld aus dem Gleisbett geholt.«

Doch das Geldpaket enthält außer vier 1000-Mark-Scheinen nur Papierschnipsel. »Ich war in einem Dilemma. Der Polizei musste ich ja weismachen, dass ich es ernst meine. Zugleich wollte ich keine Menschen dabei gefährden.«

Am 9. September 1992 detoniert eine Brandbombe in einer Filiale in Bremen. »Sie beinhaltete Schrauben, und ich hatte sie zum Feierabend in der Abteilung für Autosachen versteckt«, erinnert er sich. »Als sie hochging, durchlöcherten die Schrauben einige Kanister mit Motoröl, die dort verkauft wurden. Zusammen mit dem Löschwasser der Sprinkleranlage ergab das eine ordentliche Sauerei.« In der Tat: Der Sachschaden beträgt 6 Millionen DM.

Eine Woche später, am 16. September 1992, zündet Arno Funke eine Bombe in Hannover. »Ein besonders kleiner Sprengsatz, der zum Feierabend in der Haushaltswarenabteilung hochging. Aber er war mächtig laut – wie ein ordentlicher Polenböller.« Eine Verkäuferin wird dabei verletzt. »Sie hat später vor Gericht dramatisch geschildert, dass sie angeblich ganz in der Nähe war. Aber es kam raus, dass sie 20 Meter entfernt gewesen ist, als die Bombe losging. Sie hatte vorübergehend leichtes Ohrensausen, das eine Stunde anhielt. Vor Gericht war das für eine Körperverletzung zu wenig«, berichtet Funke.

Auf der Seite der Polizei steht Martin Textor, Dagoberts Gegenspieler.

In seiner Laufbahn als SEK-Chef kümmert sich der leitende Polizeidirektor um 25 Fälle von Erpressungen und Geiselnahmen, darunter ist 1995 auch der spektakuläre Banküberfall von Berlin-Zehlendorf, bei dem die Täter durch einen selbst gebauten Tunnel entkommen. Textor leitete bis zu seiner Pensionierung 2005 die Berliner Spezialeinheiten – das SEK, das Präzisionsschützenkommando und das Mobile Einsatzkommando. Ich weiß von Arno Funke, dass er Kontakt zu seinem damaligen Gegenspieler hat, und bitte ihn, ein Gespräch mit Martin Textor zu vermitteln. Funke verspricht, mir zu helfen. Kurze Zeit später mailt er mir mit Textors Einverständnis dessen Telefonnummer. Ich rufe ihn an und bin überrascht, wie humorvoll und jovial der pensionierte Polizist sich gibt. Wie denkt er über Arno Funke?

Martin Textor:
Als Täter war er ungewöhnlich, untypisch. Wenn mal wieder eine Geldübergabe gescheitert

war, hat er uns am nächsten Tag angerufen und sich für unsere Überstunden entschuldigt. Einmal schrieb er auf einer Skizze für eine Geldübergabe:»Fallen Sie bitte nicht mit dem Geld ins Wasser!« Damals dachte ich: Will der uns verscheißern? Heute weiß ich: So höflich ist Arno Funke wirklich. Er wollte die Polizei nicht vorführen. Und ihm war wichtig, dass keine Menschen zu Schaden kommen. Das machte ihn völlig ungewöhnlich. In meiner Laufbahn hatte ich sonst mit total gegensätzlichen Tätern zu tun.

Am 29. Oktober 1992 kommt es zur zweiten versuchten Geldübergabe, die als Hundekot-Posse bekannt wird und die Polizei der Lächerlichkeit preisgibt. Arno Funke: »Die Polizei sollte das Geld aus einem Zug werfen. Ich bin mit meinem Fahrrad zur geplanten Abwurfstelle an einem Bahndamm in Berlin-Charlottenburg gefahren und habe in der Nähe gewartet. Ich habe die Pedale in die richtige Position gebracht, falls es bei der Flucht schnell gehen musste. Deshalb konnte ich das Fahrrad nicht abschließen. Ich habe mir wirklich Sorgen gemacht, dass es in der Zwischenzeit geklaut werden könnte; in Berlin weiß man ja nie. Das Geldpaket, das aus dem Zug geworfen wurde, ließ ich liegen, weil ich Rufe aus dem Zug gehört hatte. Zum Glück, denn zwei observierende Beamte hatten mich an der Strecke gesehen. Ich bin schnell zu meinem Fahrrad gerannt und losgefahren. Der erste Polizist kam mir entgegen, das war sehr eng. Er rutschte dann auf nassem Laub aus. Der zweite kam von der Seite; ich konnte kurz vor ihm einen Schlenker machen, spürte aber seine Hand an meiner Schulter. Dann bin ich denen entkommen.«

Funke hat Glück. Dem verpassten Geld muss er nicht hinterhertrauern, denn das Paket besteht wieder nur aus

Papierschnipseln, aber das weiß er damals natürlich noch nicht. Die Polizei hat nicht nur mit der missglückten Festnahme zu kämpfen, denn die Presse amüsiert sich zudem noch über die angebliche Tollpatschigkeit der Polizisten und schafft die Legende vom Ausrutschen auf »Hundekot«.

Martin Textor:
Wenn die Berichterstattung der Medien ins Hämische abglitt, war das völlig daneben. Und die Sache mit dem Hundekot war ja auch völlig anders. Dabei waren wir so knapp dran: Vor dieser Geldübergabe hatte ich 400 Polizisten losgeschickt. Ich habe ihnen gesagt, dass sie sich in die Lage von Dagobert hineinversetzen sollten, um für den Täter geeignete Orte der Übergabe zu ermitteln. Eine der Stellen war dann tatsächlich dabei, wir lagen verdammt richtig mit unserer Strategie, aber dann kam ja das nasse Laub dazwischen …

Fünf Tage später, am 3. November 1992, zündet Arno Funke einen Brandsatz in Magdeburg. »Ach ja, den habe ich beinahe vergessen«, meint er, »ich kann mich kaum daran erinnern. Völlig nebensächlich. Der Gutachter vermutete später eine brennende Zigarettenkippe. Ich hatte den Brandsatz bewusst klein gehalten. Aber ich musste ja gegenüber der Polizei ein Zeichen setzen.«

Am 19. April 1993 folgt die nächste versuchte Geldübergabe. Die Polizei soll das Geld in eine Streusandkiste am U-Bahnhof Britz-Süd in Berlin legen. »Ich hatte die Polizei angerufen und sie zu einem Bahnhofsschließfach gelotst«, erzählt Funke. »Dort lagen weitere Anweisungen und ein Schlüssel für die Kiste, die ich selbst auf einer Wiese zusammengebaut hatte. Das ging ziemlich schnell, die Materialien dafür besorgte ich mir in einem Baumarkt. Die Kiste hatte unten eine Klappe mit einer Öffnung, die man mit Schrauben lösen konnte. Als Bauarbeiter getarnt, habe ich Tage vorher einen Einstiegsschacht zu einem Abwasserkanal mit einer zwei Zentimeter dünnen Schicht zubetoniert, eine Granulatschicht darübergestreut und dann die Kiste draufgestellt. Ich saß unten im Schacht und konnte durch ein Mikrofon, das ich installiert hatte, hören, als die Polizei das Geld in die Kiste legte. Ich hatte ihnen zuvor gesagt, dass ich das Geld dort abholen würde. Mit einem Hammer habe ich dann die Betonschicht aufgebrochen. Mann, war das laut, als ob ein Presslufthammer losging! Aber zum Glück hat oberirdisch niemand etwas gehört.«

Arno Funke entnimmt das Geldpaket der Kiste und verschwindet unterirdisch durch den Abwasserkanal. Wieder hält er nur Papierschnipsel in seinen Händen. Doch die Raffinesse dieser Übergabe begründet Dagoberts Popularität. In einer ARD-Umfrage geben 61 Prozent der Befragten an, den Verbrecher sympathisch zu finden. Und einmal mehr lacht die Öffentlichkeit über die Polizei, die trotz Inspektion der Kiste nichts Auffälliges daran findet – geschweige denn den Schacht darunter. »Dagoberts Gullytrick – gluck, gluck, weg«, lautet eine hämische Schlagzeile in der Boulevardpresse.

Was so spielerisch leicht erscheint, ist für ihn »purer Stress und mit Angst verbunden«. Auch für die Ermittler wird die Lage mit jedem missglückten Zugriff schwieriger.

Martin Textor:
Der Druck war immens. Das waren zwei Jahre, die haben uns irre belastet. Ich bin aber noch relativ gut weggekommen, meinem Kollegen Michael Daleki in Hamburg ist es schlimmer ergangen. Klassenkameraden haben dessen

Kinder in der Schule gefragt: »Was habt ihr denn
für einen doofen Papa?«

Der findige Erpresser regt die Fantasie der Öffentlichkeit an. Viele
Cartoonfans glauben, dass der Täter seine Ideen aus Donald-
Duck-Heften nimmt und die Comicfigur Daniel Düsentrieb,
den umtriebigen Erfinder in Entenhausen, zum Vorbild hat.
»Das war natürlich völliger Quatsch«, sagt Arno Funke.
   Derweil läuft die Fahndung nach Dagobert auf Hochtou-
ren. Die Fahnder überwachen in Berlin zum Teil Tausende
öffentliche Telefonzellen gleichzeitig, weil der Erpresser sie für
die Kommunikation mit der Polizei nutzt und dabei ein Band
mit einer Computerstimme abspielt.

Martin Textor:
Wir fahndeten mit immensem Aufwand. Er rief
ja immer aus Telefonzellen an. 1 500 kamen
infrage. Ich bin dann zum Polizeipräsidenten
gegangen und habe gesagt, ich bräuchte 3 000
Kollegen zur Überwachung. Zum Teil waren
alle Observationskräfte, die ich zur Verfügung
hatte, im Einsatz. Die haben dann natürlich
woanders gefehlt.

Am 8. Mai 1993 entwischt Arno Funke der Polizei ein zweites
Mal denkbar knapp. Weil die Ermittler davon ausgehen, dass
der Erpresser seine Bauteile für die Bomben dort einkauft, überwachen sie in Berlin monatelang einen »Conrad«-Elektronik-
markt. »Ich ließ mir in einer Vitrine eine Zeitschaltuhr zeigen,
wurde aber stutzig, denn der Verkäufer verhielt sich ungewöhnlich. Zunächst ging er ins Lager, holte eine Uhr und fragte mich
dann, ob er mir sonst noch etwas erklären könne. Da schrillten
bei mir alle Alarmglocken, denn wer ein solch hochkomplexes

Ding kauft, der benötigt keine weiteren Erklärungen, der kennt sich damit aus. Hinzu kam, dass der Verkäufer seinen Finger so komisch bewegte, als ob er jemandem verdeckt einen Hinweis geben wollte. Ich habe mir eine verspiegelte Fläche gesucht und gesehen, dass man mich beobachtete. Durch eine Notausgangstür konnte ich entkommen.«

Martin Textor:
Bestimmt zwanzig Mal ist er uns entwischt. Da kam schon Wut hoch. Es gab Beamte, die gesagt haben, wir legen einfach bei einer Übergabe Sprengstoff in ein Geldpaket und suchen dann einen Mann ohne Arme. Das war natürlich Schwachsinn. Wir sind der Rechtsstaat.

Ein paar Tage später, am 19. Mai, zündet Arno Funke in einer Karstadt-Filiale in Bielefeld eine Bombe. »Das war dort in der TV-Abteilung. Und das Ding war klein.«

Größer ist die Rohrbombe, die Dagobert am 6. Dezember 1993 in einem Fahrstuhl bei Karstadt in Berlin detonieren lässt. »Das war in der Filiale am Hermannsplatz. Ich wollte aber natürlich wieder, dass niemand in Gefahr gerät. Tage vorher bin ich ein Dutzend Mal hoch- und runtergefahren, habe mit einer Stoppuhr gemessen, wie lange es dauert, bis der Fahrstuhl schließt, wie lange er zwischen den einzelnen Stockwerken braucht, wie lange es dauert, bis sich die Türen wieder öffnen. Dementsprechend habe ich den Zünder eingestellt. Es ging ja um Sekunden. Die Polizei hat später festgestellt, dass es sich um einen Kurzzeitzünder handelte. Ich habe also die Bombe in den leeren Fahrstuhl gelegt, den Knopf gedrückt und bin über die Rolltreppe schnell nach draußen gegangen, hörte aber keine Explosion. Ich wusste nicht, ob sie hochgegangen war. Ich lief dann zurück ins Kaufhaus und habe den Fahrstuhlknopf gedrückt. Der ging aber nicht mehr. Also hatte die Bombe funktioniert. Was ich damals nicht beachtet hatte: Der Fahrstuhlkäfig wirkte wie ein Schalldämpfer.«

Es ist die letzte Bombe, die Arno Funke baut.

Am 22. Januar 1994 kommt es zu einer letzten Geldübergabe; es ist die erste mit »echtem« Geld. Dagobert scheitert denkbar knapp, die von der Polizei bereitgelegten 1,4 Millionen DM einzustreichen, dennoch begründet diese Geldübergabe seinen Ruhm. Populär ist er zu diesem Zeitpunkt in gewisser Weise schon, aber nun zollen ihm auch Polizisten stillschweigend Respekt, und die Öffentlichkeit staunt über diesen kreativen Tüftler. »Ich hatte auf einer stillgelegten Bahnstrecke ein von mir selbst gebautes kleines Schienenfahrzeug installiert«, erinnert sich Funke. »Die Polizei hatte den Schlüssel, um es zu öffnen, sollte das Geld hineinlegen und auf einen Knopf drücken, damit es losfährt. Ich hatte die Polizei instruiert, sich zu beeilen. Aber sie ließen sich Zeit, fast fünfzehn Minuten. Ich war einen Kilometer entfernt und wartete auf die Lore.«

Arno Funke ist Tage vorher mehrfach die stillgelegte Bahnstrecke abgelaufen. Er weiß, dass es in einer Kurve schwierig werden, dass dort die Lore umkippen könnte. Er präpariert sie dementsprechend. Und er legt Stolperdrähte entlang des Gleises, die bei Berührung Feuerwerkskörper auslösen, um etwaige Verfolger abzuschütteln.

Dann kommt es zum Showdown in der Nacht. Weil die Lore zunächst nicht zu sehen ist, nimmt Arno Funke das Risiko in Kauf und geht ihr entgegen, passiert sogar die schwierige Stelle, an der sie kurz darauf entgleisen wird. Die Polizisten, die über die Drähte stolpern und völlig überrascht sind von den Böllern, die sie selbst verursachen, scheinen noch weit weg zu sein. Doch an der Seite bemerkt Funke Taschenlampen, die sich von der unweit gelegenen Kleingartenkolonie nähern. »Es war ja stockdunkel und Winter, die Böschung am hohen ehemaligen Bahndamm war licht.« Er flüchtet. Und entkommt.

Martin Textor:
Bewunderung wäre zu viel gesagt, aber seine Pläne waren ja zum Teil genial! Die Lore hatte etwas Skurriles. Als die Beamten hinterhergelaufen sind, über die von ihm ausgelegten Drähte stolperten und die Knallkörper losgingen, sind alle in Deckung gesprungen. Slapstick!

Die Bevölkerung fiebert mit. Die Medien berichten mit nur schlecht kaschiertem Bedauern, dass Dagobert leer ausgeht, weil die Lore knapp 30 Meter vom Ziel entfernt an der von Funke beschriebenen »schwierigen Stelle« entgleist. Ein Narrativ, das die Polizei gern übernimmt. »Die hören das nicht so gern, aber ich habe nicht wegen des Entgleisens der Lore das Geld nicht bekommen, sondern weil ich die Polizisten mit den Taschenlampen bemerkt habe«, meint Arno Funke heute.

Hat er manchmal darüber nachgedacht, wie sein Leben verlaufen wäre, hätte er die 1,4 Millionen DM bekommen? »Natürlich!«, sagt Arno Funke. »Ich hätte mir mit meiner damaligen Frau, die von den Philippinen stammt, ein schönes Leben in Asien vorstellen können.«

Dabei weiß er ja, wie das ist, mit einem plötzlichen Geldsegen zu leben. Denn bereits 1988 hat er erstmals Karstadt erpresst. Er litt an Depressionen und stand, so sagt er, kurz vor dem Selbstmord. Er fürchtete, von Sozialhilfe leben zu müssen. »Ich dachte, wenn ich Geld habe, würde es mir irgendwie besser gehen.« Er platziert zweimal eine Bombe im Kaufhaustempel »KaDeWe« an der Tauentzienstraße in Berlin. Die erste detoniert nicht, und die daraufhin vereinbarte Geldübergabe scheitert.

Aber die zweite Bombe geht in der Sportartikelabteilung hoch, verursacht einen Sachschaden von über einer Viertelmillion DM. Karstadt zahlt 500 000 Mark; die Polizei wirft auf Anweisung des Erpressers das Geld aus einer fahrenden S-Bahn.

Es entbehrt nicht einer gewissen Ironie, dass der unbekannte Arno Funke um ein Vielfaches erfolgreicher ist als Jahre später der berühmte Dagobert.

Martin Textor:
Hätte er damals bloß aufgehört! Er wäre einer
der ganz wenigen Erpresser, die man vielleicht
nie gefasst hätte.

Von dem erpressten Geld kauft Arno Funke einen Mercedes 280 und fährt mit Freunden im Autoreisezug an die spanische Grenze. Niemand wundert sich, dass ihr Freund plötzlich über Geld verfügt. »Ich habe ja nicht in Saus und Braus gelebt. Der Mercedes war gebraucht und zehn Jahre alt«, sagt er. Er urlaubt am Mittelmeer und in Südkorea und lernt in Manila auf den Philippinen seine zukünftige Ehefrau kennen, die Mutter seines Sohnes.

Martin Textor:
Deswegen war auch das Gerede in der
Öffentlichkeit, er sei ein moderner Robin Hood
gewesen, völlig falsch. Er hat zwar den Reichen,
sprich dem KaDeWe, das Geld genommen, aber
eben dann auch selbst verprasst.

Nach ein paar Jahren ist das Geld futsch, aus Arno Funke wird Dagobert – und im Frühjahr 1994 beginnt sich die Schlinge um ihn zuzuziehen. Da hat er schon mit dem Gedanken gespielt, sich zu stellen. Irgendwie merkt er, dass die Polizei nicht ernsthaft daran interessiert ist, Lösegeld zu übergeben, überhaupt ist die

Luft bei ihm raus. Am 20. April stehen wieder einmal Hunderte Polizisten vor Telefonzellen in Berlin auf der Lauer und warten auf Dagobert – doch Arno Funke meldet sich aus einer Telefonzelle in Potsdam. Wieder ein Reinfall, noch eine Lachnummer? Nicht ganz, denn in der brandenburgischen Landeshauptstadt fällt Funke zwei Polizisten in seinem Auto, einem Mietwagen, auf. Sie notieren sich das Nummernschild, der Fahrer ist schnell ermittelt. Arno Funke wird ab sofort überwacht. Am 22. April 1994 – drei Monate nach seinem gescheiterten Coup mit der Lore – nimmt ihn die Polizei während eines Erpresseranrufs in einer öffentlichen Telefonzelle in Berlin-Johannisthal fest.

Martin Textor:
Mann, was haben wir gejubelt! Auf dem Polizei-
parkplatz haben die Kollegen getanzt, die Sekt-
flaschen standen auf den Einsatzwagen. Alle haben
ziemlich viel getrunken. Ich habe ihnen freigegeben,
denn Alkohol im Dienst ist ja nicht erlaubt.

Das Landgericht Berlin verurteilt Arno Funke 1995 wegen schwerer räuberischer Erpressung zu sieben Jahren und neun Monaten Haft. »Das Urteil war recht milde«, meint er. »Mir war klar, dass in der Revision noch etwas draufgepackt wird.« In zweiter Instanz wird er 1996 zu neun Jahren Haft und 2,5 Millionen Mark Schadensersatz an Karstadt verurteilt. »Das war angemessen«, sagt er. Strafmildernd wirken seine Hirnschädigungen, hervorgerufen durch giftige Dämpfe von Lösungsmitteln, die er während seiner Arbeit als Kunstlackierer in der Autowerkstatt eingeatmet hat, und die daraus resultierenden Depressionen.

Martin Textor:
Der Fall Dagobert sticht hervor. Er war bei uns
der längste, teuerste und aufwendigste Einsatz.

Er kostete die Berliner Steuerzahler ungefähr
zehn Millionen Mark.

Arno Funke sitzt in der Justizvollzugsanstalt Plötzensee ein,
kommt nach ein paar Jahren in den offenen Vollzug und wird
im Jahr 2000 wegen guter Führung nach zwei Dritteln der
Haftstrafe entlassen.

Bereits als Freigänger versteht Arno Funke es, seine Popularität zu nutzen. Er schreibt eine Autobiografie (»Mein Leben
als Dagobert«) und zeichnet Karikaturen für die Satirezeit-
schrift *Eulenspiegel*. 2013 geht er für RTL ins Dschungelcamp.
Einige Zeitungen empören sich, dass er nun mit seiner zwei-
felhaften Geschichte Geld verdient, obwohl er hohen finan-
ziellen Schaden angerichtet hat. »Aber zu diesem Zeitpunkt
hatte ich schon seit sieben Jahren nichts mehr von Karstadt
gehört.« Dennoch führt sein Anwalt Vorgespräche mit dem
Konzern. Funke überweist sein Honorar von 40 000 Euro nach
Abzug der Steuern an Karstadt. Weitere Details der Vereinba-
rung will er nicht nennen, er sagt, er habe sich zur Verschwiegen-
heit verpflichtet.

Auf seiner Homepage unter der Rubrik »Neuigkeiten«
heißt es: »Im Moment gibt es nichts neues. Immer der gleiche
Trott.« Wie sieht er denn aus bei ihm, der gleiche Trott?

Arno Funke lebt 2022 in Berlin-Wilmersdorf. Er ist nun
72 Jahre alt, zeichnet noch immer Karikaturen für den *Eulenspiegel*. Zur Fußballweltmeisterschaft in Katar schuf er ein
großes Poster. Zu sehen sind unter anderem die National-
spieler Kai Havertz auf einem fliegenden Teppich, Manuel
Neuer, der ein Kamel umarmt, und Matthias Ginter, der
Shisha raucht. Auf dem Kamel thront ein grinsender Thomas
Müller mit Aladins Wunderlampe, aus deren Rauchschwaden
Dollarnoten und das Antlitz von Fifa-Boss Gianni Infantino
erscheinen.

Er schreibt seit eineinhalb Jahren an einem Roman, »eine fantasievolle Geschichte mit autobiografischen Zügen über einen depressiven Norweger«. RTL Plus hat sich bei ihm gemeldet und dreht einen Sechsteiler über ihn. Er sieht regelmäßig seinen Sohn, der in Frankfurt an der Oder lebt. Besucht habe der ihn nicht im Gefängnis, das wäre zu belastend gewesen, erklärt Arno Funke. Die Mutter seines Kindes hat ihn während der Gefängniszeit verlassen. Heute lebt er seit 23 Jahren »in wilder Ehe« mit einer Partnerin zusammen, die er während des offenen Vollzugs kennengelernt hat. Er sei old-school, sagt er, nutze kein WhatsApp. Er geht nur selten shoppen, doch wenn er mal bei Karstadt einkauft, verspürt er ein leicht beklemmendes Gefühl. »Schuldgefühle«, sagt er. Arno Funke ist schuldenfrei, er bezieht eine kleine Rente und noch immer ein Gehalt als Angestellter von *Eulenspiegel*. »C'est la vie.«

Seine Geschichte sei ambivalent, resümiert er mit dem Abstand von mehr als drei Jahrzehnten. »Ich bin nicht stolz auf diese Geschichte. Aber sie gehört zu meiner Biografie«, sagt er. Auf der einen Seite sei er zweifellos ein Verbrecher, das wisse und akzeptiere er, ihm tue es auch leid, dass viele Mitarbeitende bei Karstadt mit einem unguten Gefühl zur Arbeit gegangen seien und Angst gehabt hätten. Auf der anderen Seite habe ja sogar die Polizei die Sache zum Teil mit Humor genommen. Seinen Gegenspieler, Ex-SEK-Chef Martin Textor, kenne er mittlerweile gut, sie sehen sich regelmäßig.

Stimmt das, Herr Textor? Sind Sie als Ex-SEK-Chef mit einem Ex-Verbrecher befreundet?

»Nein, das wäre zu viel gesagt«, sagt der pensionierte Dagobert-Jäger. Er ist heute 78 Jahre alt. »Wir kennen uns aber gut und ich hege Sympathie für ihn. Er hat einen Humor, den ich mag. Er war ja kein Krimineller im herkömmlichen Sinn.«

Arno Funke ist der einzige Verbrecher, den Martin Textor jemals privat getroffen hat.

Die Attentäter ermorden 2015 in der Konzerthalle »Bataclan«
in Paris 89 Besucher

DIE ATTENTATE VON PARIS

Die Terroranschläge von Paris sind koordinierte, von drei Gruppen durchgeführte islamistisch motivierte Anschläge gewesen. Dabei werden am 13. November 2015 130 Menschen getötet. Eine Gruppe von Attentätern erschießt Dutzende Besucher von fünf Cafés und Restaurants im Osten von Paris, drei weitere Terroristen stürmen während eines Rockkonzerts das Bataclan und ermorden dort 90 Menschen. Es ist der schlimmste Terrorakt in Europa seit den Zuganschlägen von Madrid 2004. Die terroristische Vereinigung »Islamischer Staat« (IS) bekennt sich zur Tat.

Julia und Thomas Schmitz haben das Bataclan überlebt. Ich spreche mit ihnen 2022, ebenso wie mit Sophie Bouchard-Stech, der Witwe von Fabian Stech, der im Bataclan ermordet wird. Grégory Reibenberg interviewe ich in Paris im Sommer 2022 – er ist der Besitzer der Bar La Belle Équipe, auf deren Terrasse die Attentäter 20 Menschen umbringen, darunter seine Lebensgefährtin.

* * *

Mich beschleicht ein ungutes Gefühl, als ich dreimal diesen Knall höre. Ich sitze in meiner Stammkneipe im 11. Arrondissement in Paris beim Bier und gucke das Fußballländerspiel Frankreich – Deutschland. Natürlich denke auch ich an Böllerschüsse aus einem der Fanblöcke. Doch irgendetwas ist anders als sonst. Normalerweise schwenkt die Fernsehkamera auf die Zuschauerreihen und zeigt den Rauch. Normalerweise spricht dann der Reporter von »unverbesserlichen Chaoten«, die eigentlich nichts in einem Fußballstadion zu suchen haben. Doch all das bleibt aus. Plötzlich Sirenen direkt vor meiner Bar. Der französische Premierminister Manuel Valls, der gleich um die Ecke wohnt, wird nach Hause gebracht. Doch diesmal bewachen nicht nur Polizisten mit Maschinengewehren den Ein- und Ausgang der Rue Keller, in der der Premier wohnt, sondern der Politiker wird von einem Autokorso und mehreren Bodyguards begleitet. Weil ein gepanzerter Polizeitransporter den Weg in seine Straße blockiert, muss der Van von Manuel Valls direkt vor der Bar stoppen. Hektisch springen mehrere Bodyguards aus ihren Autos und von ihren Motorrädern, streifen sich schusssichere Westen über, riegeln die Straße hermetisch ab und kontrollieren jeden Barbesucher im Umkreis.

Dann, keine fünf Minuten später, kommen die ersten Meldungen auf Twitter.

Ich lebe im Osten von Paris, im 11. Arrondissement. Ein ehemaliges Glasscherbenviertel, das noch nicht komplett durchgentrifiziert ist, mit einer wunderbaren Mischung aus Studenten, Alteingesessenen und Bobos. So werden in Paris die Hipster genannt; »Bobo« steht für Bourgeoisie und Bohémien. Und auch im Winter sitzen die Menschen draußen auf den Terrassen der Bars unter Wärmestrahlern, trinken ein Gläschen Rotwein und rauchen eine Zigarette.

In der Bar läuft das Fußballspiel weiter, doch niemand guckt mehr hin. Jeder verfolgt die Nachrichten auf seinem

Smartphone. Die Ereignisse rücken immer näher. Bedrohlich näher. Keine 600 Meter entfernt soll es in einem Café in der Rue Charonne mehrere Tote geben, einen Kilometer weiter gen Norden eine Geiselnahme im Bataclan. Dann, so höre ich, mehrere Tote vor dem Restaurant Le Petit Cambodge in meiner Nachbarschaft. Doch die Infos sind zu diesem Zeitpunkt noch diffus und überschlagen sich im Sekundentakt.

Nur kurz stehen die Menschen ratlos vor der Bar. Dann schließt der Besitzer den Laden und schickt alle nach Hause, dort sei es am sichersten. Auf dem Weg zu meiner Wohnung sehe ich Soldaten, die Straßen absperren, und Militärlaster, die quer stehen. Ein Durchkommen ist unmöglich geworden. Der Platz an der Bastille, sonst einer der belebtesten Plätze in Paris, ist menschenleer. Autos dürfen nicht mehr passieren, nur Rettungskräfte werden an den Checkpoints durchgelassen. Im Sekundentakt bringen Krankenwagen Verletzte zu den Hospitälern Pitié Salpêtrière und Saint-Antoine, die in der Nachbarschaft liegen. U-Bahnen fahren nicht mehr, ebenso wenig Busse, die Taxis sind ausgebucht. Ich sehe in Panik wegrennende Menschen. In meiner Straße, sonst quirlige Ausgehmeile, ist es still. Nur die Sirenen von Polizeiautos und Krankenwagen hallen durch die Nacht.

Am Bataclan fahre ich täglich mit dem Fahrrad vorbei. Erst vor wenigen Tagen trat Nina Hagen dort auf. Man erkennt das Bataclan von Weitem anhand seiner verspielten Fassade. Vor Konzerten warten Menschen immer in einer langen Schlange hinter Absperrgittern auf Einlass. Und die Tourbusse der Künstler parken direkt vor dem Eingang. Im Le Petit Cambodge sitze ich gern auf der Terrasse und lasse mir die Pho Bo schmecken. Dazu wird immer Tee aus schönen asiatischen Tassen serviert. Gegenüber in der Bar Carillon schmeckt das Weißbier aus dem Fass besonders gut, vor allem zur Happy Hour. Und meine Französischlehrerin wohnt direkt neben der Bar La Belle

Équipe. Noch am frühen Nachmittag bin ich dort vorbeigekommen auf dem Weg zum Mittagessen.

Diese Zeilen habe ich noch in der Nacht des Terrors geschrieben. Da lag das Ausmaß des Geschehens noch im Dunkeln. Da hatten gerade Einsatzkräfte der Polizei das Bataclan gestürmt. Da wusste ich noch nicht, dass in den vergangenen Stunden – zwischen 21.20 Uhr und Mitternacht – in meiner Nachbarschaft 130 Menschen ermordet und 683 verletzt worden waren, davon 97 schwer.

Am nächsten Morgen steht Paris unter Schock. In meinem Viertel fährt kaum ein Auto. Normalerweise quatschen die Nachbarn beim Espresso im Eckcafé La Fée Verte. Heute bleibt es still. Der Bäcker nebenan – geschlossen. Der Blumenladen um die Ecke – geschlossen. Die Unis – geschlossen. Die Tatorte sind weiträumig abgesperrt, Menschen legen Blumen an den Absperrbändern und -gittern nieder. Schaulustige machen Fotos. Paris trauert.

Die Anschläge vom 13. November 2015 sind die schlimmsten in der Geschichte Frankreichs.

Wenn man heute mit dem Fahrrad die Tatorte im 10. und 11. Arrondissement von Paris abfährt, sind oberflächlich die allermeisten Spuren der Anschläge längst beseitigt. Man fährt nicht weit von Tatort zu Tatort, sie liegen zum Teil dicht beieinander, keine 20 Minuten dauert das mit dem Rad.

In der Rue Albert, an der Ecke zur Rue Bichat, befinden sich vis-à-vis die Bar Le Carillon mit ihrer roten und das Restaurant Le Petit Cambodge mit seiner gelben Markise, beides In-Treffpunkte nicht nur an den Wochenenden; gegenüber auf der anderen Seite ist die Pizzeria Maria Luisa, noch solch ein hippes Lokal, das das Party-Bermudadreieck an dieser Stelle komplettiert. Drei Straßen treffen sich hier. Da passt es, dass auch der Garten des angrenzenden Krankenhauses Saint-Louis ein beliebter Szenetreffpunkt ist.

An dieser Stelle nehmen am 13. November um 21.25 Uhr die Attentate in den Bars und Cafés ihren Lauf. In einem schwarzen Seat Leon halten die Attentäter vor den Lokalen, feuern zunächst mit ihren Kalaschnikow-Sturmgewehren auf die Terrasse des Le Carillon, dann gegenüber auf die Außenplätze des Petit Cambodge.

Nun, acht Jahre später, sind die zerschossenen Scheiben ausgetauscht und Einschusslöcher unkenntlich gemacht worden. Beide Lokale haben längst wieder geöffnet und sind meistens proppenvoll. Fast nichts deutet mehr auf den Terrorakt von 2015 hin; lediglich eine Gedenktafel an der Mauer zum Krankenhaus schräg gegenüber erinnert an die Ermordeten, 13 Namen stehen darauf: Alva Berglund. Chloé Boissinot. Asta Diakite. Nohemi Gonzales. Raphael Hilz. Mohamed Amine Ibnolmobarak. Charlotte und Émilie Meaud. Justine Moulin. Marion und Anna Pétard-Lieffrig. Sébastien Proisy. Stella Soanirina Yasmine Verry.

Ist es zynisch zu schreiben, dass die Speisekarte im Schaukasten des Petit Cambodge mehr Beachtung findet als die Gedenktafel?

Folgt man der Rue Albert und biegt nach 300 Metern nach rechts in die Rue du Faubourg du Temple ein, dann sieht man nach wenigen Metern auf der linken Seite das Café La Bonne Bière und schräg dahinter, an der Rue de la Fontaine-au-Roi, ein libanesisches Restaurant, in dem zuvor die Pizzeria La Casa Nostra beherbergt war. Wieder ein hipper Ort, an dem sich drei Straßen treffen. Sieben Minuten nach den ersten Schüssen feuern die Attentäter dort auf die Besucher der beiden Restaurants. Fünf Menschen sterben. Es existiert ein Überwachungsvideo aus dem italienischen Restaurant, auf dem zu sehen ist, wie die Attentäter um 21.34 Uhr auf die Terrasse des Restaurants schießen – und wie ein Terrorist vor einzelnen Überlebenden steht, die in Deckung gegangen sind, und sie exekutieren will, seine Waffe aber Ladehemmung hat. Als der Täter zurück zum Fluchtfahrzeug geht, krabbeln drei Frauen hinter den Stühlen und Tischen hervor und laufen davon.

An der Gedenktafel gegenüber am Canal Saint-Martin gehen die meisten Passanten achtlos vorbei, immerhin sieht das Blumenbeet davor gepflegt aus. Beachtet und fotografiert wird eher nebenan die steinerne Skulptur von »La Crisette de 1830« von 1911. Philippe und Maryse Delattre aus Valenciennes sind die Einzigen, die zufällig den Gedenkstein der Attentate bemerken und kurz innehalten. Überrascht, dass sie die Einzigen sind, sind die beiden Touristen nicht.

An diesem Freitagabend im November 2015 sind die Attentäter noch nicht fertig, sie fahren über die Rue de la Fontaine au Roi und die Avenue Parmentier zum Place Voltaire, dann biegen sie in die Rue de Charonne ein. Um 21.36 Uhr halten sie vor dem Restaurant La Belle Équipe und feuern auf die Gäste auf der Außenterrasse. 20 Menschen sterben.

Heute hat das Lokal wieder geöffnet. Es wurde umgebaut, die Bar versetzt, neu gestrichen. Nichts erinnert mehr an den Anschlag, abgesehen von der Gedenktafel schräg gegenüber. Matteo Amantini und Johan Pina stehen hinterm Tresen. Matteo arbeitet seit einem Jahr hier, Johan erst seit zwei Wochen. Scheinbar »business as usual«, viele der Gäste aus der Nachbarschaft kennen sie. Aber Matteo sagt, dass er manchmal ein bisschen Angst bei der Arbeit habe, das Gefühl werde wohl nie ganz weggehen. Johan mag seinen Chef Grégory Reibenberg, der beim Vorstellungsgespräch noch nicht einmal eine Bewerbungsmappe sehen wollte. Sein Optimismus gefällt ihm. Mit Fragen zu damals lassen sie ihn in Ruhe. Unter den 20 Toten sind viele seiner Freunde, darunter auch Djamila Houd, seine Lebensgefährtin und die Mutter seiner neunjährigen Tochter.

Als sie auf der Terrasse vor seinem Café im Sterben liegt, hält Reibenberg ihre Hand. Er verspricht ihr, dass er auf die gemeinsame Tochter aufpassen werde. Und er schließt ihr die Augen nach ihrem Tod. Grégory Reibenbergs Erinnerungen an den 13. November sind diffus. »Es ist irgendwie alles und nichts gleichzeitig. Für mich ist es ein zeitloses Ereignis«, sagt der Cafébesitzer. »Es geschah gestern Morgen, es geschah vor 200 000 Jahren; es geschah nie.«

Zwischen den einzelnen Cafés und Restaurants liegt der Konzertsaal Bataclan. Heute erinnert wenig an damals, abgesehen von der Marmorgedenktafel im Park gegenüber, einer Erinnerungstafel neben dem Haupteingang und einem weiß gemalten Herzen zusammen mit der Aufschrift: »Aurelie RIP« auf einem Trafokasten an der Seitenwand. Damals stürmen drei weitere Attentäter um 21.40 Uhr das Bataclan, in dem gerade ein Konzert der amerikanischen Band Eagles of Death Metal mit 1 500 Besuchern läuft.

An jenem Freitag sitzen Julia und Thomas Schmitz im Flixbus auf dem Weg von Köln, wo sie leben, nach Paris. Sie ist 31, er feiert an diesem Tag Geburtstag, ist 26 geworden. Am Vormittag kommen sie in Paris an, checken im Hotel in der Nähe des Triumphbogens ein, gehen durch die Stadt, essen auf dem Eiffelturm und besichtigen am Nachmittag die Katakomben. »Ein schöner Tag«, sagt Thomas Schmitz.

Zur selben Zeit steigt Fabian Stech in Dijon ins Auto und fährt nach Paris. Der deutsche Kunstkritiker und Übersetzer lebt mit seiner Ehefrau und zwei Söhnen im Burgund. Von seiner Frau verabschiedet er sich mit den Worten, dass er das Auto nehme. »Er war gut drauf«, erinnert sich Sophie Bouchard-Stech.

Julia und Thomas Schmitz nehmen die U-Bahn Richtung Bataclan. Sie wollen zum Konzert der Eagles of Death Metal, das »Höhepunkt des Tages werden sollte«, erzählt Thomas. Julia hat ihm die Tickets zum Geburtstag geschenkt und ihn damit am Morgen überrascht.

Die beiden sind 2015 noch ungebunden, kein Kind, kein Hund. Sie unternehmen viel, fahren oft für ein Wochenende in eine fremde Stadt und gehen dort in ein Konzert. Die unterschiedlichen Konzertkulturen interessieren sie: Sitzt man, steht man herum? Wie gehen die Zuhörer mit? Das Bataclan kennen sie nur vom Hörensagen.

Sie sind früh dran, betreten eine Rockkneipe zwei Häuser weiter und glühen vor. Ihnen gefällt diese alternativ angehauchte Kneipe, in der sie viele Metalfans treffen, die ebenfalls später nach nebenan zum Konzert gehen. Sie achten nicht auf die Zeit, »versacken dort ein bisschen«, sagt Julia, und gehen »echt spät« rüber zum Bataclan; da hat die Vorband schon aufgehört zu spielen. Vor dem Eingang machen sie noch schnell ein gemeinsames Schwarz-Weiß-Foto, sie posten es direkt auf Facebook. Ihre Gesichter verschwinden im Unscharfen, am ehesten ist noch Thomas anhand seiner Basecap zu erkennen. Aber im Hintergrund steht auf der Leuchtreklame in Versalien: »EAGLES OF DEATH METAL«.

»Wir sind zum Startschuss des Konzerts rein«, sagt Julia Schmitz. Gedränge und Gewusel im Innenraum ist nicht so ihr Ding, daher bleiben sie erst einmal ganz hinten. Sie sind klassische Barsteher, weil man so immer an sein Bier rankommt, Platz und einen guten Überblick hat.

Zu diesem Zeitpunkt befindet sich Fabian Stech schon ganz vorn im Publikum, gemeinsam mit einer Arbeitskollegin. Seine Frau Sophie Bouchard-Stech wähnt ihren Ehemann allerdings in Straßburg, denn normalerweise nimmt Fabian den Zug nach Paris und das Auto ins Elsass. Sie sitzt in Dijon im Kino und guckt den neuen James Bond. Als 007 in einer Szene seine Partnerin an die Wand drückt und leidenschaftlich küsst, denkt sie an ihren Mann.

Julia und Thomas Schmitz gehen nach zwei oder drei Liedern, so genau wissen sie das nicht mehr, hoch auf die

Empore. Thomas setzt sich ganz hinten in die letzte Reihe in einen dieser kinoartigen Sessel, Julia steht ein wenig davor und tanzt. Beide haben Durst, sie geht noch einmal nach unten, holt Nachschub. Sie muss kurz in der Schlange warten, dann kommt sie mit zwei Bieren auf die Empore zurück. Noch zwei, drei Lieder – »und dann ist es passiert«, erinnert sich Julia Schmitz.

Um 21.40 Uhr stürmen drei Attentäter den Konzertsaal.

Sie hört zunächst lautes Knallen, denkt an Knallfrösche, an einen Witz, dass es zur Show gehört. »Doch dann habe ich Schießpulver gerochen, es ging alles wahnsinnig schnell.« Sie versucht, ihre Gedanken zu ordnen: Was ist das hier? Wie reagieren die anderen? Julia Schmitz lehnt sich vor, um besser in den Innenraum gucken zu können – und sieht einen Maskierten mit einem Maschinengewehr. »Er feuerte in die Menschenmenge«, sagt sie. Sie sieht, wie die Massen unten in einer Art Welle auseinandergehen. Es sind nur wenige Sekunden, bis sie ihre Gedanken ordnen kann. Dann bricht Panik aus, unten im Saal, oben auf der Empore, Schreie überall. Die Musik hat abrupt aufgehört. Thomas Schmitz sieht von seinem Platz aus nicht, was sich unten abspielt. »Man hat in den ersten Augenblicken nicht realisiert, dass es Schüsse sind. Erst als meine Frau an mir riss und schrie, dass wir hier wegmüssen, wurde mir klar, was ich gehört hatte.«

Beide rennen die Empore entlang nach vorn Richtung Bühne, vor ihnen Dutzende andere, sie hasten die Treppe nach unten, vorbei am Zwischengeschoss. »Wir liefen erst mal mit der Masse mit«, berichtet Thomas Schmitz, »einfach nur raus.« Viele schaffen es zum Seiteneingang nach draußen, aber die Täter suchen den Zugang zur Bühne, müssen dabei unter der Empore hindurch Richtung Treppenhaus. »Unsere Wege haben sich gekreuzt«, sagt Julia Schmitz. Die Attentäter schießen in den Quergang und versperren damit Julia und Thomas den

Fluchtweg. »Es waren nur drei Meter nach draußen«, sagt sie. »Aber es schlugen Kugeln in den Wänden ein.«

Julia und Thomas sind die Ersten, die es nicht mehr ins Freie schaffen, aber nun die Letzten in der Menge, die umkehrt und zurück nach oben ins Zwischengeschoss rennt. Sie spüren die Attentäter hinter sich und finden Zuflucht in einem Backstage-Raum. Thomas ist der Letzte, der es hineinschafft. Er schließt die massive Tür und übernimmt die Führung. Gemeinsam mit anderen Konzertbesuchern verrammelt er die Tür mit einem Kühlschrank und Sofa. Er stemmt sich dagegen, als die Terroristen versuchen, in den Raum einzudringen. Julia weiß damals nicht, dass die Tür eine Feuerschutztür und mit Metall verkleidet ist. Dass es überhaupt keinen Sinn gehabt hätte, auf sie zu schießen. »In dem Moment hatte ich einfach nur eine Riesenangst.« Beide, sowohl Julia als auch Thomas, schließen mit dem Leben ab. »Ich habe in Panik zu Thomas gesagt, dass wir hier sterben müssen, dass wir hier nicht lebend rauskommen werden. Er beschwichtigte mich, sagte, das wird schon. Aber insgeheim dachte er genau das Gleiche.«

Sie sitzen zweieinhalb bis drei Stunden in Todesangst im Halbdunkel. In einem Raum, maximal 30 Quadratmeter groß. »Mit 20 bis 30 anderen Leuten. Es war ziemlich eng«, sagt Julia Schmitz.

Sophie Bouchard-Stech bekommt nach dem Kinobesuch eine Handynachricht von einem ihrer Söhne. Sie ruft ihn an, beschwichtigt den Jungen, Papa ist nicht in Paris, der ist doch in Straßburg, weil er das Auto genommen hat, nach Paris fährt er doch immer mit dem Zug. Sie macht sich keine Sorgen.

Julia und Thomas hören ein zweimaliges Klopfen an der Tür. Dass es die Terroristen sind, die sich perfide als Polizisten ausgeben, ahnen sie, haben aber keine Gewissheit. Die Eingesperrten sind unschlüssig, was sie tun sollen; sie stimmen ab, ob sie das Risiko eingehen und die Tür öffnen sollen. Das

Ergebnis: Die Tür bleibt zu. Sie hören durchs Fenster die Rufe der Polizei und aus dem Gebäude die Schreie der Attentäter. Thomas und Julia sprechen kein Französisch, verstehen kein Wort. Aber ein Franzose neben ihnen spricht ein wenig Englisch und übersetzt.

Die Luft wird immer schlechter im Raum, es ist heiß geworden, einige ziehen sich bis auf die Unterhose aus, andere bekommen kaum noch Luft und werden panisch. Julia und Thomas sitzen am Fenster. »Wir haben per Handzeichen abgestimmt, ob das Fenster geöffnet werden soll. Wir hörten ja die Terroristen, dachten, vielleicht schmeißen die eine Handgranate herein. Aber Thomas hat dann das Fenster ein kleines bisschen geöffnet«, erzählt Julia Schmitz.

Julias Bruder und etliche Freunde verfolgen die Ereignisse in Paris zu Hause vor dem Fernseher oder im Internet. Sie haben den Post ihrer Freunde auf Facebook gesehen, wissen, dass sie im Bataclan sind. Zunächst ruft ihr Bruder Julia ein paarmal an, lässt es dann aber sein, denkt, der Klingelton könnte sie verraten, wenn sie und Thomas sich irgendwo versteckt hielten.

Als nach Mitternacht die Polizei das Bataclan stürmt und vor dem Backstage-Raum steht, nennt sie ein Codewort, das die Eingeschlossenen zuvor mit der Leitstelle der Polizei telefonisch vereinbart haben. »Bevor die Polizei die Tür aufmachte, haben wir alle ›otage, otage‹ geschrien«, berichtet Julia Schmitz. Es ist das französische Wort für Geisel.

Sie verlassen den Raum, sehen einen der Attentäter auf dem Boden liegen, direkt auf der Schwelle vor ihrer Tür. Er trägt keine Maske mehr. »Wir mussten über den drübersteigen«, sagt Julia Schmitz. »Ich erinnere mich noch, wie die Einsatzkräfte uns auf Englisch zuriefen, wir sollten nicht runtergucken und weiterlaufen. Aber natürlich habe ich geguckt.« Tage später sehen Thomas und Julia Fotos der Attentäter im Internet. »Das isser«, sagen beide. Sie erkennen Ismaël Omar Mostefai wieder, der sich im Bataclan beim Zugriff der Polizei in die Luft sprengte.

Die Polizei führt die Überlebenden durchs Treppenhaus in den Innenraum, dann durch den Haupteingang nach draußen. Es sind Bilder, die Julia und Thomas Schmitz niemals vergessen werden. Sie steigen über Leichen, laufen an ihnen vorbei. Sie erkennen zwar niemanden wieder. Aber in diesem Moment wird ihnen bewusst, welch wahnsinniges Glück sie hatten. »Da stürzte alles auf uns ein«, sagt Julia Schmitz.

Auch Fabian Stech liegt auf dem Boden im Innenraum. Er ist tot. Erschossen.

Julia und Thomas Schmitz werden in einen nahe liegenden Innenhof gebracht, mit Essen und Decken versorgt. Jemand nimmt ihre Personalien auf. Julia geht irgendwo in der Nachbarschaft auf die Toilette. Um zwei Uhr morgens dürfen sie den Innenhof verlassen, sind aber noch zu durcheinander, um überhaupt an ein Taxi zu denken, das sie zurück ins Hotel bringen könnte. Zudem glauben sie, dass noch irgendwo Täter frei herumlaufen könnten. Sie werden mit einem Bus zum Rathaus des 13. Arrondissements gebracht, dort weiter verpflegt. Um sechs Uhr bringt sie ein Taxifahrer schließlich in ihr Hotel, wortlos. »Wir haben erst einmal geduscht, aber das Wasser wurde nicht warm, und uns dann ins Bett gelegt.« An Schlaf ist nicht zu denken, wenig später stehen sie auf, und Julia googelt erst einmal, was in Paris überhaupt passiert ist. »Ich dachte, irgendjemand wird doch wohl über den Anschlag berichtet haben«, sagt sie. Erst jetzt wird ihr das ganze Ausmaß des Terrorangriffs bewusst, erst jetzt liest sie von den Cafés und Bars und der Anzahl der Toten im Bataclan. Ihr Bruder holt die beiden am Mittag ab und bringt sie am Nachmittag zurück nach Köln.

Am Sonntagmorgen bekommt Sophie Bouchard-Stech einen Anruf von einem Hotel in Paris. Die Sachen ihres Mannes lägen dort, hört sie. Sie ahnt Schlimmes und bekommt bald darauf Gewissheit. Die Arbeitskollegin ihres Mannes konnte sich retten; drei Tage nach den Anschlägen besucht sie Sophie Bouchard-Stech zu Hause in Dijon. »Ich habe mich gefreut, dass sie überlebt hat«, sagt sie.

Am Dienstag nach den Anschlägen geht Julia Schmitz wieder zur Arbeit in eine Kölner Werbeagentur.

Elf Monate später kehren Julia und Thomas Schmitz ins Bataclan zurück, während dort noch Renovierungsarbeiten im Gange sind. Julia ist enttäuscht, sie hätte gern noch einmal das Ausmaß der Katastrophe gesehen, um das Erlebte besser verarbeiten zu können. Sie sehen, dass die massive Tür, die ihnen das Leben gerettet hat, durch eine leichte Holztür ersetzt wurde, dass Einschusslöcher daneben gespachtelt und überstrichen und Böden erneuert worden sind, die Bestuhlung herausgerissen wurde.

2021 beginnt der Prozess gegen die Attentäter, die überlebt haben, und deren Mitwisser. Hauptangeklagter ist Salah Abdeslam, er soll den VW Polo angemietet haben, mit dem die Attentäter zum Bataclan gefahren sind. Sein Bruder ist einer der Terroristen, die in den Bars und Cafés mordeten.

Grégory Reibenberg, der Besitzer des Belle Équipe, interessiert sich nicht für den Prozess, er geht nicht hin. Kein einziges Mal.

Sophie Bouchard-Stech ist vor Ort, mehr als zwanzigmal. Sie tritt als Nebenklägerin auf. Sie braucht das. Der Anwältin aus Dijon geht es beim ersten Besuch vor Gericht schlecht, sie sieht Polizisten, die die gleichen Waffen tragen wie die Täter damals im Bataclan. Sie will verstehen, was passiert ist. Sie trifft vor Gericht eine Überlebende, die ihr erzählt, wie Fabian gestorben ist. Dass er eventuell einem anderen Konzertbesucher das Leben gerettet hat, der auch von Kugeln getroffen wurde, aber unter ihrem Mann lag. »Ich habe im Prozess verstanden, dass es für das Massaker keinen Grund gab«, sagt sie. »Es ging um pure Gewalt.« Ihr geht es nach dem Verfahren, das mit einem Lebenslänglich für den Hauptangeklagten endete, besser.

Sie sagt, dass sie zu Hause in Dijon noch immer mit ihrem Mann lebe; seine Bibliothek, die gemeinsame Wohnung, alles erinnere sie an ihn. Ihre gemeinsamen Söhne Lucas, 24, und Thomas, 27, erwähnen den Vater nie. Ihr dagegen tut es gut, über ihn zu reden. Die fünf Jahre nach den Anschlägen seien schwierig gewesen, sagt Sophie Bouchard-Stech, aber sie und ihre Jungs stünden sich sehr nah.

Grégory Reibenberg hat sich nie schuldig gefühlt am Tod der 20 Gäste in seinem Café. Er fühlt sich auch nicht schuldig, überlebt zu haben. Doch wie schafft man es, weiterzuleben? »Das Leben geht weiter mit dir oder ohne dich«, sagt er. »Es gibt keine andere Wahl, sonst wählen wir den Tod.« Für ihn kam es nie infrage, das Café zu verkaufen. Er veröffentlicht das Buch »Une belle Équipe«. Das Schreiben tut ihm gut, er meint, es sei lebensrettend für ihn gewesen. Hass auf die Attentäter habe er nie verspürt, sagt Grégory Reibenberg. Wie denkt er über sie? »Gar nicht, denn ich halte nichts von einer Gewehrkugel aus Metall.«

In einem Interview sagte Grégory Reibenberg einmal, dass er mit einer Narbe im Gesicht lächeln könne. »Das ist meine Natur«, erklärt er, »es sind meine Erfahrungen im Privat- und Familienleben, die meine Einstellung angesichts von Widrigkeiten erklären. Auch wenn Sie ein überlebender Elternteil sind, ist Lächeln mehr als wichtig für die Erziehung Ihres Kindes.«

Mit seiner Tochter spreche er in Liebe über die verstorbene Mutter, er teile Anekdoten und Geschichten mit ihr. »Und ich spreche mit ihr über die starke Frau, die Djamila war.« Zu ihrem 49. Geburtstag postet er im Sommer 2022 ein Bild auf Instagram, auf dem er und seine Tochter vor einem Porträt Djamilas zu sehen sind. »Toujours là«, schreibt er, für immer da. Grégory Reibenberg sagt: »Schon das Aussprechen ihres Namens hält ihn in Erinnerung.«

Sophie Bouchard-Stech ist oft in Paris, sie verweilt dann ein paar Minuten vor dem Bataclan. »Diese Erinnerung ist wichtig für mich. Ich will nicht, dass man ihn und die anderen Opfer vergisst«, sagt sie. Sie brauche das zur Bewältigung ihrer Träume.

Auch Thomas und Julia Schmitz spüren eine emotionale Bindung zu Paris. Sie gehen zur Gedenkstätte schräg gegenüber vom Bataclan, wenn sie in der Stadt sind. Sie lesen die 90 Namen der Toten auf dem Marmorstein und denken, fast hätte auch ihrer darauf gestanden …

Die Bankräuber Degowski (links) und Rösner nehmen 1988
in Bremen Buspassagiere als Geiseln – darunter Silke Bischoff
(Zweite von rechts) und die neben ihr sitzende Ines Voitle

DAS GEISELDRAMA
VON GLADBECK

Der Bankraub mit anschließender Geiselnahme 1988 in Gladbeck war eines der spektakulärsten und dramatischsten Verbrechen der deutschen Nachkriegsgeschichte. Zunächst überfallen Hans-Jürgen Rösner und Dieter Degowski eine Filiale der Deutschen Bank; sie nehmen Geiseln und fliehen mit ihnen nach Bremen. Dort kapern sie einen Linienbus und bringen dessen Passagiere als weitere Geiseln in ihre Gewalt. Rösner gibt Interviews und hält sich seine Pistole vor laufender Kamera in den Mund. An der Raststätte Grundbergsee erschießt Degowski den 14-jährigen Emanuele De Giorgi. Mit den Geiseln Ines Voitle und Silke Bischoff fliehen die Täter weiter nach Köln. In der Fußgängerzone wird ihr Fluchtauto von einer Menschenmenge umringt. Der Journalist Udo Röbel steigt zu den Gangstern ins Auto und lotst sie aus der Stadt. Auf der Autobahn bei Bad Honnef beendet die Polizei schließlich die Flucht, dabei wird die Geisel Silke Bischoff von Rösner erschossen.

Das Versagen der Polizei und das Verhalten der Medien sorgen bundesweit für Kritik. Rösner und Degowski werden zu lebenslänglich verurteilt, für Rösner wird zusätzlich Sicherungs-verwahrung angeordnet. Degowski wird 2018 nach fast 30 Jahren im Gefängnis entlassen, Rösner ist noch immer inhaftiert. Die überlebende Geisel Ines Voitle, die heute mit Nachnamen Falk heißt, leidet über Jahrzehnte an Depressionen. Ich spreche die Zooverkäuferin das erste Mal 2009 zu Hause in Bremen. 2022 fahren wir gemeinsam an die ehemaligen Tatorte – zum Bus-bahnhof in Bremen-Huckelriede und zur Raststätte Grundberg-see. Mit Udo Röbel spreche ich ebenfalls 2022.

* * *

Es gibt Orte und Städte in Deutschland, die immer wieder mit Verbrechen in Verbindung gebracht werden. Die man *davor* nicht gekannt hat, geschweige denn gewusst hätte, in welchem Teil Deutschlands sie überhaupt liegen. Wer kannte schon Fürsten-feldbruck *vor* der gescheiterten Befreiung der israelischen Geiseln während der Olympischen Spiele, Bad Kleinen *vor* der geplanten Festnahme von RAF-Terroristen oder Winnenden *vor* dem Schul-massaker? *Danach* wusste es fast jeder: Bad Kleinen, ein Kaff, liegt in Mecklenburg-Vorpommern, die Stadt Fürstenfeldbruck bei München und Winnenden nordöstlich von Stuttgart.

Ähnlich geht es seit 1988 der Stadt Gladbeck. Eine Stadt, die dem Geiseldrama nicht entkommt. Oder müsste ich an dieser Stelle besser schreiben: nicht entkommen kann? Denn wer denkt bei »Gladbeck« nicht an »Geiseldrama«? Dass es eine Bergarbeiterstadt mit jahrzehntelanger Tradition im Kohleab-bau ist, im nördlichen Ruhrgebiet liegt, 75 000 Einwohner hat und im Zweiten Weltkrieg schwer zerstört wurde – geschenkt.

Das Verbrechen ist zum Trauma der Stadt geworden. Und zum Zweitnamen. Ob das aufsehenerregende Verbrechen nun als »Geiselnahme von Gladbeck« oder »Gladbecker Geisel-drama« tituliert wird, ist da fast schon egal.

Irgendwie ist die Assoziation dieses dreitägigen Verbrechens mit der Stadt Gladbeck ungerecht. Zwar beginnt das Drama im Stadtteil Rentfort-Nord, als dort Hans-Jürgen Rösner und Dieter Degowski am Morgen des 16. August 1988 eine Deutsche-Bank-Filiale überfallen, Geiseln nehmen und spätabends mit 300 000 DM Lösegeld fliehen. Doch die Dramatik nimmt woanders ihren Lauf – am nächsten Tag, dem 17. August, in Bremen, als die beiden Verbrecher einen Linienbus kapern, Dutzende Geiseln nehmen, Rösner ein Medienspektakel veranstaltet und sich vor laufenden Fernsehkameras seine Pistole in den Mund hält. Dann an der Autobahnraststätte Grundbergsee zwischen Bremen und Hamburg, als Degowski erst der Geisel Silke Bischoff während eines TV-Interviews die Waffe an den Kopf hält und kurz danach den 14-jährigen Emanuele De Giorgi erschießt. Dann, am 18. August, als Rösner und Degowski mit einem Auto und zwei Geiseln nach Köln fliehen, dort in der Fußgängerzone einen Stopp einlegen, umringt von Neugierigen und Journalisten erneut ein Spektakel veranstalten und mithilfe eines Journalisten, der zu ihnen ins Auto steigt und sie aus Köln hinauslotst, fliehen. Und schließlich bei der missglückten Befreiungsaktion der Polizei bei Bad Honnef, wo die Geisel Silke Bischoff stirbt.

Bremen, Grundbergsee, Köln, Bad Honnef. Einmal quer durch die westdeutsche Republik. Doch hängen geblieben ist vor allem: Gladbeck.

Wenn Gerd Herla früher in den Urlaub nach Österreich fuhr und sagte, dass er aus Gladbeck komme, antwortete man ihm: »Ah! Gladbeck!«

Der 91-Jährige wohnt seit Jahrzehnten gegenüber der ehemaligen Deutsche-Bank-Filiale im Stadtteil Rentford-Nord. Am frühen Morgen des 16. August 1988 wird er vom Geschrei in der Bank geweckt, steht stundenlang am Fenster mit bestem Blick auf das Geschehen. Seine Neugierde ist zu groß. Als die

Verbrecher die Bank ein paar Stunden später mit zwei Geiseln verlassen und mit ihrem Fluchtauto im Zeitlupentempo an ihm vorbeifahren, duckt er sich unters Fenster. »Rösner kannte ich schon von früher«, sagt er, »der war ja ein richtiger Rabauke.«

Nun, 35 Jahre später, steht die ehemalige Deutsche-Bank-Filiale gegenüber noch immer. Nur das angrenzende 13-stöckige Hochhaus »Geschäftszentrum Nord« – eine seit Jahren leer stehende Schrottimmobilie – und das dazugehörende Atrium wurden 2021/22 zurückgebaut. Anwohner feierten an der Baustelle im Herbst 2021 eine große Abrissparty. Und die Stadtteilzeitung, die mit Dutzenden Fotos den Abriss dokumentierte, jubelte euphorisch: »Der Turm ist weg – freie Sicht nach überall!«

Die ehemalige Bankfiliale ist heute ein Blumengeschäft. Hinterm Tresen steht Brigitte Gräber, eine resolute, aber freundliche Frau. Sie ist die Inhaberin der »Grünen Oase« und hält gerade ein Schwätzchen mit einer Kundin. »Hier hat sich seit 1988 kaum etwas verändert«, sagt sie. »Es wurde nie renoviert.« Sie verweist auf die hoch gelegenen vergitterten Oberlichter, ein Relikt aus Bankzeiten. Dann zeigt sie auf den abgenutzten Linoleumfußboden, auf die weißen Gipsplatten an der Decke und auf viereckige Löcher im Fußboden, die ehemaligen Konsolen für die Bankcomputer am Schalter. Und sie deutet in Richtung der Abstellkammer, die damals der Tresorraum war. Sie zahlt 1 350 Euro Miete.

Annette Heiming-Schütte hat Brigitte Gräber zugehört. Sie nickt zustimmend. Die Anwohnerin war Kundin bei der Deutschen Bank; sie zeigt nach links. »Dort war der Schalter, vorn rechts die Kasse. Wenn man in die Bank hineinkam, hatte man sofort den Tresen vor sich.« Sie guckt zu Brigitte Gräber und sagt: »Von der Inneneinrichtung her ist die Zeit seit damals stehen geblieben.« Beim Blumenkauf denke sie selten an den Bankraub zurück, sagt sie. Rösner sei ja nicht der Hellste gewesen, aber dass er eine derartige Show abziehen werde, damit habe sie nicht gerechnet. Den Rösner habe man im Viertel gekannt, schon zu Schulzeiten. Wenn er damals Krawall machte, habe sich niemand getraut einzuschreiten, weil jeder Angst hatte, eine aufs Maul zu bekommen.

Auch die verglaste Eingangstür des Blumengeschäftes mit dem viereckigen schwarzen Türknopf ist seit 1988 geblieben. Man erkennt sie sofort anhand der historischen Filmaufnahmen wieder. Damals steht Rösner mit der Waffe hinter ihr und übermittelt der Polizei die gewünschte Position des Fluchtwagens. Als ein Polizist nur mit Unterhose bekleidet das Lösegeld vor dieser Tür ablegt, öffnet eine Bankgeisel sie kurz, um auf dem Boden kriechend das Geld an sich zu ziehen.

Für den ARD-Zweiteiler »Gladbeck« von 2018 wurde links neben dem Geschäft von Brigitte Gräber ein Ladenlokal angemietet. »Mein Vermieter wollte nicht, dass bei mir gedreht wird«, erklärt Brigitte Gräber. »Schön blöd, die Produktionsfirma hätte ja hier alles auf eigene Kosten renoviert. Jetzt musste sie nebenan alles auf alt herrichten und die Gitterstäbe anbringen.«

Was für ein Gefühl ist das für sie, an diesem Ort zu arbeiten, einem Ort, der der Beginn eines der aufsehenerregendsten Verbrechen in der Geschichte der Bundesrepublik war? Sie sagt: »Das fragen mich auch oft Schüler der Gesamtschule ums Eck. Wie ich hier arbeiten könne, wo doch dort die Geiseln gelegen haben. Aber für mich ist das ganz weit weg. Ich habe ganz andere Sorgen, bin gesundheitlich angeschlagen und muss mich ums Geschäft kümmern.« Manchmal kämen Neugierige von außerhalb und stellten Fragen. Sie bekämen eine Antwort, wenn sie höflich seien.

Ines Falk hat kein Interesse daran, sich die ehemalige Bankfiliale anzugucken. Sie ist noch nie nach Gladbeck gefahren. Sie verbinde nichts mit dieser Stadt, sagt sie. Indirekt hat sie damit recht. Doch Ines Falk wird 1988 ungewollt eine der

Hauptbeteiligten des Geiseldramas von Gladbeck. Sie sitzt in dem Bus an der Haltestelle in Bremen-Huckelriede, den Rösner und Degowski kapern. Die Täter nehmen sie, ihre Freundin Silke Bischoff und 30 weitere Fahrgäste als Geiseln.

19 Stunden bleibt sie in der Hand der Geiselnehmer. 19 Stunden, die ihr Leben für immer verändert haben.

Ich treffe Ines Falk erstmals 2009, 21 Jahre danach, in ihrer Wohnung in Bremen. Es ist eher ein kurzes Interview als ein ausführliches Gespräch, ein fast oberflächliches, schnelles Abhaken der Fakten und Erinnerungen. Das liegt aber nicht an ihr, sie ist geduldig und hilfsbereit. Sie hätte sich auch länger Zeit für mich genommen. Doch das Interview ist für die Kurzrubrik »Was macht eigentlich …?« für das Magazin *stern* gedacht, da ist nicht viel Platz, um ins Detail zu gehen und über das Erlebte zu sprechen.

Denken Sie noch manchmal an damals?

Eher selten. Klar, wenn ich Dokumentationen im Fernsehen sehe, wühlt es mich wieder auf. Und ganz vergessen werde ich diese 19 Stunden sicher nie.

Was war das Schlimmste?

Degowski saß im Wagen zwischen Silke und mir. Ständig sicherte und entsicherte er seine Waffe an meinem Kopf – da werden Sie verrückt. Besonders erinnere ich mich natürlich an den Mord an Emanuele De Giorgi, an das Spektakel in der Kölner Innenstadt und den Zugriff der Polizei.

Warum waren Sie eigentlich in dem Bus, der dann entführt wurde?

Silke und ich waren nach der Arbeit auf dem Weg nach Hause. Die Frage »Warum ich, warum wir?« habe ich mir natürlich tausend Mal gestellt. Warum sind wir nicht zu Fuß nach Hause gegangen? Warum ist Silke nicht schon eine Stunde eher gefahren? Sie hatte auf mich gewartet, weil wir noch ausgehen wollten.

Haben Sie Schuldgefühle?

Früher hatte ich sie täglich. Heute ist das besser. Ich habe Silke mein Leben zu verdanken, denn beim Zugriff der Polizei, die mit einem gepanzerten Wagen unser Fluchtfahrzeug gerammt hatte, schrie sie mir zu: »Spring, spring!« Da bin ich aus dem Wagen raus. Dass mich dabei eine Kugel am Rücken streifte, habe ich erst gar nicht gemerkt. Ich weiß noch, dass ich später einen Polizisten fragte, ob Silke überlebt habe. »Ja, ja«, antwortete er. Erst in der Klinik hörte ich die schreckliche Nachricht.

Gehen Sie zu Silkes Grab?

Nein. Ich kann das nicht.

Wie haben Sie später den Alltag gemeistert?

Ich bin zur Kur, habe aber nie eine Therapie absolviert, die hat mir auch keiner angeboten. Mein damaliger Mann war eine große Stütze. Er war immer für mich da, hat mich in den Arm genommen, wenn ich Albträume und Schweißausbrüche hatte. Aber irgendwann konnte er nicht mehr, wir haben uns 2002 scheiden lassen. Komischerweise hat mich das wachgerüttelt, seit acht Jahren habe ich keine Depressionen mehr. Ich war vor dem Geiseldrama ein Sabbelkopf und bin es jetzt wieder.

Was machen Sie heute?

Ich arbeite in Bremen in einem SB-Markt für Tierfutter und Zubehör auf 400-Euro-Basis. Ich bekomme sechs Euro in der Stunde und nächstes Jahr eine Festanstellung. Super! Das ist wie ein vorzeitiges Weihnachtsgeschenk. Meine Tochter und ich leben in unserer 80-Quadratmeter-Wohnung bescheiden. Die Wohnung ist eigentlich ein bisschen groß für staatliche Unterstützung. Wir bekommen Kindergeld und Arbeitslosengeld II, sind sehr sparsam. Gern hätte ich mal neu gestrichen, aber dafür fehlt das Geld.

Weiß Ihre Tochter von dem Drama?

Seit sie groß ist, hat sie sich alles im Internet angesehen. Aber wir sprechen selten darüber. Wir spielen lieber im Internet und chatten mit Gegnern und Mitspielern. Aber ein neuer Freund war für mich noch nicht darunter. Seit meiner Scheidung bin ich Single.

Haben sich Rösner und Degowski mal bei Ihnen gemeldet?

Nein. Die Stadt Gladbeck war die Einzige, die sich bei mir entschuldigt und mich eingeladen hat. Das war sehr süß, denn die Stadt konnte ja nichts dafür. Ich bin aber lieber nicht hingefahren.

Nach diesem Gespräch habe ich jahrelang keinen Kontakt zu ihr. Ich sehe sie hin und wieder in einer Talkshow und google ihren Namen. Journalistische Routine, ein Checken, ob es irgendwelche Neuigkeiten gibt. Als sich dieses Buchprojekt im Entstehen befindet, reift bei mir der Gedanke, sie noch einmal zu interviewen, dieses Mal aber ausführlicher. Und ich nehme mir vor, mit ihr zu den Tatorten von damals zu fahren, ihr Einverständnis vorausgesetzt. 13 Jahre nach meinem ersten Interview treffe ich sie erneut in Bremen.

Ines Falk ist mittlerweile in eine größere Wohnung gezogen, ihre Tochter hat sie zur Oma gemacht und sie hat eine unbefristete Arbeitsstelle in dem SB-Markt für Tierfutter, in dem sie schon damals angestellt war. Geht es ihr somit gut? Ihr Lachen nimmt die Antwort vorweg. »Zum ersten Mal seit 1988 fühle ich mich unbeschwert gut, ohne Klotz am Bein«, sagt sie. An ihrer Arbeitsstelle freuen sich die Kunden, dass sie noch da ist, dass sie sich nicht hat unterkriegen lassen, trotz allem. Vor ein paar Wochen habe sie einen Magenbypass bekommen. Sie merke, wie nun die alte dicke Ines verschwinde. »Und ich fühle, dass das der Abschluss des Ganzen ist.« Obwohl sie weiß, dass sie das Geschehen nicht komplett vergessen kann, alleine schon die Jahrestage stehen ihr im Weg. Da denkt sie automatisch an Silke, den Bus und Emanuele, da wacht sie mit einem komischen Gefühl auf, das tief in ihr steckt.

Ines Falk fängt nach dem Geiseldrama an zu essen, ohne zu realisieren, dass sie isst. Ihr späterer Therapeut sagt ihr, dass das ein Schutzmechanismus gewesen sei. Sie will sich vor der Öffentlichkeit verstecken und das Erlebte verdrängen. Sie will, dass sie nicht erkannt wird. Sie weiß eigentlich, dass das totaler Quatsch ist, denn sie wohnt noch immer im selben Haus, hat denselben Job, und es ist eigentlich egal, ob sie 70 Kilo oder, wie sie sagt, »10 000 Pfund draufhat«. Aber ihr Kopf realisiert das nicht. Sie versteckt sich zu Hause. »Ich habe mich in Trauer gesetzt«, sagt sie. »Und gegessen.«

Hinzu kommen Depressionen, die sie nicht loswird. »Sie kommen immer und immer wieder. Die bleiben, die sind nicht heilbar«, stellt sie lapidar fest. Sie nimmt Antidepressiva, während der Corona-Pandemie ist sie fertig mit der Welt, da nimmt sie die doppelte Menge. Wenn sie dann daran denken muss, dass sie ihrer Tochter nicht viel bieten kann, zieht es sie komplett runter, dann ist ihr nur noch zum Heulen zumute. »Warum gerade ich?« Warum sind die Täter bloß nach Bremen gekommen? Warum? Diese bohrenden und immer wiederkehrenden Fragen quälen sie jahrelang.

Als ihr Enkelkind Johanna zur Welt kommt, setzt ein Umdenken bei ihr ein; sie will wieder teilhaben am Leben, es glücklich verbringen, so gut es eben geht. Und sie will ihren Ballast, den seelischen und physischen, abschütteln. »Mein Gewicht hat mich im Unterbewusstsein immer an damals erinnert«, sagt sie. »Im Hinterkopf hatte ich ständig den Gedanken: ›Du siehst so aus, weil dir dies und das passiert ist.‹«

30 Kilogramm hat sie schon verloren. Sie will sich nicht mehr verstecken und sich schämen müssen, wenn sie ins Schwimmbad geht. Sie fühlt sich bereits freier und Bewegung fällt ihr leichter. Jedes Kilo, das runtergeht, macht sie glücklich. Sie raucht nicht mehr. Und sie kauft sich ein Fahrrad für 80 Euro auf dem Flohmarkt und stellt zu Hause einen Crosstrainer auf.

Vor diesem Gespräch haben wir ein paarmal telefoniert und uns über WhatsApp ausgetauscht. Sie erinnert sich nur dunkel an meinen Besuch vor 13 Jahren. Das Fotoshooting, bei dem ich nicht zugegen war, hat sie aber noch im Kopf. Sie ist einverstanden, dass wir gemeinsam an die Tatorte von 1988 fahren. Ines Falk stellt keine Vorbedingungen, sie fragt auch nicht nach Geld. Sie gibt mir das Gefühl, dass sie es mir möglichst angenehm machen möchte. Ich habe fast ein schlechtes Gewissen, denn es geht hier nicht um mich, sondern ausschließlich um sie. Und ich hätte vollstes Verständnis dafür gehabt, wenn sie nicht mit mir nach Bremen-Huckelriede und zum Grundbergsee gefahren wäre.

Die Bushaltestelle in Huckelriede liegt nur ein paar Autominuten von ihrer Wohnung entfernt. Der Bremer Senat hat 2019 auf dem Grünstreifen eine Gedenkstele aus hellem Granit mit den Namen der Opfer eingeweiht. Dahinter wurde ein Ginkgobaum gepflanzt. Ines Falk ist nicht zur Einweihungsfeier gegangen. Erst zwei Wochen später hat sie sich den Ort kurz angeguckt. Nun ist sie zum zweiten Mal da; sie steht vor der Stele und sagt: »In Gedanken bin ich ja immer bei der Sache, die werde ich nie vergessen können. Der Verlust von Silke wird immer ein Teil von mir bleiben. Aber ich wollte den Trubel nicht erleben müssen.«

Sie schaut hinüber zum Busbahnhof. Sie ist froh, dass sich vieles verändert hat seit damals, das macht es einfacher für sie, an diesen Ort zurückzukehren. Das Eiscafé war damals eine Bäckerei, die Wartehäuschen stehen versetzt und die Haltestellen sehen neu aus. Auf der anderen Straßenseite ist sie damals mit Silke aus der Straßenbahn und in den Bus der Linie 53 gestiegen. Doch der Busfahrer weigert sich loszufahren. Denn weiter vorn an der Kreuzung, in einem türkischen Obst- und Gemüseladen – heute ein Wohnhaus –, stehen Rösner und Degowski mit zwei Geiseln, den Bankangestellten aus Gladbeck. Sie kriegt nur auf einem Ohr mit, dass der Busfahrer »da nicht langfahren will, weil da was los sei und die schießen könnten«.

Der Fahrer des Busses hinter ihnen hat weniger Hemmungen, er überholt den Bus von Ines Falk und fährt an den Gangstern vorbei. Nichts passiert.

Plötzlich laufen Rösner und Degowski mit ihren Geiseln vom Gemüsemarkt zum Bus – und kapern ihn. Und für Ines Falk beginnen Stunden voller Angst und Schrecken, die nach wenigen Kilometern auf der Raststätte Grundbergsee an der Autobahn A1 in Richtung Hamburg zum Grauen werden.

Wir fahren nun, 34 Jahre später, gemeinsam zur Raststätte. Ines Falk hat diesen Ort in all den Jahren gemieden, so gut es ging. Wenn sie gen Norden fuhr oder zurück nach Bremen kam, nahm sie immer die Raststätte davor oder dahinter. Auch an diesem Ort hilft es ihr, dass er sich stark verändert hat. Sie erkennt das Dach der Tankstelle wieder, alles andere ist neu. Es sehe nicht mehr beängstigend und bedrohlich aus wie früher, sagt sie. Sie lokalisiert die Stelle, an der der Bus damals hält und sie mit Marion Löblich, der Komplizin der Täter, zur Toilette geht. Und wo das Unheil seinen Lauf nimmt. »Ich habe gesehen, wie

Zivilpolizisten sie festgenommen haben«, erzählt sie. Im Rückblick ein fataler Fehler der Polizei, denn Rösner und Degowski bemerken das Verschwinden ihrer Gefährtin, stellen der Polizei ein Ultimatum und drohen mit der Erschießung einer Geisel. Obwohl die Einsatzleitung die sofortige Freilassung Löblichs befiehlt, kommt es zu Pannen und ihrer verzögerten Rückkehr.

Im Bus spielen sich dramatische Minuten ab.

Ines Falk: »Emanuele und seine Schwester saßen vor mir, zwei Reihen hinter dem Fahrer. Ich habe in Grundbergsee bemerkt, dass hinter den parkenden Lkw einige Polizisten vorbeihuschten. Ich habe den beiden noch zugeraunt, dass sie ein wenig tiefer in die Sitze rutschen sollen, weil ich Angst hatte, dass irgendetwas passiert. Als Rösner und Degowski bemerkten, dass die Löblich nicht zurückkommt, bedrohte Degowski Silke im Mittelgang des Busses. Rösner nahm sich die Schwester von Emanuele und stand mit ihr ebenfalls im Mittelgang. Sie weinte. Emanuele drehte sich zu ihr und sprach mit ihr. Degowski hat plötzlich von Silke abgelassen und aus zwei, drei Metern Entfernung auf den Jungen geschossen. Ich habe den Windhauch gespürt und geschrien. Kurz darauf erschien die Löblich im Bus und fragte Degowski, warum er geschossen habe. ›Das habe ich für dich getan‹, antwortete er. Und ich dachte nur: ›Wie bescheuert ist das denn?‹ Ich bin dann aufgestanden, sah, dass Emanuele noch lebte. Er röchelte, war blutüberströmt und lag auf der Seite. Ich habe noch zu ihm gesagt, dass ich ihn jetzt anfassen muss und hinaustragen werde. Aber es gab keine Reaktion von ihm. Ich hatte Angst, ihm wehzutun, weil ich nicht genau wusste, wie ich ihn anfassen sollte. Ich habe ihn unter den Armen gegriffen und bis zur Bustür gezogen. Da wurde er mir dann von Reportern abgenommen.«

Auch viele Jahre später ist unbegreiflich, dass kein Arzt, kein Rettungswagen bereitsteht. Und dass Journalisten einen sterbenden Jungen an der Eingangstür eines Busses voller

Geiseln in Empfang nehmen können, während die Polizei weit weg ist.

Emanuele De Giorgi stirbt eine Stunde später in einem Klinikum in Bremen.

Nach Grundbergsee fährt der Bus Richtung Holland, dort kommt es am frühen Morgen des 18. August 1988 zu einer Schießerei mit der niederländischen Polizei. Rösner und Degowski erhalten ein neues Fluchtfahrzeug und nehmen zwei Geiseln aus dem Bus mit: Ines Falk und Silke Bischoff. Die beiden Freundinnen sind völlig übermüdet, nicken sich zu, lächeln sich an. Aber miteinander reden können sie nicht; Degowski sitzt zwischen ihnen. Durch die permanente Anspannung sind sie erschöpft und schlafen immer wieder ein.

Und dann kommt Köln.

»Das war ja der Hammer schlechthin«, sagt Ines Falk.

Sie erinnert sich, wie sie plötzlich mit dem Fluchtfahrzeug in der Fußgängerzone stehen bleiben und irgendjemand Kaffee holt. Schnell ist das Auto von Reportern und Schaulustigen umringt. Hinter ihr in einem Parkhaus bemerkt sie Polizisten. Sie hat das Gefühl, dass sich auch Beamte in Zivil unter die Reporter gemischt haben. Sie hat Angst, denn im dichten Kreis der Menschen ist die Fahrertür geöffnet.

In meinem Interview von 2009 sprach sie von dem »Spektakel in der Kölner Innenstadt«, das ihr neben der Ermordung von Emanuele De Giorgi und dem Zugriff der Polizei, bei dem ihre Freundin Silke Bischoff stirbt, besonders in Erinnerung geblieben ist.

Es sind bizarre Bilder, die in der Fußgängerzone Breite Straße entstehen. Das Auto der Geiselnehmer wird regelrecht von Reportern und Passanten belagert. Während Degowski auf der Rückbank zwischen Ines Falk und Silke Bischoff sitzt, der er unablässig seine Waffe an die Schläfe hält, steht Rösner neben der Fahrertür, die Knarre in der Hand, und gibt Liveinterviews.

Eine Hauptrolle spielt dabei der *Express*-Reporter und spätere *Bild*-Chefredakteur Udo Röbel, der den Geiselnehmern seine Hilfe anbietet. Er steigt in das Fluchtfahrzeug ein und lotst die Geiselnehmer aus Köln hinaus bis zur nächsten Autobahnauffahrt.

Ich spreche mit Udo Röbel am Vorabend des Jahrestages, 34 Jahre danach. Den besonderen Tag hat er nicht auf dem Schirm. »Jahrestag? Ach, richtig«, sagt er mit knarziger Stimme. »Ein Wunder, niemand hat sich gemeldet. Früher war an diesem Tag mein Telefon komplett blockiert.«

Wie erinnert er sich an die dramatischen Stunden?

Udo Röbel erzählt:

»Den Beginn des Geiseldramas in Köln habe ich nur durch Zufall erlebt. Normalerweise hätte ich wie mein Chefredakteur das ganze Drama in der Kölner Fußgängerzone wahrscheinlich aus sicherer Entfernung von der Büroterrasse unseres Verlegers aus beobachtet, wenn ich an diesem Morgen nicht schon so früh in der Redaktion gewesen wäre. Ich muss vorausschicken, dass ich an diesem Morgen im August 1988 wohl einer der wenigen Menschen in der Republik gewesen bin, die von dem Geiseldrama noch nichts mitbekommen hatten. Ich hatte zwei Tage freigehabt, kein Fernsehen geschaut, keine Nachrichten gehört und auch keine Zeitung gelesen. Ich war so urlaubsreif und platt von drei Wochen Dauerarbeit, dass ich eigentlich nur geschlafen habe. Meine Wohnung habe ich erst wieder an diesem Donnerstagmorgen verlassen. Schon sehr früh, weil ich eine Trainingsstunde bei meinem Tenniscoach hatte. Als ich aus der Dusche kam, habe ich im Frühstücksfernsehen gesehen, was inzwischen alles passiert war. Dann bin ich gut gelaunt in die Redaktion gefahren. Um die Schlagzeile an diesem Tag musste ich mir keine Sorgen mehr machen. Ich konnte ja nicht ahnen, dass just in dem Moment, als ich mein Auto auf dem Hinterhof unseres Verlagsgebäudes parkte, Rösner mit dem Geiselauto vor dem Pressehaus haltmachte. Noch völlig geflasht von den Fernsehbildern, die ich gerade gesehen hatte, bin ich dann hoch in die Redaktion gelaufen und dort als Erstes in den Raum mit den Fernschreibern, um die neuesten Meldungen der Nachrichtenagenturen zu lesen. In diesem Moment kommt unser Redaktionsbote dazu, und ich sage zu ihm: ›Das ist ja ein wildes Ding, dieses Gladbeck!‹ Und der sagt zu mir: ›Ja. Die stehen gerade da unten und trinken Kaffee!‹

Meine Reporter waren noch nicht da. Handys gab es damals keine. Aber ich war ja früher auch einmal Polizeireporter gewesen. Also bin ich selbst runter. Und tatsächlich: Keine vierzig Meter vom Vordereingang entfernt standen sie. Alles ganz friedlich. Von Polizei weit und breit nichts zu sehen. Die Sonne lachte vom Himmel, und die wenigen Passanten, die um diese Uhrzeit unterwegs waren, bemerkten es noch gar nicht, dass sie da gerade an den Geiselgangstern vorbeischlenderten. Es war skurril.

Mein erster Eindruck war damals: Wo bin ich? Bin ich im Film? Das kann doch alles gar nicht wahr sein.

Ich bin dann ganz langsam an den BMW getreten, habe mich vorgestellt, Rösner meine Visitenkarte gegeben und ihn gefragt, ob man mit ihm reden könne. Zu meiner Verblüffung hatte er überhaupt nichts dagegen. Ihm schien es sogar zu gefallen, interviewt zu werden. Nach wenigen Worten war mir klar, dass ich es hier nicht mit den hellsten Kerzen auf der Torte zu tun hatte. Und dann muss man ja mit denen auch so reden. Ich habe den Revolver gesehen, der lag auf Rösners Schoß oder er spielte damit. Und ich wusste, dass sie schon gemordet hatten. Da führt man kein Gespräch über Moral und Ethik bei Geiselnahmen. Am Anfang habe ich sie gesiezt, aber das ging dann in einen Mischmasch über. Auf eine Duzfrage gabs eine Duzantwort, man passte sich dem Gespräch an, vor allem dem Niveau des Gesprächs.

Im Nachhinein betrachtet fragt man einen Geiselgangster viel Schwachsinniges in solch einer Situation. Wie es geht, was sie jetzt vorhaben und auch, ob man vielleicht etwas für sie tun kann. Uns Journalisten wurde später zu Recht vorgeworfen, dass wir die Gangster regelrecht hofiert hätten. Für die Geiseln muss es furchtbar gewesen sein, das mitanzuhören. Das war ja alles bizarr. Genauso bizarr, wie sich heute die Wortlautprotokolle der Gespräche durchzulesen, die der Verhandlungsführer der Polizei mit Rösner in der Bank geführt hat.

Schon bei der leisesten Frage, ob es denn nicht besser wäre, jetzt endlich aufzugeben, bevor noch Schlimmeres passiert, tickte Rösner aus. Da hält man dann lieber den Mund.

Irgendwann erwachte in dem Reporter Röbel auch wieder der Mensch Röbel, der die Todesangst im Gesicht von Silke Bischoff sah. Von da an überlegte ich nur noch, wie man sie und ihre Freundin Ines Voitle aus dieser unerträglichen Situation erlösen könnte. Mehr als einmal habe ich sogar daran gedacht, mir einfach die Waffe zu schnappen, die keine dreißig Zentimeter vor mir auf dem Schoß von Rösner lag. Warum sind denn keine Polizisten hier, die das tun könnten, fragte ich mich immer wieder. Erst hinterher habe ich erfahren, dass sich unter die Journalisten inzwischen auch SEK-Leute gemischt hatten.

Ich fragte dann Rösner, ob er eine Austauschgeisel akzeptieren würde. Rösner sagte sofort Ja und fragte mich, an wen ich denken würde. Mir fiel spontan der Bischof von Essen ein. Franz Hengsbach hatte Jahre zuvor das Lösegeld für den entführten Aldi-Milliardär Theo Albrecht übergeben. Rösner willigte ein, ich schickte meine Leute hoch in die Redaktion, um die Polizei über diesen Vorschlag zu informieren. Die versprach, sich wieder bei uns zu melden. Doch dazu kam es nicht mehr. Plötzlich spitzte sich die Situation dramatisch zu.

Das Auto war inzwischen umringt von mehreren Hundert Menschen. Nicht nur von Journalisten, sondern auch von vielen Schaulustigen, die schon fast auf der Kühlerhaube saßen. Rösner war plötzlich das Sichtfeld versperrt. Er hielt deshalb seinen Colt aus dem Fenster und forderte die Menge auf, zur Seite zu gehen. Doch die wich keinen Meter zurück. Erst als er – die Waffe mit beiden Händen im Anschlag – wutentbrannt aus dem Auto stieg und ›Weg da! Weg da, aber schnell!‹ brüllte, tat sich eine Gasse auf. Für einen Augenblick schien sich die Situation wieder zu entspannen. Doch dann sah Rösner, dass er in der Falle saß: Irgendjemand hatte im Schutz der Menschenmenge die Poller der Fußgängerzone hochgezogen. Der Fluchtweg für die Geiselgangster war damit versperrt.

Das war der Moment, in dem ich endgültig zum Mitbeteiligten an diesem Drama wurde. Plötzlich war ich für Rösner der ›Macker‹, der ihnen hier wieder raushelfen sollte. Plötzlich hatte ich selbst Verantwortung für die Situation – und damit auch für das Leben der Geiseln. ›Sorg dafür, dass die Poller runterkommen‹, herrschte Rösner mich an. ›Sorg dafür, dass wir hier rauskönnen! Sonst kann ich für nichts mehr garantieren! Wir müssen sofort weg hier! Der Degowski dreht gleich durch!‹ Ich bin der Aufforderung dann nachgekommen. Habe immer wieder gerufen, dass die Poller runter müssten, und versucht, die Menge auf Abstand zu halten. Als die Poller dann endlich wieder unten waren, war ich vollgepumpt mit Adrenalin. Und in diesem Moment fragte mich Rösner dann auch noch, ob ich ihnen den Weg zur nächsten Autobahnauffahrt zeigen könne.

Ich glaube, ich habe keine Sekunde gezögert einzusteigen. Aber ich war so im Tunnel, dass mir nur ein Umweg zur Autobahn eingefallen ist. Durch die ganze Innenstadt über die Zoobrücke. Rösner wollte von mir zwar noch zur nächsten Autobahntankstelle gelotst werden, hatte mir aber versprochen, mich dort wieder rauszulassen. Für mich war das so eine Art Ganovenehrenwort. Und daran hat er sich dann ja auch gehalten.

Ich saß wie in einem Film auf der Rückbank neben Silke Bischoff, hörte meinen Namen in den Radionachrichten und versuchte herauszufinden, was die Gangster jetzt vorhatten. Hinter meinen Fragen an die Geiselnehmer steckte der Versuch, die Polizei zu informieren. Der Wagen war ja verwanzt, die Polizei hatte das Fluchtauto präpariert. Ich dachte, die Polizei könnte was mit den Antworten anfangen. An der Raststätte Siegburg hat mich Rösner dann rausgelassen. Er tankte den BMW auf, begleitete die Geiseln zur Toilette und gab mir die Hand, bevor er sich wieder ans Steuer setzte. ›Jo, dann‹, sagte er zu mir. ›Dann noch alles Gute, ne!‹ Wenig später stoppte dann das erste SEK-Auto mit der Einsatzleitung darin an der Tankstelle. Die fragten mich nur kurz, ob sich an der Sitzordnung im Geiselauto etwas geändert hätte, und nahmen sofort wieder die Verfolgung auf. Kaum waren sie weg, kam auch schon Ulrich Deppendorf von den ARD-Tagesthemen mit seinem Kamerateam und hielt mir sein Mikrofon unter die Nase. Das war der Moment, als meine Knie weich wurden und ich anfing, am ganzen Körper zu zittern.«

Wie denkt Ines Falk über Udo Röbel? Ihre Gefühle sind gemischt. »Irgendwie habe ich verstanden, dass der seinen Job machen wollte.« Gram oder böse sei sie ihm gegenüber nicht, er habe die Gangster ja zur Aufgabe bewegen wollen.

»Natürlich wollte ich den Geiseln helfen, das war meine oberste Prämisse«, sagt Udo Röbel.

Doch Ines Falk sieht den Job von Udo Röbel kritisch. »Er hat die Sache für uns bedrohlich gemacht. Er redete ja ständig mit den Tätern, warum sie nicht aufgaben, warum sie das überhaupt machten und was sie mit uns vorhatten. Das fand Degowski gar nicht lustig.«

Udo Röbel: »Als ich Rösner direkt fragte, wohin sie denn jetzt fahren wollten, zischte mich Degowski an: ›Halt's Maul, du Affe!‹ Da war mir klar, dass ich jetzt wohl besser nichts mehr frage. Da wusste ich, ich habe einen Punkt überschritten. Danach war Funkstille.«

Ines Falk: »Und für uns war es ziemlich eng auf der Rückbank, da wir nun auch noch einen Reporter neben uns sitzen hatten.«

Wie denkt Udo Röbel mit dem Abstand von mehr als drei Jahrzehnten über seine damalige Rolle? Wieder lässt man ihn am besten erklären, ohne ihn zu unterbrechen:

»Wir sind wie im Rausch gewesen, haben jegliche Distanz verloren. Wir Journalisten haben den Gangstern die Bühne bereitet, auf der sie so hemmungslos agieren konnten. Die Polizei und die Medien haben damals eine zweifelhafte Rolle gespielt. Und ich war mittendrin. Gladbeck war ein Verbrechen, bei dem innerhalb von drei Tagen enorm viel schiefgegangen ist.

Mein Handeln habe ich zunächst bereut. Im Lauf der Jahre bin ich mit meinem Läuterungsprozess durch drei Phasen gegangen. In Phase eins war ich ein wenig bockig. Ich konnte zunächst nicht begreifen, warum man derart über mich herfiel. Ich hatte doch alles versucht, um den Geiseln zu helfen, so war meine Empfindung. In Phase zwei begann ich einzusehen, dass die Kritik an uns Journalisten insgesamt berechtigt war. Gleichzeitig nagten an mir Selbstzweifel, ob da vielleicht wirklich nur der sensationsgierige Reporter Röbel am Werk gewesen war und ich mir das andere nur schöngeredet hatte. Viele Jahre später, nach einer Podiumsdiskussion zum Thema Gladbeck in der Polizeiführungsakademie Hiltrup, konnte ich mit meiner Rolle Frieden finden. Ich saß neben Rudolf Esders, dem Richter, der die Geiselgangster zu lebenslanger Haft verurteilt hatte. Als ich begann, mich selbstkritisch zu äußern, fiel der mir plötzlich ins Wort: ›Das ehrt Sie, Herr Röbel‹, sagte er zu mir. ›Aber in meinen Augen haben Sie damals ein Blutbad verhindert. Wenn Sie die Situation nicht beruhigt hätten, indem Sie die Gangster aus der Falle lotsten, in der sie saßen, wäre eine Katastrophe wohl unvermeidbar gewesen.‹ Befreiungsschlag ist vielleicht das falsche Wort, aber das war der Moment, wo ich mit der Sache abschließen konnte und meinen Frieden mit mir selbst gefunden habe. Seitdem bin ich mit mir versöhnt.

Ich musste die Erfahrung machen, wie das ist, wenn man selbst durch die Medienmangel gedreht wird. Aus der Haltung heraus, dass ich in die Ecke gestellt werde, habe ich damals nie über die Rolle der Journalisten reflektiert. Das konnte ich erst viel später. Und da ist mir aufgefallen, dass wir ganz anders journalistisch sozialisiert worden sind als heute die Kollegen. Es waren raue Zeiten, den Ausdruck ›political correctness‹ gab es nicht. Mörder, die verhaftet wurden, waren Mörder – und eben nicht ›mutmaßliche‹ Mörder. Für uns Journalisten in den 70er- und 80er-Jahren war klar, dass wir so nah rangehen, wie es die Polizei erlaubt. Da gibt es ja historische Beispiele, zum Beispiel den ersten ›finalen Rettungsschuss‹ in der Nachkriegsgeschichte der deutschen Polizei 1974 in Hamburg-St.-Georg, als die Polizei vor laufender Kamera einem kolumbianischen Bankräuber in den Kopf schoss. Auch bei der Festnahme der RAF-Terroristen Baader, Raspe und Meins in einer Garage in Frankfurt hat das Fernsehen live und aus nächster Nähe übertragen, wie die sich einen Schusswechsel mit der Polizei lieferten und wie sie schließlich rausgezerrt wurden aus ihrem Versteck. Das TV zeigte den angeschossenen Baader, der vor Wut und Schmerzen in die Kamera brüllte. Das war unser Selbstverständnis von Reportieren. Wie gesagt: Du gehst so nah ran, wie die Polizei erlaubt. Und die Polizei hat es uns ja ermöglicht, so nah an den Bus in Bremen-Huckelriede oder an das Auto in Köln ranzugehen. Aber dieser Aspekt unserer journalistischen Sozialisation wurde in der Diskussion nach Gladbeck nie deutlich, darüber konnte ich erst später reflektieren und erst mit dem nötigen Abstand schließlich auch schreiben.

Es ist kein Widerspruch, dass ich später als *Bild*-Chef-redakteur nicht zimperlich gewesen bin. Es kommt darauf an, was man unter ›zimperlich‹ versteht. Als *Bild*-Chefredakteur liegt es in der Natur der Sache, dass Sie nicht zimperlich sind. Aber Sie kommen in dieser Rolle immer in Situationen, in denen Sie überlegen, ob man noch mehr Gas geben soll oder nicht. Ich glaube, meine journalistische Lebenserfahrung war da sehr hilfreich. Im Zweifel habe ich es dann eher sein gelassen, noch eine Schippe draufzulegen – was aber nicht heißt, dass es nicht dennoch passiert ist.

Gladbeck wird sich nicht wiederholen. In dieser Form nicht. Polizei und Medien haben ihre Lektionen gelernt. Nie wieder wird die Polizei Gangstern und Medien solche Freiräume geben wie in Gladbeck. Heute wäre die Bank schon nach Minuten so großräumig abgesperrt, dass kein Reporter so nah wie damals herankommen könnte. Und selbst wenn es gelänge – in den Redaktionen würde heute viel kritischer geprüft werden, welches Material man wirklich nutzen würde und welches nicht.«

Udo Röbels Argumentation wirkt stimmig auf mich, und seine Sozialisation als Journalist zu einer Zeit, als man noch das Gegenteil von zimperlich sein durfte – lange vor Gladbeck –, ist Fakt. Ich nehme ihm ab, dass er dies nicht als Entschuldigung oder Ausrede, sondern vielmehr als Erklärungsversuch für sein damaliges Handeln anführt. Mit einem Finger auf andere zu zeigen, ist einfach. Habe ich das Recht, mich moralisch über ihn zu erheben und ihm sein Vorgehen in der Kölner Fußgänger-zone vorzuwerfen?

Da muss ich mir schon an die eigene Nase fassen. Als junger *Bunte*-Reporter bin ich 2002 beim Schulmassaker von Erfurt vor Ort gewesen. Robert Steinhäuser, ein ehemaliger Schüler des Gutenberg-Gymnasiums, hatte dort elf Lehrer, eine Referen-darin, eine Sekretärin, zwei Schüler und einen Polizeibeamten erschossen. Ich bekam das Gerücht mit, dass der Lehrer Rainer

Heise (»Held von Erfurt«) den Attentäter stoppte, indem er ihn in einem Klassenraum einsperrte, bevor Steinhäuser sich selbst tötete. Ich machte den Lehrer ausfindig und stand kurz darauf mit meinem Fotografen und einem ZDF-Reporter, der ihn genauso schnell aufgespürt hatte wie ich, in Heises Wohnzimmer.

Damals war ich happy, dass ich eine Exklusivgeschichte mit nach Hause brachte. Der *Focus* veröffentlichte ein Foto, auf dem der ZDF-Kollege und ich mit Lehrer Heise zu sehen sind. RTL interviewte mich ein paar Tage später sogar. Doch heute im Rückblick von mehr als 20 Jahren muss ich mir eingestehen, dass man Rainer Heise hätte schützen müssen – vor sich selbst und vor der Pressemeute. Der Überlebende stand noch unter Schock. Er geriet in die Kritik, weil er teilweise widersprüchliche Angaben zum Tathergang gemacht hatte. Kritiker hielten ihm zudem vor, sich zu sehr in den Mittelpunkt zu stellen. Aber wir hatten ja bei ihm geklingelt, wir stellten ihm unsere Fragen und ließen ihn erzählen. Rainer Heise war von der Situation kurz nach dem Amoklauf schlicht überfordert. Wir Journalisten haben das schamlos ausgenutzt. Als wir seine Wohnung verließen, stand schon das nächste Kamerateam vor der Tür.

Nein, ihn aufzusuchen war falsch.

Es steht mir nicht zu, Udo Röbel für sein damaliges Verhalten in Köln zu kritisieren.

Für Ines Falk und Silke Bischoff geht die Tortur weiter, nachdem Udo Röbel das Fluchtfahrzeug an der Tankstelle verlassen hat. Sie fahren auf der A3 Richtung Frankfurt, als bei Bad Honnef die Polizei ihr Fahrzeug rammt. Ines Falk: »Plötzlich wurde gebremst, geschossen, es gab Nebel, Gegröle, und irgendwann hielt das Auto an. Degowski kauerte auf der Rückbank, die Löblich auf dem Vordersitz. Rösner zog Silke nach vorn zu sich. Sie fing an zu schreien, voller Angst, voller Panik, und rief, dass ich rausspringen sollte. Ich habe dann die Tür aufgerissen und bin raus und zu Boden. Ich hatte kurz vorher einen Schuss abgekriegt, dachte aber, dass mich ein Stein getroffen hätte. Ich hatte keine Schmerzen in dem Moment. Dann stand plötzlich ein vermummter Polizist vor mir und sagte, ich solle liegen bleiben.«

Erst später im Krankenhaus erfährt sie, dass Silke bei der Befreiungsaktion des SEK ums Leben kommt, durch eine Kugel aus Rösners Waffe. Jahrelang gibt sie sich die Schuld an ihrem Tod. Denn Silke hatte am Tag zuvor in Bremen eine Stunde früher Feierabend, sie hatte extra auf Ines gewartet, nur deshalb saßen sie gemeinsam in diesem Bus in Huckelriede. Sie glaubt, sie habe ihrer Freundin ihr Leben zu verdanken, weil diese schrie: »Spring, spring!« Sie fühlt sich schuldig, sich bei ihr nicht bedanken zu können.

Sie denkt jahrelang: »Hätte er doch bloß mal mich erschossen!«

Ein paar Wochen nach dem Geiseldrama fährt Ines Falk wieder Bus, sitzt wieder in der 53, wieder in Bremen-Huckelriede. Und sieht plötzlich andere Ex-Geiseln im Bus. Auch das sind Bilder, die sie erst einmal verarbeiten muss, die nicht so einfach zu greifen sind. Sie nicken sich stumm zu, sprechen aber nicht miteinander.

Das Schicksal von Hans-Jürgen Rösner und Dieter Degowski ist ihr egal. Sie verfolgt nicht, was aus ihnen geworden ist. Dabei gibt es immer mal wieder Meldungen über sie. Im Mai 2017 zeigt die *Bild*-Zeitung ein Foto von Degowski während eines Freigangs in Werl. Er trägt Jeans und Freizeitjacke, unter der sich ein stattlicher Bauch wölbt. Er ist kaum wiederzuerkennen anhand der Bilder von 1988, zumal er keinen Bart mehr hat und Glatze trägt. Nur das Rauchen ist geblieben. Er wird weder von Gefängnispersonal noch von Polizisten bewacht, spaziert durch die Innenstadt von Werl, kauft eine Fanta in einem Supermarkt, isst eine Bratwurst an einem Imbissstand und picknickt im Kurpark.

Ein knappes Jahr später, im Februar 2018, wird Degowski aus dem Gefängnis entlassen.

Ines Falk hatte immer Angst vor diesem Tag. Sie redet sich jahrelang ein, dass Rösner und Degowski sie nach ihrer Freilassung aufsuchen werden. Heute ist es ihr zumindest bei Degowski egal, sagt sie, der sei ja nun ein alter Mensch. »Degowski hat schon im Prozess ziemlich bemitleidenswert ausgesehen nach dem Motto: ›Das hier ist alles Scheiße gelaufen.‹« Über Rösner denkt sie anders, da würde sie sich freuen, wenn er nicht mehr aus dem Gefängnis herauskäme. »Er war der Kopf der ganzen Sache.«

Fragt sie sich manchmal, wie ihr Leben ohne Gladbeck verlaufen wäre? Sie sagt: »Ich trauere meiner Ehe hinterher. Und ich hätte wahrscheinlich nicht über dreißig Jahre meines Lebens verschenkt.«

Wenn sie zufällig Musik von The Cure oder Depeche Mode im Radio hört, Silkes Musik, dann muss sie lächeln.

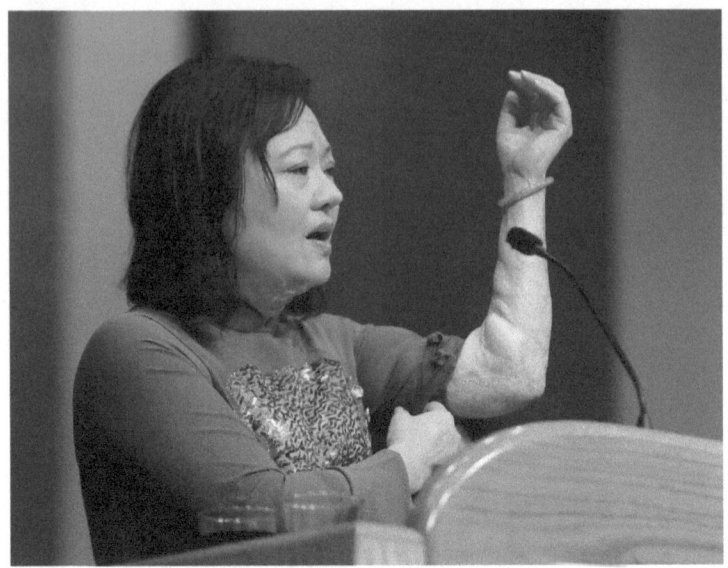

Kim Phuc zeigt im Jahr 2012 ihre Narben, die sie im Alter
von neun Jahren durch einen Angriff mit Napalmbomben
während des Vietnamkriegs davontrug.

DER VIETNAMKRIEG

Das Massaker von My Lai ist ein Kriegsverbrechen, das die US-Armee während des Vietnamkriegs begangen hat. Dabei werden 1968 über 500 Zivilisten, die meisten von ihnen Frauen, Kinder und Greise, von amerikanischen Soldaten ermordet. Das beispiellose Massaker wird zunächst von der US-Armee vertuscht. Das öffentliche Bekanntwerden dieses Verbrechens ein Jahr später trägt zum Wandel der öffentlichen Meinung über den Vietnamkrieg bei. Auch das Foto von Kim Phuc sorgt für einen Stimmungsumschwung. Darauf ist das neunjährige Mädchen nackt und schreiend nach einem Napalm-Angriff zu sehen. Es ist das bekannteste Foto des Vietnamkriegs.

Kim Phuc interviewe ich 2007. Pham Thi Thuan, Truong Thi Le und Pham Thanh Cong haben das Massaker von My Lai überlebt; ich treffe sie 2018 am Ort des Gemetzels, kurz vor dem 50. Jahrestag.

* * *

Was für ein schöner Sonntag! Die Sonne blinzelt durch die Kokospalmen, vom nahen Meer weht eine leichte Brise über die grün schimmernden Reisfelder, man sieht Wasserbüffel auf den Äckern und hört Grillenzirpen in den mächtigen Baumkronen. Einheimische haben die Nationalflagge vor die Fenster ihrer kleinen Häuser gehängt, säubern mit Besen den Bordstein vor der Haustür oder bieten Bananen, Maracuja und Schnittlauch auf dem Markt zum Kauf an. Männer sitzen im Schatten, kauen auf Sonnenblumenkernen und tratschen. My Lai in Vietnam ist ein friedlicher Ort. Eine Idylle. Doch vor über 50 Jahren, am 16. März 1968, war My Lai für die Dorfbevölkerung die Hölle auf Erden. Marodierende Einheiten der amerikanischen Task Force Barker haben dort 504 Menschen, die meisten von ihnen Kinder, Frauen und Greise, in nur wenigen Stunden ermordet. Als es über ein Jahr später publik wurde, gab es einen Aufschrei der Entrüstung in den USA und der westlichen Welt – und die Berichte über die Gräuel, die peu à peu ans Tageslicht kamen, sorgten für einen Stimmungsumschwung gegen den Vietnamkrieg. My Lai steht seitdem als Sinnbild für Kriegsverbrechen.

Es gibt nur noch wenige Überlebende, die vom Grauen des Tages berichten können. Die mitansehen mussten, wie ihre Geschwister, Eltern und Kinder von Maschinengewehrsalven niedergemetzelt, wie ihre einfachen Häuser mit Strohdächern niedergebrannt, wie Familienmitglieder vergewaltigt wurden. Pham Thi Thuan ist 80 Jahre alt, eine kleine, zierliche Frau. Sie trägt eine grüne, weiß gepunktete Hose und eine lila Jacke. Mit einem Stofftuch verdeckt sie ihre grau melierten Haare. Tiefe Falten durchziehen ihr von der Sonne dunkelbraun gefärbtes Gesicht. Ein paar Tage vor dem 50. Jahrestag steht die Bäuerin auf dem Fundament ihres ehemaligen Hauses. An den Rändern erkennt man noch die Reste der Eingangstür, rote Backsteine, die das Fundament abgrenzen, und Reste der Stützträger fürs Dach. Eine kleine blau-weiße Blumenvase steht in der Mitte, darin ausgebrannte Räucherstäbchen. Pham Thi Thuan geht imaginär durch ihre ehemaligen Räume. »Hier war der Flur, dort die Küche«, sagt sie und zeigt mit ihrem Finger auf den Boden. Dann geht sie ein paar Schritte weiter, bleibt stehen und zeigt wieder mit ihrem Finger auf den Boden. »Hier war die Vorratskammer, wo ich Reis aufbewahrt habe. Dort lagerten Fischsoße und Salz. Und hier war das Schlafzimmer.«

Pham Thi Thuan geht aufrecht ein paar Schritte weiter, einen ehemaligen Dorfweg entlang, und bleibt am Rande eines Wassergrabens stehen. Sie deutet in dessen Richtung und sagt: »Das ist der Kanal, wo sie uns massakriert haben.« Sie, das sind US-Soldaten, die Pham Thi Thuan und ihre beiden Kinder mit anderen Dorfbewohnern an dieser Stelle zusammentrieben und sie aufforderten, sich am Rande des Grabens hinzustellen, dann zu setzen und schließlich erneut hinzustellen. »Einige von uns wurden auf die andere Seite des Kanals gebracht und erschossen. Wir blieben zurück. Zunächst dachten wir, dass sie uns nun gehen lassen würden, und waren erleichtert«, erzählt sie, »aber dann stießen sie mich, meine beiden Kinder und all die anderen ins Wasser und schossen mit Unterbrechungen drei Mal auf uns. Wir lagen unter anderen Einwohnern begraben. Ich sagte zu meinem kleinen Sohn, dass er leise bleiben und nicht weinen soll, dass wir überleben könnten. Wir haben uns nicht gerührt. Die Soldaten hatten entweder auf den Kopf oder auf den Bauch der Menschen gezielt. Als die Schüsse aufhörten, gingen sie auf die andere Seite des Kanals und setzten sich. Als sie endlich gegangen waren, warteten wir noch eine Weile, krochen dann aus dem Kanal und rannten weg.«

Rückblickend sagt sie: »Ich hatte Todesangst und dachte, ich müsste sterben. Ich hätte nicht geglaubt, dieses Massaker überleben zu können.«

170 Einwohner My Lais starben allein bei diesem Gemetzel; lediglich Pham Thi Thuan, ihre Kinder und zwei Nachbarn blieben am Leben. Nach dem Massaker passierte die Bäuerin jahrelang den Ort des Schreckens. »Um zu meinem Reisfeld zu

gelangen, musste ich dort vorbei. Ich war jedes Mal zu Tode verängstigt«, sagt sie. Sie habe Katzen jammern gehört und sich immer vorgestellt, dass das das Schreien der unschuldigen Menschen sei, die damals umgebracht wurden. Sie besucht hin und wieder das angrenzende Museum. Und wenn sie dann auf Amerikaner trifft, weiß sie, dass nicht sie es waren, die damals auf sie und ihre Kinder geschossen haben. »Ich weiß, dass das nur eine kleine Gruppe von Amerikanern war und sie im Allgemeinen nicht schlecht sind.«

Ein paar Meter weiter sitzt Truong Thi Le. Sie ist die ehemalige Nachbarin von Pham Thi Thuan. Ihren Gehstock hat sie neben sich auf das Fundament ihres ehemaligen Hauses gelegt. Die alte, gebrechlich wirkende Frau ist 87, trägt eine lila Hose, dunkles Kopftuch, einen Armreif und Filzpantoffeln. Truong Thi Le hat beim Massaker ihre Mutter und Tochter sowie ihren Bruder verloren.

Truong Thi Le wurde 1968 von US-Soldaten mit ihrem sechsjährigen Sohn und 102 anderen Bewohnern zu einem Reisfeld in der Nähe des Dorfes getrieben. »Es war morgens gegen acht Uhr«, sagt sie gebeugt, »die Soldaten schrien ›Vietcong, Vietcong!‹, schossen zunächst gezielt auf einzelne Personen, dann wahllos in die Menge. Wir fielen ins Reisfeld, und ich bedeckte mich und meinen Sohn mit den Körpern anderer Bewohner und den Blättern der Pflanzen. Zu diesem Zeitpunkt waren meine Mutter und meine Tochter bereits tot. Ich war total verängstigt, sagte aber zu meinem Sohn, dass er nicht weinen solle, denn woanders hörte ich das Wimmern von Kindern, dann kamen die Soldaten zurück, schossen und das Wimmern hörte plötzlich auf.« Nach zwei Stunden schoben die Mutter und ihr Kind die leblosen Körper von sich. »Ich sah noch einen Soldaten, der einem Kameraden sagte, er solle weggehen, und war froh, als beide endlich verschwanden. Wir haben uns dennoch zunächst nicht gerührt, weil ich dachte, dass sie vielleicht zurückkommen würden. Ich wusste gar nicht mehr, was ich tun sollte, ich war so müde und mein Sohn fast ohnmächtig. Ich habe nur noch geweint. Als wir dann endlich wegrannten, sahen wir noch Soldaten, die Häuser in Brand steckten.«

Bei ihrer Flucht müssen sie immer wieder vor Schwäche pausieren. Schließlich treffen Truong Thi Le und ihr Sohn einen Fremden, der ihnen hilft. Der das Blut auf ihrer Kleidung sieht und ihnen frische Wäsche zum Anziehen gibt. Und der sie an einen sicheren Ort bringt. »Da erst habe ich realisiert, dass ich überlebt habe. Später habe ich dann erfahren, dass auch mein Haus niedergebrannt und unser Vieh getötet wurde«, sagt die Rentnerin.

Für Truong Thi Le sind die Ereignisse von damals immer noch sehr präsent. Sie faltet ihre Hände, wenn sie daran zurückdenkt, und weint. Sie gestikuliert, schluchzt und sagt: »Diese Amerikaner waren einfach nur brutal. Ich habe sie natürlich gehasst. Wie sollte ich ihnen vergeben können? Sie haben meine Familie und die Dorfbewohner getötet.«

Es ist schmerzhaft für sie, sich an diesen Tag zu erinnern. Sie vermisst ihre Angehörigen, die ums Leben gekommen sind. Sie fühlt sich einsam, wenn sie an sie denkt. Sie zeigt auf die Fundamente der anderen Häuser und sagt: »Hier wohnten meine Nachbarn Herr Lee, Herr Tam Ky und Frau Thuan.« Heute kümmere sich ihr Sohn um sie. Sie habe vier Enkel, von denen einer verheiratet sei und einer noch studiere. Ihr Sohn habe aber Angst vor dem Tag, an dem sie nicht mehr da sein werde. Erinnert er sich an die Ereignisse? »Ihm wurde natürlich die Geschichte immer und immer wieder erzählt. Er kann sich noch daran erinnern, dass wir weggelaufen sind und dass er Angst hatte zu sterben. Und er sagt mir immer wieder: ›Ohne dich, Mama, wäre ich nicht mehr am Leben.‹«

Ich laufe durch My Lai und denke, dass die Fundamente der Häuser zu perfekt erscheinen, vor allem aus der Luft sehen sie aus wie ein Disneyland light. Hat die sozialistische Regierung etwa nachgeholfen, um das Leid ihrer Landsleute eindrucksvoller zu visualisieren? Die heutige friedliche Idylle ist nur schwer mit dem Grauen von damals in Einklang zu bringen – auf der einen Seite das schöne Wetter, die frisch geharkten Wege, freundliche Menschen, auf der anderen Seite die Tatorte, vor allem der Kanal, die Gespräche mit den Überlebenden und die Bilder der Leichen in der Gedenkstätte.

Auch Pham Thanh Cong war damals ein Kind. Er war elf Jahre alt, als das Grauen über ihn hereinbrach. Nun stehe ich mit dem 61-Jährigen an dem Ort, der sein Schicksal wurde. Er trägt ein helles Hemd, Bundfaltenhose und seine dunklen Haare zur Seite gekämmt. Seine Geschichte berührt auch so viele Jahre danach. Am besten hört man ihm einfach zu:

»Vor diesem Tag im März 1968 hatten wir ein friedliches Leben. Wir haben Reis angebaut und Fischzucht betrieben. Ich lebte gemeinsam mit meinen vier Geschwistern und meiner Mutter. An diesem Tag weckte sie uns früh und bereitete das Frühstück zu, als gegen 5.30 Uhr plötzlich die Soldaten ins Dorf kamen und zu schießen begannen. Wir sind in einen Schutzraum gerannt. Wir hörten Schüsse und wie unsere Nachbarn ermordet wurden. Wir haben das Wimmern von Menschen gehört, das auf einmal verstummte, und das Reden von Soldaten. Meine Mutter sagte noch zu uns, dass alle Bewohner umgebracht worden seien und sie uns auch töten könnten, da kamen plötzlich drei Soldaten in unser Haus, trieben uns hinaus und befahlen, dass wir uns im Garten hinsetzen sollten. Dann erschossen sie unsere drei Kühe und brannten das Haus nieder. Sie stoppten und entschieden zunächst, nicht auf uns zu schießen. Doch dann trieben sie uns zurück in den Schutzraum. Unsere Mutter ließ uns Kinder vor, sie war die Letzte. Dann haben die Soldaten eine Granate in den Raum geworfen und hineingeschossen. Alle außer mir starben. Ihre Körper lagen verstreut herum. Ich war bedeckt vom Blut meiner Mutter und meiner Geschwister, am Kopf verletzt und fast bewusstlos. Gegen 16 Uhr kamen Bewohner aus einem Nachbarort, um die Toten zu bergen und zu beerdigen. Sie entdeckten mich und brachten mich in ein Krankenhaus.«

Pham Thanh Cong hat nie vergessen können, was er im März 1968 erleben und mitansehen musste. »Ich habe nie mein Leben als Waisenkind vergessen. Ich habe alle aus meiner Familie verloren. Ich wusste nicht, wohin ich sollte. Ich hatte kein Zuhause mehr und mein Heimatland war zerstört. Ich erinnere mich an alles, besonders am Jahrestag. Dann sehe ich das Bild vor mir, wie meine Mutter und Geschwister erschossen werden und wie sie in einem Massengrab beerdigt werden. Wenn ich schlafe, höre ich die Schüsse und das Schreien der Menschen. Es ist ein einziger Albtraum, der immer wiederkehrt. Ich habe einen Arzt konsultiert, um eine Therapie zu machen. Aber er sagte, er könne nichts für mich tun.«

Und was hat das Massaker von My Lai mit Vietnam gemacht? Der Ort des Grauens ist heute eine Gedenkstätte. Ein zehn Meter hohes steinernes Monument steht hinter dem kleinen Museum am Rand der Grundmauern der niedergebrannten Häuser. Es zeigt eine Frau, die die rechte Hand geballt in den Himmel streckt und mit der linken ein ermordetes Kind hält. Zu ihren Füßen sitzt ein junges Mädchen, das einen sterbenden Greis umarmt. 200 000 Besucher finden jährlich den Weg von der nahe vorbeiführenden Nationalstraße 1 nach My Lai, darunter 5 000 ausländische Touristen. Sie laufen entlang der ehemaligen Häuser, die sich idyllisch um Reisfelder, Blumenbeete und Palmen gruppieren.

Cao Thi Hong Hanh, die Museumsdirektorin, steht auf dem Vorplatz des Denkmals. Sie trägt ein dunkles Kostüm und knallrote High Heels. Und sagt: »Das Monument ist sehr wichtig für uns, denn dort beten die Besucher für die Opfer des Massakers.« Vor allem amerikanische Veteranen seien ob der

Morde an diesen unschuldigen Menschen sehr bewegt, äußerten ihr Bedauern über die Taten ihrer ehemaligen Kameraden und hofften, dass sich Derartiges nie wiederholen werde. Sie sagt, dass Kenneth Hodges, einer der Täter, einmal nach My Lai zurückgekehrt sei und um Entschuldigung gebeten habe. »Die Menschen hier haben ihm vergeben, vergessen werden sie die Tat aber nicht«, sagt Cao Thi Hong Hanh. Sie hasse die amerikanischen Besucher nicht, erklärt die Überlebende Pham Thi Thuan. »Ich weiß, dass nicht sie es waren, die vor 50 Jahren auf uns geschossen haben. Ich bin mir sicher, dass Amerikaner ebenfalls den Frieden lieben.«

Das Museum erinnert an die Geschehnisse, benennt die einzelnen Tatorte und zeigt in Glasvitrinen Relikte des ehemaligen Dorflebens. Die Porträts von drei Piloten einer US-Hubschrauberbesatzung bekamen einen Ehrenplatz direkt neben der großen schwarzen Gedenktafel mit den Namen aller Opfer. Sie haben elf Dorfbewohner gerettet und werden heute in My Lai als Helden verehrt. Doch ganz im Sinne der kommunistischen Staatsideologie steht My Lai heute für das Leid der Vietnamesen im Krieg gegen die USA im Allgemeinen und das kleine Museum für den friedliebenden Patriotismus der Vietnamesen im Speziellen.

Pham Thanh Cong arbeitet seit 25 Jahren im Museum. Er wurde schon oft von US-Veteranen auf seine Erlebnisse angesprochen. Er heiße sie willkommen, sagt er, berichte ihnen von damals und beantworte ihre Fragen. »Ich habe einmal drei Stunden mit einem GI gesprochen, der damals beim Massaker involviert war. Er hieß Kenneth. Ich fragte ihn, warum er mitgemacht habe, ob er Eltern und Geschwister habe und warum er hierhergekommen sei, um Eltern und Geschwister zu töten. Er sagte, es sei ein Befehl gewesen. Und wenn er ihn nicht befolgt hätte, hätte man ihn dafür zur Rechenschaft gezogen. Er bat um Vergebung und weinte. Ich antwortete ihm, dass sein Befehl gewesen sei, den Feind zu töten, aber nicht Frauen und Kinder. Ich habe ihn noch gefragt, was er dabei gefühlt habe, auf kleine Kinder zu schießen. Er sagte, er habe in diesem Moment überhaupt nichts gefühlt, sondern nur geschossen und geschossen.« Pham Thanh Cong macht eine kurze Pause, dann sagt er in die Stille hinein: »Ich hätte mir niemals vorstellen können, dass eine derart zivilisierte Nation wie die USA unschuldige, unbewaffnete Dorfbewohner ohne zu zögern ermordet.«

Der Museumsmitarbeiter ist heute froh, überlebt zu haben. Wie denkt er über Vergebung? Ist sie möglich? Er sagt: »Dieser Krieg war nicht zu rechtfertigen. Wir wissen, dass nicht alle Amerikaner schreckliche Menschen sind. Viele von ihnen haben uns unterstützt und gegen den Krieg protestiert. Es liegt in unserer Tradition, denjenigen zu vergeben, die letztendlich verstanden haben, dass das, was sie taten, falsch war. Wir wollen die Vergangenheit hinter uns lassen und nach vorn schauen. Wir alle wollen Frieden und ein Waisenschicksal, wie ich es hatte, vermeiden.«

Im Museum trifft er auf Rich Allen, der nicht weit entfernt in Da Nang lebt. Er ist US-Veteran und voller Scham über die Verbrechen seiner ehemaligen Kameraden. Pham Thanh Cong sagt zu ihm: »Ich fühle mich geehrt, dich hier im Museum zu sehen.« Heute seien sie Freunde, sie hätten sich schon ein paarmal getroffen.

Und was wurde aus den Tätern? William Calley, der befehlshabende Offizier, stand in den USA vor Gericht und bekam lebenslänglich. Der ehemalige GI saß jedoch nur kurz im Gefängnis, wurde dann unter Hausarrest gestellt und schließlich vom damaligen US-Präsidenten Richard Nixon begnadigt. Er ist der Einzige, der sich für die Morde vor Gericht verantworten musste. Calley lebt heute als freier Mann in Florida. Im August 2009 entschuldigte sich der verurteilte Kriegsverbrecher erstmals öffentlich und halbherzig für seine Tat. »Ich empfinde Reue für die Vietnamesen, die umgebracht wurden, für ihre Familien, für die amerikanischen Soldaten, die beteiligt waren, und deren Familien. Es tut mir sehr leid«, sagte er.

Pham Thi Thuan und Truong Thi Le haben überlebt. Sie haben ihre Kinder großgezogen, ihre Familien ernährt und das Geschehen – so gut das überhaupt geht – verarbeitet. Sie sind heute Großmütter und werden von ihren Familien versorgt. Der Weg von ihrem alten Zuhause zu ihrem neuen ist für Truong Thi Le zu Fuß zu beschwerlich. Ihre Großnichte holt sie mit ihrem Motorroller auf dem Parkplatz des Museums ab. Die 87-Jährige schwingt sich mit ihrer Hilfe auf den Rücksitz, klammert sich an die junge Frau – und knattert davon. Mit einer Hand winkt sie zum Abschied. Ein Lächeln huscht über ihr Gesicht ...

* * *

Während My Lai zum Wendepunkt im Vietnamkrieg wurde, ist Kim Phuc mit ihrem Schicksal das Symbol für die Grausamkeit des Vietnamkrieges schlechthin.

Geboren und aufgewachsen ist Phan Thi Kim Phuc in Trang Bang, einem kleinen Dorf nördlich von Saigon, heute Ho-Chi-Minh-Stadt. Während des Vietnamkriegs erlitt das damals neunjährige Mädchen am 8. Juni 1972 bei einem Angriff amerikanischer Truppen mit Napalmbomben schwere Verbrennungen.

Der Journalist Nick Ut fotografiert Kim Phuc, als sie nackt und schreiend aus dem Dorf flieht. Was viele Betrachter des Fotos gern übersehen, sind die anderen Kinder auf dem Foto. Der Junge links im Bild ist Phan Thanh Tam, der zwölfjährige Bruder von Kim Phuc, der ein Auge verlor, daneben Phan Thanh Phouc, ihr jüngster Bruder, sowie ihr Cousin Ho

Van Bo und ihre Cousine Ho Thi Ting. Und hinter ihnen laufen Soldaten der 25. Division der vietnamesischen Armee.

Für dieses Bild erhielt der Fotograf ein Jahr darauf den Pulitzer-Preis. Nick Ut ist es auch, der das Kind in ein Krankenhaus bringt.

Kim Phuc überlebt und wird nach zwei Jahren und unzähligen Operationen aus dem Krankenhaus entlassen. Als junge Medizinstudentin gerät sie immer wieder in Konflikt mit lokalen Behörden, die sie zu Propagandazwecken einsetzen. 1986 darf Kim Phuc nach Kuba ausreisen, wo sie ihren späteren Mann kennenlernt. Kim Phuc und Bui Huy Toan nutzen 1992 ihre Hochzeitsreise nach Moskau zur Flucht. Während eines Zwischenstopps in Gander, Neufundland (Kanada), setzen sie sich auf der Rückreise ab und beantragen politisches Asyl.

Kim Phuc lebt heute in einem Vorort von Toronto, sie hat zwei Söhne, Stephen und Thomas. Ihr Mann arbeitet als Sozialarbeiter und kümmert sich um Menschen mit Behinderung.

Kim Phuc wird mehrmals im Jahr als Gastrednerin engagiert. »Von diesem Geld lebe ich«, sagt sie. 1997 gründet sie ihre Stiftung »Kim Foundation«, die sich für Kinder in mehreren Ländern einsetzt. Im selben Jahr wird sie zur ehrenamtlichen UNESCO-Botschafterin ernannt. Kim Phuc erhält mehrere Ehrendoktorwürden für ihr Engagement. Kriege verurteilt sie: »Je härter sie geführt werden, desto eher sterben Kinder, und desto schlimmer müssen sie leiden. Ich weiß, wovon ich spreche.«

Bis heute bestimmen die Bilder vom 8. Juni 1972 das Leben von Kim Phuc.

Das Interview führe ich 2007 für die *Neue Osnabrücker Zeitung*, die eine komplette Seite in ihrer Wochenendausgabe dafür bereitstellen will.

Nein, von dieser Zeitung hat Kim Phuc (natürlich) noch nicht gehört. Die Vietnamesin versucht ein paarmal, den

Namen auszusprechen, dann bricht sie lachend ab. »Ist nicht so schlimm, oder?« Geschenkt. Wir einigen uns auf »the newspaper from Germany«, die Zeitung aus Deutschland. »Sie können doch bestimmt auch kein Vietnamesisch?«, fragt die 43-Jährige trocken, aber freundlich und ist bereit zum Gespräch über ein Bild, das sie während des Vietnamkrieges weltberühmt machte, und über ihr Leben danach.

Kim Phuc, 1:0 für Sie. Sind Sie immer so schlagfertig?

Ich habe zwei Kinder, die sind neun und zwölf. Da bleibt mir wohl nichts anderes übrig. Ich hoffe nicht, dass sie uns jetzt stören, denn dann wäre meine Konzentration weg. Die beiden balgen sich ständig.

Es muss für Sie doch ein großes Glück sein, dass Sie eine Familie mit zwei Kindern haben.

Ist es auch. Damit konnte ich nie rechnen. Ich war ja eigentlich schon tot.

Sie sprechen vom 8. Juni 1972. Welche Erinnerung haben Sie an diesen Tag?

Ich war damals zwar erst neun Jahre alt, aber so etwas Schreckliches vergisst man nicht. Unser Dorf war von Vietcong-Truppen besetzt. Zusammen mit anderen Bewohnern und südvietnamesischen Soldaten versteckten wir uns zwei Tage lang in einem Tempel. Am dritten Tag hörte ich Flugzeuge, dann fielen Bomben, etliche Häuser wurden zerstört. Plötzlich riefen mehrere Soldaten: »Raus hier!« Wir stürzten aus dem Tempel. Am Himmel sah ich ein US-Flugzeug, aus dem vier Bomben fielen. Sekunden später überall Feuer. Meine Kleidung ging in Flammen auf. Und dann sah ich meinen Körper brennen.

Was geschah mit den Vietcong-Kämpfern, denen der Angriff damals galt?

Die waren intelligent und hatten sich in Erdlöchern verkrochen. Aber die Soldaten und wir Dorfbewohner fanden keinen Schutz. Zwei meiner Cousins starben während des Angriffs.

Wie konnten Sie sich retten?

Ich rannte schreiend vor Schmerz aus dem Dorf, die Nationalstraße entlang. Ich sah viele Menschen um mich herum, realisierte es aber nicht. Auch nicht, dass ich gefilmt und fotografiert wurde. Ich rannte einfach nur weiter. Bis ich müde wurde und stehen blieb. Ich habe ständig geschrien: »Es ist so heiß, es ist so verdammt heiß.« Als ein Soldat zu mir kam und Wasser über meine Wunden goss, habe ich das Bewusstsein verloren.

Wann sind Sie wieder aufgewacht?

Keine Ahnung. Mehrere Wochen später, glaube ich. Es tat überall weh. Ich wünschte damals, ich wäre tot. Ich habe erst später erfahren, dass der Fotograf Nick Ut, der das berühmte Foto geschossen hat, mich in ein Krankenhaus gebracht hat. Ich nenne ihn bis heute nur Onkel Ut.

Hatten Sie überhaupt eine reelle Überlebenschance?

Meine Haut war zu 50 Prozent verbrannt. Die Haut eines kleinen neunjährigen Mädchens. Verbrennungen dritten Grades. Es war ein Wunder! Ich wurde in einen Raum für sterbende Kinder gebracht. Die Ärzte hatten mich schon aufgegeben. Meine Mutter fand mich dort drei Tage später und flehte die Ärzte an, mich in ein anderes Krankenhaus zu bringen. Dort blieb ich zwei Jahre. Ich konnte vor Schmerzen gar nicht mehr weinen. Die Behandlung war eine Tortur. Die Ärzte säuberten die Brandwunden und transplantierten Haut. Die Erinnerung daran ist schrecklich. Aber heute bin ich froh, überlebt zu haben.

Und kehrten Sie dann in Ihr Dorf zurück?

Der Vietcong war noch immer da, und es fielen noch immer Bomben. Meine Eltern hatten in der Zwischenzeit unser Haus wieder aufgebaut. Es wurde aber wieder zerstört, aufgebaut und noch einmal zerstört. Am Ende standen nur noch die Seitenwände. Und ich wurde wieder zum Opfer.

Das müssen Sie erklären.

Jahre später, da war ich 19 und im ersten Jahr meines Medizinstudiums in Saigon, fand die vietnamesische Regierung heraus, dass ich das Mädchen auf dem Foto bin. Sie drängte mich zu Interviews und schickte mich zu Propagandazwecken in die Pampa, damit ich den Menschen von meinem Schicksal erzählte. Ich war ein Opfer des Krieges. Ich wurde von der Regierung missbraucht. Ich hatte keine Chance.

Wieso konnten Sie dennoch das Land verlassen?

Ich wollte studieren und blieb stur. Mithilfe des vietnamesischen Premierministers durfte ich 1986 nach Kuba. Dort habe ich dann Englisch und Spanisch studiert.

Kuba als Wendepunkt in Ihrem Leben?

Absolut. Meine Zeit auf Kuba war ein guter Abschnitt in meinem Leben. Ich wollte immer einen Partner und Kinder haben. Seit ich ein Teenager war, hatte ich mich danach gesehnt. Auf Kuba habe ich meinen Mann kennengelernt. Er schaute nicht auf mein Äußeres, sondern verliebte sich einfach in mich. Unsere Hochzeitsreise ging nach Moskau.

Ein ungewöhnliches Ziel ...

Es war Mittel zum Zweck. Mein Mann und ich wollten in den Westen fliehen. Wir wussten, dass unsere Maschine auf dem Rückflug von Moskau zum Tanken in Kanada zwischenlanden würde. Von Vietnam über Kuba und Moskau nach Kanada – das ist ein weiter Weg, um in Freiheit und Frieden zu leben.

Wann haben Sie denn Frieden mit Ihrem eigenen Schicksal geschlossen?

Schon 1982, als ich zum Christentum konvertiert bin. Ich habe wirklich gelernt, mich und meine Feinde zu lieben. Zuvor habe ich mich gehasst, mein Leben, meine Verletzungen und alle Menschen, die normal waren.

Und bestimmt auch diejenigen, die für den Angriff auf Ihr Dorf verantwortlich waren.

1996 habe ich den Offizier John Plummer getroffen, der den Angriff koordiniert hatte. Ich war froh, ihn zu sehen. Aber wie gesagt, ich hatte gelernt zu vergeben, bevor ich ihn traf.

Sie haben eine Stiftung gegründet, mehrere Ehrendoktorwürden erhalten und sind UNESCO-Botschafterin. Mögen Sie es, im Rampenlicht zu stehen?

Ich stand jahrelang im Fokus von Hass. Nun kann ich wählen, was ich für richtig halte. Diese Möglichkeit besaß ich nicht, als ich neun oder 19 war. Jetzt habe ich meine Freiheit. Vor allem kann ich durch das berühmt gewordene Bild glaubhaft für den Frieden werben.

Treffen Sie viele Promis?

Die Queen hat mich am meisten beeindruckt. Ich war ziemlich aufgeregt. Bloß nicht kurz vor dem Handschlag ins Stolpern geraten. Elisabeth II. war interessiert: »Sind Sie wirklich das Mädchen auf dem Foto?« Sie wollte mehr über mein Leben wissen und über mein Engagement für die Stiftung. Ach so, und Fidel Castro traf ich mal auf Kuba. Er kannte natürlich auch meine Geschichte. Aber glauben Sie mir: Mir sind Familienessen zu Hause in der Küche lieber als irgendwelche Galadinner in Präsidentenpalästen.

Was machen Sie genau mit Ihrer Stiftung?
Wir stellen medizinische und psychologische Hilfe für Kinder in Rumänien bereit. In Ost-Timor sorgen wir für Unterkünfte für Flüchtlinge. In Tadschikistan und Kenia bringen wir Hilfsgüter in Flüchtlingslager: Windeln, Kindernahrung, Schulmaterialien, Decken.

Leiden Sie heute noch unter Ihren Verletzungen?
Meine Narben schmerzen. Vor allem, wenn das Wetter wechselt. Und wenn ich am Computer arbeite, kann ich oft meinen linken Arm gar nicht mehr bewegen.

Sind Sie jemals wieder in Ihr Heimatdorf zurückgekehrt?
Vor zwei Jahren, mit meinem Mann und den Kindern. Sie verstanden, worum es ging. Sie kennen ja ihre Mutter mit den vielen Narben am Körper. Das Dorf sah so anders aus. Aber wir fanden die Stelle wieder, an der das berühmte Foto entstanden war. Ich habe mich dort noch einmal fotografieren lassen. Aber diesmal war ich glücklich.

Auch Kim Phuc hat so etwas wie ein Lebenslänglich bekommen. Ihr Foto ist eines der berühmtesten Bilder der Geschichte. Sie wurde unfreiwillig unsterblich. 50 Jahre danach schreibt Kim Phuc in einem Essay für die *New York Times*, dass das Bild es für sie schwierig gemacht habe, »durch das private und emotionale Leben zu navigieren. Als ich aufwuchs, wünschte ich mir manchmal, nicht nur wegen meiner Verletzungen zu verschwinden – die Verbrennungen vernarbten ein Drittel meines Körpers und verursachten starke chronische Schmerzen –, sondern auch wegen der Scham und Peinlichkeit meines Äußeren. Ich versuchte, meine Narben unter meiner Kleidung zu verstecken. Ich hatte schreckliche Angst und Depressionen. Kinder in der Schule wichen vor mir zurück. Ich war eine Mitleidsfigur für die Nachbarn und in gewisser Weise auch für meine Eltern.«

Exakt 50 Jahre nach Aufnahme des berühmten Bildes teilt das Miami Dermatology & Laser Institute mit, dass Kim Phuc für eine letzte große Laserbehandlung ihrer Haut zurückgekehrt sei. Das Hautzentrum veröffentlicht ein Bild von ihr, wie sie auf einem Krankenhausbett liegt. Ihre Behandlung verläuft erfolgreich, sie kann nun zum ersten Mal ihr Enkelkind, wenn sie es im Arm hält, auf ihrer Haut spüren.

50 Jahre danach teilt sie der Welt mit: »Ich bin nicht mehr das Napalm-Mädchen.« Dennoch weiß sie, dass sie ihrer Vergangenheit nicht entkommen kann.

Gilt das auch für die Täter? Für die Mörder von My Lai, für diejenigen, die die Napalmbomben auf Kim Phuc abgeworfen haben? Und gilt das auch für die Abertausende US-Soldaten, die im Vietnamkrieg gekämpft und sich keines Verbrechens schuldig gemacht haben, sich aber dennoch schuldig fühlen?

2018 begleite ich eine Gruppe von ehemaligen US-Soldaten durch Vietnam. Es sind Tage, die sie nie wieder vergessen werden. Tage, an denen sie mit Tränen zu kämpfen haben, ihnen die Stimme bricht, sie stumm und gedankenverloren in die Leere starren. Für 40 US-Veteranen ist es eine dreiwöchige Reise in die eigene schmerzvolle Vergangenheit. Ein Roadtrip durch ehemaliges Feindesland. Viele der Ex-Soldaten kehren zum ersten Mal seit dem Vietnamkrieg in das Land zurück, das bis heute unter den Hinterlassenschaften der US-Armee leidet. Sie treffen Opfer von Agent Orange, einem chemischen Entlaubungsmittel, das US-Truppen großflächig über Vietnam versprüht haben und das auch noch nach 50 Jahren und zwei Generationen später verantwortlich ist für Missbildungen und Behinderungen von Kindern. Sie treffen Opfer von Blindgängern, die auch heute noch zu Tausenden unentdeckt im Erdreich liegen. Und sie treffen ihre ehemaligen Gegner, die ihnen die Hand zur Versöhnung reichen.

Auf dem Soldatenfriedhof Truong Son nördlich von Dong Ha in Zentralvietnam liegen 10 000 vietnamesische Kämpfer und Zivilisten begraben. Die US-Besucher werden bei ihrer Ankunft von mehreren vietnamesischen Veteranen in Uniform überrascht. »Es ist unglaublich, wie herzlich sie uns hier empfangen«, sagt Chuck Searcy, 73, der 1967 ein Jahr lang beim Militärischen Nachrichtendienst in Vietnam gearbeitet hat und nun Organisator der »Veterans for Peace«-Tour ist. »Sie sehen uns als Freunde und machen nicht uns für den Krieg verantwortlich, sondern die damalige US-Regierung.«

Die ehemaligen Gegner nehmen sich gegenseitig in den Arm, manche scherzen, lachen befreit, tauschen Erinnerungen aus. Andere wie Skip Delano hören schweigend den Ausführungen ihrer Gastgeber beim Gang durch die Gräberfelder zu, unfähig, etwas zu sagen. Delanos Frau berichtet später, dass sie ihren Mann noch nie derart bewegt erlebt habe. »Es ist ein harter Tag für mich«, sagt auch Gary Brynjulfson, 71, der 1967/68 als Sergeant in der 4. Division gedient hat. 50 Jahre habe er sich geweigert, in das Land zurückzukehren, in dem er Sachen gesehen hat, die man nicht sehen sollte und die man niemandem wünscht, gesehen zu haben. »Wir haben einmal einen Hügel erobert, auf dem 50 tote vietnamesische Soldaten herumlagen, die von Napalmbomben getroffen worden waren. Diesen

Gestank vergisst man einfach nicht«, erzählt Gary Brynjulfson. Und, fügt er hinzu, man vergesse auch nicht das Glück, überlebt zu haben, gerade an diesem besonderen Ort. Mehr als 58 000 US-Soldaten sterben während des Vietnamkriegs, die Zahl der Opfer auf vietnamesischer Seite wird auf über eine Million geschätzt.

Während ihrer Fahrt von Hanoi im Norden bis Ho-Chi-Minh-Stadt im Süden des Landes überqueren die US-Veteranen die ehemalige Demarkationslinie, die das von den USA unterstützte Südvietnam vom kommunistischen Norden getrennt hat. Sie fahren entlang der Küste, durch kurvenreiches Bergland, folgen dem Ho-Chi-Minh-Pfad – immer auf den Spuren der Vergangenheit, ihrer Vergangenheit. Sie stoppen in Khe Sanh, der ehemaligen Militärbasis der Amerikaner an der Grenze zu Laos, die 1968 als Schauplatz einer der Hauptschlachten des Vietnamkrieges in die Geschichte einging. 50 Jahre später ist die Landebahn zurückgebaut worden und von Geröll und Unkraut überwuchert, ihre Ränder und die Ausmaße sind aber noch zu erkennen. US-Flugzeuge und -Helikopter stehen als Trophäen in der Landschaft. Eine Mischung aus Freilichtmuseum und Disneyland. »Damals gab es keine Seitentüren«, sagt Gary Brynjulfson vor einem Hubschrauber der Marines. »Ich saß immer am Rand, sodass ich im Falle eines Absturzes hätte herausspringen können.« Es hat etwas unfreiwillig Komisches, dem klein gewachsenen Rentner mit stattlichem Bauchumfang zuzuhören. Vielleicht errät er meine Gedanken, denn er meint lachend: »Früher war ich drahtiger.«

Ron Perez ist nicht zum Lachen zumute. Für ihn ist Khe Sanh noch immer ein beklemmender Ort. »Ich habe Kameraden und Freunde im Vietnamkrieg verloren«, erzählt der Veteran der 9. Division leise, während er durch ehemalige Schützengräben und Unterstände geht. »Meine Gedanken sind jetzt bei ihnen.« Auch für den Ex-GI, der mit T-Shirt, Vollbart und ergrauten

Locken wie ein Althippie aussieht, ist es die erste Reise nach Vietnam seit dem Krieg. Er sagt, die Gefühle überwältigen ihn. Es sei schwer, Erinnerungen und Gedanken in Einklang zu bringen. »Einige von uns sind zurückgekehrt, um ihre Dämonen zu bekämpfen«, erklärt Chuck Searcy später im Bus.

Man fragt sich unweigerlich: Was hat dieser Krieg mit den jungen US-Soldaten gemacht? Mit all den 19-, 20-Jährigen, die zumeist ein Jahr lang in Vietnam kämpften und dann in ein Land zurückkehrten, das sie nicht zwingend als Helden empfangen hat. Wenn man mit Chuck, Gary, Ron und Skip spricht, wird schnell klar: Der Krieg hat sie noch immer fest im Griff.

Chuck Searcy lebt heute in Vietnam und leitet dort »Veterans for Peace«. Er arbeitet mit dem vietnamesischen »Project Renew« zusammen, das mit internationaler Hilfe Landminen aufspürt, sie entschärft und in Schulen vor ihren Gefahren warnt. Für ihn sei es eine Art von persönlicher Wiedergutmachung, sagt er. Ron Perez betreut seit 1975 Veteranen, die nach ihrer Rückkehr straffällig geworden sind, in einem Gefängnis in San Francisco. Gary Brynjulfson ist Chef der Sektion der »Veterans for Peace« in Wisconsin und serviert in einem Café jeden Samstag kostenlos Suppe und Sandwiches für Ex-Soldaten.

Und dann gibt es noch Matt Keenan. Der 68-jährige lebt mehrere Monate im Jahr in Da Nang, wo er Anfang der 70er-Jahre gekämpft hat und nun ehrenamtlich im »Dava-Center« arbeitet, einem Betreuungsort für Kinder mit Behinderung. »Das sind meine Kinder hier«, sagt er stolz. »Sie sind Spätopfer von Agent Orange.« Matt ist ein Menschenfischer, der ebenfalls die Reise der US-Veteranen mitmacht und überall dort, wo die Truppe auf Opfer des Krieges trifft, weder Scheu noch Berührungsängste kennt.

Und auch die Kinder im Dava-Center begegnen den Ex-Soldaten ohne Hemmungen. Sie wuscheln ihnen durchs Haar, spielen mit deren Handys und nehmen sie in den Arm.

Dennoch, viel Zeit bleibt nicht. Die Tour geht weiter, nach My Lai, dem Ort des grauenvollsten US-Kriegsverbrechens, nach Ho-Chi-Minh-Stadt zum Krankenhaus Tu Du, wo Waisenkinder mit Behinderung betreut werden. »Wenn man sieht, was wir in diesem Land angerichtet haben, dann müssen wir einfach helfen«, sagt Chuck Searcy.

Die ehemaligen Soldaten sind heute fast alle Rentner. Sie sind nicht alle mit sich im Reinen, manche von ihnen plagen noch immer Schuldgefühle, manche von ihnen leiden selbst unter den Spätfolgen von Agent Orange. Aber sie haben überlebt. Und stellen sich ihrer Vergangenheit.

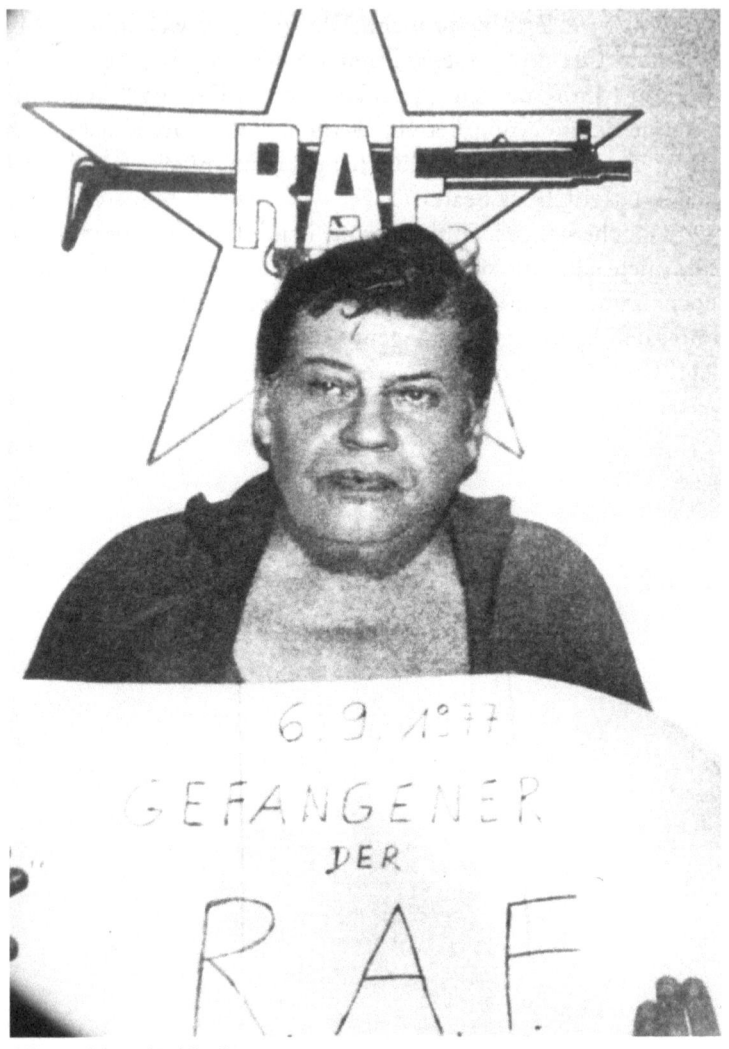

Der Arbeitgeberpräsident als Geisel: Hanns Martin Schleyer
1977 in der Hand von RAF-Terroristen in Erftstadt-Liblar

Der RAF-Terror

Die Entführung und Ermordung von Hanns Martin Schleyer sowie die Entführung der Lufthansa-Maschine »Landshut« durch palästinensische Terroristen sind Teil des sogenannten Deutschen Herbstes 1977.

Die RAF bringt Schleyer in ihre Gewalt, um führende Mitglieder der Gruppe aus dem Gefängnis freizupressen. Gleichzeitig wird die Lufthansa-Maschine »Landshut« auf dem Weg von Mallorca nach Frankfurt von palästinensischen Terroristen entführt. Während der Geiselnahme ermorden die Terroristen Jürgen Schumann, den Kapitän der »Landshut«. Die Maschine landet nach einer Odyssee über Rom, Zypern, Dubai und Aden in Mogadischu in Somalia, wo sie von der Eliteeinheit GSG9 gestürmt wird. Alle Passagiere und die restlichen Crewmitglieder überleben, drei der vier Attentäter werden erschossen. Nach der geglückten Befreiung verüben die Topterroristen der RAF Selbstmord im Gefängnis in Stuttgart-Stammheim. Kurz darauf wird Hanns Martin Schleyer von seinen Entführern erschossen.

Ich spreche mit Jörg Schleyer, dem jüngsten Sohn des Arbeitgeberpräsidenten, im Jahr 2022. Im selben Jahr interviewe ich die Landshut-Passagierin Birgitt Röhll, die von den Terroristen exekutiert werden sollte, und Gerhart Baum, der 1977 als Staatssekretär Mitglied der Bundesregierung war. Das ehemalige RAF-Mitglied Silke Maier-Witt, das an der Entführung und Ermordung Schleyers beteiligt war, interviewe ich 2023.

* * *

Sie sitzen gemeinsam vor dem Fernseher, als er ihn das letzte Mal lebend sieht. Es ist Sonntagabend, der 4. September 1977. Sein Vater hat das komplette Wochenende zu Hause in Stuttgart verbracht. Das ist keine Selbstverständlichkeit, denn er ist Präsident der Bundesvereinigung der Deutschen Arbeitgeberverbände (BDA) und Vorsitzender des Bundesverbandes der Deutschen Industrie (BDI). Der Manager verbringt 300 Tage im Jahr woanders als in den eigenen vier Wänden. Nun lassen Vater und Sohn den Sonntag ausklingen und gucken gemeinsam im TV den Leichtathletik-Europacup in Düsseldorf. Ein seltener Moment der Zweisamkeit.

Als am nächsten Morgen Hanns Martin Schleyer gegen sieben Uhr von seinem Fahrer abgeholt wird und nach Köln aufbricht, schläft Jörg Schleyer noch. Schleyer junior ist 23, Student der Kommunikationswissenschaften und hat Semesterferien. Er vertrödelt den Tag und geht am Nachmittag mit seiner Mutter in ein Café in der Kronprinzstraße in Stuttgart. Als sie am Abend gegen 18 Uhr nach Hause kommen, klingelt das Telefon; am anderen Ende der Leitung ist die *Bild*-Zeitung, die wissen will, ob sie gehört hätten, was mit seinem Vater passiert sei. Aber nein, Jörg und Waltrude Schleyer sind völlig ahnungslos. Zehn Minuten später geht wieder das Telefon, dieses Mal ruft die Nachrichtenagentur DPA an. »Der Anrufer fragte mich, ob ich gehört hätte, dass auf meinen Vater ein Anschlag verübt worden sei«, erinnert sich Jörg Schleyer. »Aber wir wussten überhaupt nichts, die Medien waren schneller als die Polizei.«

Nach den Morden an Generalbundesanwalt Siegfried Buback und Deutsche-Bank-Chef Jürgen Ponto gehört Schleyer im Herbst 1977 zu den meistgefährdeten Funktionären in der Bundesrepublik. Für ihn gilt ab sofort Sicherheitsstufe I. »Fünf Wochen vor der Entführung bekam mein Vater Personenschutz«, erzählt Jörg Schleyer.

Jörg und Waltrude Schleyer sehen die ersten Bilder des Attentats auf ihren Vater und Ehemann und dessen Begleiter in den *Heute*-Nachrichten um 19 Uhr. Was genau passiert ist, ist unklar, die Lage diffus, das Schicksal von Hanns Martin Schleyer unbekannt.

Knapp zwei Stunden zuvor biegt Fahrer Heinz Marcisz in einem Mercedes mit Hanns Martin Schleyer auf dem Rücksitz in die Vincenz-Statz-Straße in Köln ein. Schleyer hatte in der Arbeitgeberzentrale in Köln zu tun und ist nun auf dem Weg zu seiner Dienstwohnung in der Raschdorffstraße, um dort die Nacht zu verbringen. Er muss durch die Vincenz-Statz-Straße fahren, um in die parallel gelegene Raschdorffstraße einbiegen zu können, denn sie ist eine Einbahnstraße. Sein Auto wird begleitet von einem weiteren Mercedes mit drei Leibwächtern: dem Fahrer Reinhold Brändle sowie Roland Pieler und Helmut Ulmer.

Plötzlich schießt aus einer Hauseinfahrt ein Mercedes rückwärts auf die Straße, Schleyers Fahrer kann noch rechtzeitig bremsen, aber das Begleitfahrzeug rammt von hinten den Wagen, in dem Schleyer sitzt. Vier Mitglieder der RAF eröffnen das Feuer, erschießen die drei Personenschützer und den Fahrer, bergen Hanns Martin Schleyer aus dem Fond des Wagens, der im Kugelhagel unverletzt geblieben ist. Sie bringen ihn mit einem VW-Bus zu einer Tiefgarage ein paar Kilometer weiter, wechseln das Fluchtfahrzeug und halten Schleyer anschließend in einem Hochhaus in Erftstadt-Liblar bei Köln gefangen. Dort, Zum Renngraben 8, hat die RAF ein Apartment angemietet, in dem Schleyer zeitweise in einem

mit Schaumgummi schallgedämpften Wandschrank untergebracht wird.

Noch am selben Abend wendet sich Helmut Schmidt in
einer Fernsehansprache ans Volk – und an die Terroristen: »Uns
alle erfüllt nicht nur tiefe Betroffenheit angesichts der Toten.
Uns erfüllt alle auch tiefer Zorn über die Brutalität, mit der
die Terroristen in ihrem verbrecherischen Wahn vorgehen.
Der Staat muss darauf mit aller notwendigen Härte antworten. Während ich hier spreche, hören irgendwo sicher auch die
schuldigen Täter zu. Sie mögen in diesem Moment ein trium-
phierendes Machtgefühl empfinden, aber sie sollen sich nicht
täuschen: Der Terrorismus hat auf die Dauer keine Chance.«

Gerhart Baum ist damals als Parlamentarischer Staatssekretär im Innenministerium unter Minister Maihofer Mitglied
der Bundesregierung. Er kennt Schleyer persönlich gut, hat er
doch zuvor als Mitglied der Geschäftsführung beim Arbeitgeber-
verband gearbeitet. »Es war klar, dass Schleyer das nächste Opfer
sein würde. Er war der meistgefährdete Manager der Republik.
Aber wir konnten ihn ja auch nicht mit zehn Begleitfahrzeugen
bewachen lassen.«

Vier Tage später gibt es das erste Lebenszeichen des Entführten. Die »Tagesschau« zeigt ein Bild Schleyers und Sprecherin Dagmar Berghoff verkündet: »Von dem entführten
Arbeitgeberpräsidenten Hanns Martin Schleyer gibt es jetzt ein
erstes Foto. Die Terroristen nahmen Schleyer in ihrem Versteck
auf und schickten die Fotografie an eine französische Nachrichtenagentur in Bonn.«

Es ist ein Bild, das sich in das kollektive Gedächtnis der
Bundesrepublik Deutschland eingebrannt hat.

»Es war extrem entwürdigend«, sagt Jörg Schleyer.

Sein Vater sitzt in einem ärmellosen Unterhemd und in
offener Trainingsjacke vor dem Logo der RAF und hat ein
Pappschild um den Hals, auf dem steht: »Gefangener der RAF«.

»Er sah wie ein Häufchen Elend aus«, sagt Jörg Schleyer, »ein mitleiderregender Mann.«

Dabei musste Hanns Martin Schleyer jahrelang mit einem miesen Image leben. Er ist ehemaliger SS-Untersturmführer und war NSDAP-Mitglied, lässt 1963 als Vorsitzender des Verbandes der Metallindustrie in Baden-Württemberg während Tarifkämpfen 320 000 Metallarbeiter aussperren und gilt als Vorstandsmitglied und Personalchef von Daimler nicht als Freund der Mitarbeitenden. Schleyer ist der Inbegriff des kalten Wirtschaftskapitalismus der Nachkriegsjahre. »Er wurde ja immer nur als Bulldogge gezeigt«, sagt Jörg Schleyer. »Und dann plötzlich dieses Foto.«

Gerhart Baum: »Für die Bundesregierung war klar, dass sie sich nicht erpressen lassen wird.« Sie lehnt die von den Entführern geforderte Freilassung von Andreas Baader, Gudrun Ensslin und Jan-Carl Raspe, den Köpfen der RAF, sowie weiterer Terroristen ab.

»Die Bundesregierung hat natürlich auf Zeit gespielt«, meint Jörg Schleyer.

Gerhart Baum: »Wir hatten keine Ahnung, wo er war. Wir haben mit riesigem Aufwand nach ihm gesucht. Und wir hatten die Hoffnung, ihn lebend zu finden.«

In der Tat – die Suche nach dem Entführten ist beispiellos, die Polizei stellt Straßensperren auf, durchsucht unzählige Wohnungen, Tausende Beamte sind im Einsatz. Das Versteck Zum Renngraben 8 in Erftstadt-Liblar gerät schnell in den Fokus der örtlichen Polizei; ein Beamter klingelt sogar an der Wohnungstür 104 im dritten Stock, hinter der Schleyer versteckt gehalten wird. Doch dem Hinweis der Polizeiwache Erftstadt an das BKA wird beim zuständigen Koordinierungsstab in Köln nicht nachgegangen – ein Mitarbeiter hat das Fernschreiben in eine falsche Ablage gelegt, sodass es in Vergessenheit gerät.

Gerhart Baum: »Das war eine einzige große Scheiße! Eine Tragödie! Der Hinweis kam im Lagezentrum nicht an. Dabei hatten wir ja die Wohnung!«

Immer wieder schicken die Entführer Videos von Schleyer, der an Bundesregierung und Kanzler Helmut Schmidt appelliert, auf die Forderungen der Entführer einzugehen, sich an seinen Freund und Oppositionsführer Helmut Kohl wendet – und an seine Familie. Jörg Schleyer erinnert sich, wie man mit jedem neuen Video feststellen konnte, wie dramatisch sein Vater an Gewicht verlor. »Am Ende waren es bestimmt 20–25 Kilogramm«, sagt er. »Zudem merkten wir, dass sich auch etwas bei den Entführern verändert haben musste, denn sie hatten meinem Vater sein Jackett zurückgegeben«, berichtet Jörg Schleyer. Sein Vater habe kurz vor der Entführung mit dem Rauchen aufgehört, früher seien es 80 bis 100 Zigaretten am Tag gewesen. »Ich bin mir sicher, dass er während der Gefangenschaft mit seinen Kidnappern gequalmt hat.«

Sein Sohn sagt heute, er glaube, dass sein Vater wusste, dass die Bundesregierung niemals einen Austausch der RAF-Gefangenen gegen ihn in Erwägung gezogen habe. »Und ich wusste es auch, ich habe nie daran geglaubt.« Nach der Entführung des CDU-Politikers Peter Lorenz 1975 in Berlin, der im Tausch gegen Gefangene freikam, die zum Teil bald darauf wieder an terroristischen Anschlägen beteiligt waren, und der Ermordung von Jürgen Ponto sei ihm klar gewesen, dass die Bundesregierung nicht noch einmal dem Druck von Entführern nachgebe. »Trotzdem haben wir natürlich alles versucht und uns über die Nichtentscheidung der Bundesregierung beklagt.«

Am 16. September bringen die Entführer Schleyer in ein Versteck in Den Haag, ein paar Tage später nach Brüssel. Seine Angehörigen sitzen zu Hause in Stuttgart, schlafen kaum, spielen Karten, haben ständig BKA-Beamte im Haus, die sie rund um die Uhr betreuen. Traurigkeit, Verzweiflung und Hoffnung wechseln sich ab. »Justizminister Hans-Jochen Vogel hat uns, so gut es ging, informiert«, sagt Jörg Schleyer. »Alle Kinder waren da. Wir waren eine Stütze für unsere Mutter.« Die Videos ihres Ehemannes hätten die vier Geschwister ihr vorenthalten. Seine Mutter habe bis zu ihrem Tod 2008 die Videos ihres Mannes in der Gefangenschaft nicht angeguckt. »In den ersten zwei Wochen hatten wir noch Hoffnung, dass man ihn rechtzeitig finden und befreien könnte. Aber uns war dann relativ schnell klar, dass wir ihn nicht lebend wiedersehen würden«, berichtet Jörg Schleyer.

Doch dann, an Tag 39 der Schleyer-Entführung, kommt es zu einer dramatischen Zuspitzung der Lage. Palästinensische Terroristen entführen am 13. Oktober 1977 die Lufthansa-Maschine »Landshut« auf dem Weg von Palma de Mallorca nach Frankfurt am Main, an Bord 87 Passagiere und fünf Besatzungsmitglieder. Die Kidnapper verlangen ebenfalls die Freilassung der RAF-Gefangenen.

»Das war unsere letzte echte Hoffnung«, erzählt Jörg Schleyer. »Ich dachte, jetzt können die doch nicht auch noch 92 Geiseln opfern.«

* * *

Birgitt Röhll hat mit ihrem zehnjährigen Sohn Stephan die Herbstferien auf Mallorca bei einer Freundin in Son Vida in der Nähe der Inselhauptstadt verbracht. Eigentlich sind sie immer im Frühjahr nach Mallorca geflogen, aber diesmal hat sie ihre Freundin überzeugt, dass sie lieber im Herbst kommen möchte, weil während der Osterferien doch das Wasser immer noch so kalt und es so regnerisch sei.

Nun sitzen Mutter und Sohn am frühen Nachmittag des 13. Oktober 1977 in der Maschine zurück nach Deutschland, ihre Plätze mittig, Nähe Notausgang. Stephan muss wieder in die Schule und Birgitt Röhll zurück ins Lufthansa-Büro am Kurfürstendamm in Berlin, denn sie arbeitet beim Bodenpersonal der Fluglinie.

Es ist kurz nach 14 Uhr, das Essen ist bereits serviert worden, als plötzlich von hinten zwei Männer und zwei Frauen brüllend mit Pistolen in den Händen nach vorn Richtung Cockpit stürmen. »Mein erster Gedanke war: ›Ein Film?‹ Ich habe das zunächst nicht ernst genommen. Erst als ich dann den Co-Piloten mit erhobenen Händen aus dem Cockpit kommen sah, habe ich die Lage begriffen.«

Das Kommando übernimmt von nun an Zohair Youssif Akache, ein 23-jähriger Palästinenser, der sich »Kapitän Märtyrer Mahmud« nennt.

Die Passagiere aus der ersten Klasse müssen nach hinten, vorn werden Gepäck und Duty-Free-Waren aufbewahrt. Die Passagiere müssen alles abgeben, Handtaschen, Pässe, Portemonnaies, Zigaretten dürfen sie behalten. Anführer Akache läuft auf den Armlehnen durchs Flugzeug und schreit: »Wenn ich bei jemandem ein Messer finde, wird die Person erschossen.«

Erster Stopp der Odyssee ist Rom, das Flugzeug wird aufgetankt und Mahmud verkündet seine Forderungen – sie sind identisch mit denen der Schleyer-Entführer. Birgitt Röhll kriegt davon nichts mit. Sie weiß nicht, wo sie gelandet ist. Die Maschine startet wieder und fliegt nach Larnaka auf Zypern, wo Palästinenservertreter die Entführer vergeblich zur Aufgabe drängen.

Ständig ändert sich die Sitzordnung im Flieger, Raucher werden von Nichtrauchern getrennt, Kinder von ihren Eltern. Die Terroristen trennen auch Birgitt und Stephan Röhll; ihr Sohn sitzt nun am Fenster, zwar in Sichtweite der Mutter, aber neben einem anderen Jungen, Manuel, zwölf Jahre alt. »Mahmud schrie in seinem katastrophalen Englisch, dass jeder erschossen wird, der die Sichtblenden hochschiebt. Und ich sah

Stephan am Fenster, durfte ihm ja nichts zurufen. Er verstand kein Englisch, ich hatte riesige Angst. Aber zum Glück hat Stephan die Sichtblenden nicht angerührt.«

Die Landshut fliegt von Zypern nach Bahrain und erreicht in den Morgenstunden des 14. Oktober Dubai. Die Landebahn war eigentlich blockiert worden, doch wegen Treibstoffmangels lassen die Behörden die Maschine dennoch landen. »Das war das erste Mal, dass ich erfuhr, wo wir überhaupt waren«, erzählt Birgitt Röhll, »auf dem Essenstablett, das wir bekamen, lagen Servietten mit der Aufschrift ›International Airport Dubai‹.«

In Dubai steht die Maschine zwei Tage in der prallen Sonne, die Klimaanlage fällt wegen des Treibstoffmangels aus. Es ist unerträglich heiß an Bord, die Temperatur in der Maschine steigt auf 50 Grad Celsius, auf den Toiletten türmen sich Fäkalien und Müll. Als Birgitt Röhll einmal muss und aufsteht, schreit die Terroristin Souhaila Andrawes sie auf Englisch an: »You bloody daughter of a bitch. Go back to your seat.« Und rammt ihr zwei Handgranaten, die sie in den Händen hält, in den Körper. Die Blutergüsse sieht Birgitt Röhll noch eine Woche später.

Und die Familie Schleyer? Sie ist in Stuttgart wieder voller Hoffnung und verfolgt die Entführung in den Nachrichten. Jörg Schleyers ältester Bruder Hanns-Eberhard beantragt am 15. Oktober beim Bundesverfassungsgericht eine einstweilige Anordnung gegen die Bundesregierung, auf die Forderungen der Entführer seines Vaters einzugehen. Nur Stunden später lehnt der Erste Senat den Antrag ab.

Birgitt Röhll erkennt keinen Zusammenhang zwischen der Entführung Schleyers und der Landshut-Maschine. Dabei haben sich die RAF und die vier palästinensischen Terroristen der PFLP-SC, einer Abspaltung der Volksfront zur Befreiung Palästinas, abgestimmt. Die Zusammenarbeit zwischen beiden Terrorgruppen besteht schon seit Jahren. Unter anderem fliegen RAF-Terroristen zeitweise in den Nahen Osten, um dort militärisch ausgebildet zu werden. Auch teilen sie Geld, Waffen und Sprengstoff – und kooperieren eben auch bei terroristischen Aktionen.

Aber das hat Birgitt Röhll alles nicht auf dem Schirm, und ihr steht das Schlimmste noch bevor. Gegen 21.30 Uhr gucken die Entführer willkürlich ins Gepäck und finden in ihrer Handtasche einen Montblanc-Füller mit dem Logo, das einem Davidstern ähnelt. »Die kleinere der beiden Terroristinnen befahl mir, nach vorn zu kommen. Mahmut hielt den Füller in der Hand, fuchtelte mit der Pistole herum und rief: ›Runter auf die Knie. Was ist das?‹ – ›Das ist ein Füller.‹ – ›Nein, das ist ein Davidstern.‹ – ›Ich bin keine Jüdin.‹« Er wird immer lauter, und Birgitt Röhll fällt vor Aufregung nicht die Marke des Füllers ein. Mahmud verpasst ihr eine Ohrfeige, tritt ihr vors Knie und sagt, dass sie sich am nächsten Morgen um 7.30 Uhr bei ihm zur Exekution melden soll. »Ich bin dann völlig aufgelöst zu meinem Sitz gegangen. Mein Sohn, der wieder neben mir saß, tröstete mich: ›Du musst keine Angst haben, der tut dir nichts.‹« Doch plötzlich steht Mahmud vor ihr, ihren Pass in der Hand, und sagt, dass dieser beweise, dass sie Jüdin sei, schließlich sei ihr Mädchenname Grünewald. »Ich war mit den Nerven völlig am Ende«, erzählt Birgitt Röhll. Als Kapitän Jürgen Schumann später an ihr vorbeigeht, zupft sie ihn am Ärmel und sagt, sie sei eine Kollegin. In ihrer Verzweiflung weiß sie nicht, was sie sonst zu ihm sagen soll. Schumann antwortet, dass sie sich keine Sorgen machen soll, er werde mit Mahmud sprechen. »Nach unendlich langer Zeit rief dann Mahmud übers Bordmikrofon, dass er ›bei mir und drei anderen jüdischen Huren‹ Gnade vor Recht ergehen lasse«, berichtet Birgitt Röhll.

Auch Co-Pilot Jürgen Vietor erinnert sich an bedrohliche Momente: »Mahmud wollte mich zweimal erschießen. Das erste Mal in Bahrain, das zweite Mal in Dubai, wo er Anstoß an meiner Junghans-Armbanduhr nahm, die als Logo ein ›J‹ in einem stilisierten Zahnrad hatte. Es sah – zugegeben – einem Davidstern sehr ähnlich. Er dachte, ich sei Jude. Ich habe um mein Leben gefleht und gebettelt.«

Dass der Besatzung und den Passagieren bereits eine Maschine mit der Eliteeinheit GSG9 an Bord folgt, bekommt Birgitt Röhll (natürlich) nicht mit. Das Warten in Dubai zerrt an den Nerven. Ein Geiselaustausch kommt nicht zustande. Nach einem Ultimatum der Entführer wird die Landshut aufgetankt und fliegt nach zwei Tagen Aufenthalt am 16. Oktober gegen Mittag weiter nach Aden, wo die jemenitische Regierung die Landebahn sperrt. Kapitän Schumann setzt die Maschine direkt nebenan auf einem Sand- und Geröllstreifen auf. »Die Notlandung in Aden war schrecklich. Ich saß mit Stephan in der letzten Reihe, hielt ihn fest, legte den Kopf zwischen meine Knie und versuchte mit der anderen Hand, den Vordersitz festzuhalten.«

Schumann darf die Landshut verlassen, um das Fahrwerk zu inspizieren. Er kehrt verspätet zurück und wird zur Strafe von Mahmud im Mittelgang der Maschine vor den Augen der Passagiere per Kopfschuss ermordet.

»Einfach grauenvoll«, sagt Birgitt Röhll.

Co-Pilot Jürgen Vietor hebt in den frühen Morgenstunden des 17. Oktober ab und landet um 4.34 Uhr in Mogadischu in Somalia. »Die Strecke Aden–Mogadischu war der reinste Horror: ein toter Kapitän an Bord, ein Flugzeug, über dessen Zustand nach der Notlandung in Aden nichts bekannt war, ein Gebiet, in dem am Boden Krieg herrschte, tropische Gewitter – und ich mutterseelenallein im Cockpit. Als Co-Pilot ›half‹ mir der Anführer Akache«, berichtet Vietor.

Und die Kidnapper? Sie sind zunehmend desillusioniert, dass die arabische Welt ihnen nicht hilft, nicht mehr entgegenkommt. Erst wollen Palästinenser sie zur Aufgabe in Zypern bewegen, dann werden die Flughäfen von Beirut, Damaskus, Bagdad und Kuwait gesperrt, in Dubai dürfen sie nur wegen Treibstoffmangels landen, die Behörden im Oman verweigern die Landeerlaubnis und die Regierung im Jemen hat die Landebahnen blockiert.

Sie setzen in Mogadischu der Bundesregierung ein Ultimatum bis 15 Uhr, um die RAF-Gefangenen aus dem Gefängnis in Stuttgart-Stammheim zu entlassen, andernfalls werde die Maschine gesprengt.

Die Kidnapper beginnen, die Passagiere zu fesseln. »Ich musste meine Nylonstrümpfe ausziehen, mit denen mir dann die Hände zusammengebunden wurden«, sagt Birgitt Röhll. »Die Kidnapper nahmen den Alkohol aus dem Duty Free und schütteten ihn singend über uns aus – damit wir besser brennen.« In der Reihe vor ihr betet jemand das Vaterunser. An der Trennwand zur ersten Klasse bringen die Terroristen Sprengstoff an. »Ich hatte Hoffnung bis zum Schluss«, berichtet Birgitt Röhll, »es war ja ein ständiges Auf und Ab.«

Doch plötzlich werden ihr und den anderen Passagieren die Handfesseln gelöst, und es wird ihnen bedeutet, dass die Bundesregierung zum Austausch bereit sei.

Was war passiert?

Um Zeit für die Vorbereitung des Sturms durch die GSG9 zu gewinnen, werden die Entführer mit der Nachricht getäuscht, dass zwar ihrer Forderung nachgegeben werde, es aber noch mehrere Stunden dauere, bis die Gefangenen aus Stuttgart nach Mogadischu gebracht werden könnten. Daraufhin verlängern die Terroristen das Ultimatum bis zum 18. Oktober, 1.30 Uhr.

Um fünf Minuten nach Mitternacht stürmt die GSG9 die Landshut.

»Das kam ja völlig überraschend«, erzählt Birgitt Röhll. »Erst gab es einen Knall, dann hörten wir Schreie: ›Köpfe runter. Wo sind die Schweine?‹ Und ich dachte: ›Deutsche Laute! Wunderbar!‹ In diesem Moment hatte ich noch den irren Gedanken, dass ich meine Stiefel anziehen wollte. Wir sind dann die Treppe nach draußen mehr runtergefallen als gelaufen.«

Alle Passagiere überleben, drei der vier Attentäter werden getötet, nur Souhaila Andrawes überlebt schwer verletzt.

»Das war gut für die Passagiere und das Todesurteil für meinen Vater«, sagt Jörg Schleyer. Die Familie Schleyer sitzt vor dem Fernseher, als sie die Meldung von der geglückten Befreiung in Mogadischu sieht. »Für uns war klar: Das war's, das war final. Wir hatten ja die ganze Hoffnung in die Landshut gelegt.«

In derselben Nacht nehmen sich die Terroristen Andreas Baader, Gudrun Ensslin und Jan-Carl Raspe im Stuttgarter Gefängnis das Leben, Irmgard Möller überlebt ihren Suizidversuch schwer verletzt. Ebenfalls am 18. Oktober wird Hanns Martin Schleyer mit drei Schüssen in den Hinterkopf umgebracht, seine Leiche findet man einen Tag später.

Die RAF-Terroristin Silke Maier-Witt übermittelt das Bekennerschreiben an die französische Zeitung *Libération*. Es lautet: »Wir haben nach 43 Tagen Hanns Martin Schleyers klägliche und korrupte Existenz beendet. Herr Schmidt, der in seinem Machtkalkül von Anfang an mit Schleyers Tod spekulierte, kann ihn in der Rue Charles Péguy in Mülhausen in einem grünen Audi 100 mit Bad Homburger Kennzeichen abholen. Für unseren Schmerz und unsere Wut über die Massaker von Mogadischu und Stammheim ist sein Tod bedeutungslos.«

Nach dem Mord und dem Ende der Semesterferien wechselt Jörg Schleyer im November 1977 an die Uni nach München. »Der Name Schleyer hatte plötzlich eine derartige Omnipräsenz, dass ich mich erst einmal nur noch mit ›Schneider‹ gemeldet habe, wenn der Professor mich nach einem Namen fragte.« Wenn dennoch andere Studenten mitbekamen, dass ihr Kommilitone der Sohn des ermordeten Arbeitgeberpräsidenten war, »haben« mich 90 Prozent mitleidig angeguckt«. Es habe ein Jahr gedauert, bis er wieder »Schleyer« war und darüber reden konnte.

Acht Monate nach der Ermordung Schleyers und der Befreiung der Landshut wird Gerhart Baum Innenminister der Bundesrepublik Deutschland. Nun gilt für ihn Sicherheitsstufe I. »Ich habe mich aber daran schnell gewöhnt«, sagt er rückblickend. »Ich habe eine Waffe angeboten bekommen, habe aber abgelehnt. Ich konnte überhaupt nicht schießen.«

Wie denkt er rückblickend über den Deutschen Herbst?

Gerhart Baum: »Wir standen unter ungeheurem öffentlichem Druck. Das war eine aufgeheizte Stimmung, als ob die Republik untergeht. 30 Täter gegen 60 Millionen Bundesbürger. Eigentlich war es lachhaft, aber so war die Stimmung damals.« Er behält Schleyer als umgänglichen, werteorientierten Manager in Erinnerung. Und redet sich auch mehr als 45 Jahre später im Alter von 90 Jahren noch in Rage: »Er hätte ja gerettet werden können! Das war ein Riesenversagen der deutschen Sicherheitsbehörden. Und dann wäre diese ganze Scheiße mit der Landshut erst gar nicht passiert!«

Das Versteck in Erftstadt-Liblar hat sich Jörg Schleyer nie angesehen. Es sei zu erschütternd für ihn zu wissen, dass sein Vater dort in einem engen Wandschrank eingesperrt war. »Das muss ich mir nicht antun«, sagt der Sohn. »Volksgefängnis« nannte die RAF das Versteck, in dem sie seinen Vater gefangen hielt.

Auch 46 Jahre später ist das Hochhaus noch immer von Weitem von der Autobahn 1 zu sehen. 15 Stockwerke, 120 Wohnungen. Ein in den 70er-Jahren erbauter Wohnklotz.

Schleyer blieb zehn Tage in Erftstadt-Liblar. Die Adresse Zum Renngraben 8 ist berühmt-berüchtigt. Ein deutscher Ort. Alteingesessene Bewohner bezeichnen das Gebäude als »Schleyer-Hochhaus«. Das Versteck erfüllte alle Kriterien der Terroristen: eine nahe gelegene Autobahn, ein anonymes Hochhaus mit Dutzenden Parteien, per Fahrstuhl ein direkter Zugang von der Tiefgarage zur Wohnung, Miete und Kaution konnten vorab bar bezahlt werden.

Damals fuhren die Entführer am frühen Abend über die lang gezogene Rampe in die Tiefgarage auf der Rückseite des Hauses. Der RAF-Terrorist Stefan Wisniewski verblieb über Stunden mit Schleyer im Kofferraum des Wagens. Erst nach Mitternacht wurde er mit dem Aufzug nach oben in die Wohnung gebracht.

Und heute? Tiefgarage, Kellerräume und Treppenhaus haben sich kaum verändert. Wenn man vom Parkplatz zunächst durch eine türgroße Öffnung in der nackten Betonwand zu einer Feuerschutztür geht, nach rechts dem Kellergang folgt und die erste Eisentür links öffnet, dann sieht man rechter Hand zwei Fahrstühle. Im dritten Stock sind vor der Aufzugtür noch immer die braunen Original-Bodenfliesen zu sehen, dann dämpft ein Filzteppich die Schritte. Ein paar Meter nach links bis zum Ende des Gangs, schon steht man vor Wohnung 104, dem RAF-Versteck von Schleyer: 78 Quadratmeter, drei Zimmer, Küche, Bad und Flur.

Wer heute wohl darin wohnt? Kennt der Mieter oder Besitzer dieser Wohnung die Geschichte? Und vor allem: Wie geht er (oder sie) damit um?

Über dem Haupteingang des Hochhauses thront die Adresse als Schriftzug, schräg links ist der Balkon des ehemaligen Schleyer-Verstecks zu sehen. Ein roter Boxsack glänzt in der Sonne und die Wohnzimmertür steht offen. Doch Gardinen versperren den Blick nach innen. Vor den Fahrstühlen im Treppenhaus treffe ich zufällig Olga Jansen. Sie kehrt gerade vom Nordic Walking zurück, hat heute frei. Sie hält die Wanderstöcke in ihrer linken Hand, trägt Leggins, Mütze und einen pinken Kapuzenpulli. Sie ist Russlanddeutsche, kommt aus Kasachstan und lebt seit 2003 im Hochhaus, zunächst im zehnten Stock und seit 2019 zur Miete im ehemaligen Schleyer-Versteck. Sie nimmt mich mit in den dritten Stock. Einen Journalisten habe sie hier schon lange nicht mehr gesehen, sagt sie, überhaupt spiele die Vergangenheit keine Rolle mehr. »Kommen Sie doch mit rein«, fordert sie mich auf und öffnet die Tür. Sie zeigt nach links in den Flur und sagt unaufgefordert: »Das ist der Wandschrank, in dem Schleyer gefangen gehalten wurde.« Heute sind darin Waschmaschine, Putzmittel und ein Katzenklo verstaut, damals war er mit dickem Schaumstoff ausgepolstert. Das BKA fand später unzählige Haare darin, die Schleyer zugeordnet werden konnten. Der dreitürige Schrank hat schon ein paar Jahre auf dem Buckel. Olga Jansen glaubt, es sei noch immer das Original aus den 70er-Jahren, auch in ihrer alten Wohnung sieben Stockwerke höher habe das gleiche Modell gestanden. Wie auch immer: Die Maße von 160 x 71 x 250 cm und der Standort im Flur sind auf jeden Fall die gleichen.

Dann öffnet Olga Jansen die Tür rechts ins Kinderzimmer. Die Entführer machten dort die Polaroidbilder und Videoaufnahmen von »Spindy«, wie sie Schleyer nannten, mit dem »Gefangener der RAF«-Schild in der Hand und dem Logo der Linksterroristen im Hintergrund. Die Polizei fand später an der Raufasertapete Reste von Klebestreifen, die das Plakat fixiert hatten, auf dem das RAF-Symbol zu sehen war. Damals ein karger Raum mit Matratze und Schauplatz der Verhöre des selbst ernannten »Volksgerichts«, heute das Schlafzimmer einer der beiden Töchter von Olga Jansen mit breitem Bett, Fernseher, Regalen und Laminatboden. Immerhin, die Wände sind weiß wie damals.

Das damalige Schlafzimmer, mit 24 Quadratmetern der größte Raum der Wohnung, ist heute Olga Jansens Wohnzimmer. Die Polizei hatte dort einen Manschettenknopf Schleyers gefunden.

Olga Jansen führt mich bereitwillig herum. Sie zeigt mir den Wandschrank im Flur und das Bad, öffnet Kinder- und Wohnzimmer und nimmt mich mit auf den Balkon. Ist es einfacher, hier zu leben in der Gewissheit, dass Schleyer woanders ermordet wurde? Sie zuckt mit den Schultern. »Darüber habe ich mir noch nie Gedanken gemacht.«

Im Gegensatz zum Schleyer-Versteck sieht der Ort der Entführung heute stark verändert aus. In der Vincenz-Statz-Straße wurden Bäume gepflanzt, auf dem freien Grundstück, von dem aus die RAF mit einem Wagen den Mercedes von Schleyer rammte, steht nun ein Haus. An der Ecke zur Friedrich-Schmidt-Straße erinnern eine Betonstele und ein Holzkreuz an die Ermordeten. Jörg Schleyer ist zuletzt 2017 dort gewesen, zum 40. Jahrestag der Ermordung seines Vaters. Beim Besuch der ehemaligen Landshut-Maschine, die im brasilianischen Fortaleza auf einem Flugzeugfriedhof steht, lernt er im selben Jahr die Überlebende Birgitt Röhll kennen; sie telefonieren regelmäßig, sehen sich, wohnen im selben Viertel in Berlin.

Und er trifft die ehemalige RAF-Terroristin Silke Maier-Witt in Skopje in Nordmazedonien zum Gespräch. Maier-Witt hat dort zuletzt als Friedenshelferin gearbeitet.

»Ich habe ihre Entschuldigung angenommen«, sagt Jörg Schleyer, »aber vergeben kann ich ihr nicht.« Er habe gehofft, von ihr zu erfahren, wie die letzten Stunden seines Vaters verliefen, ob er gedemütigt wurde, ob er leiden musste. »Wer ihn letztendlich erschossen hat, war mir gar nicht so wichtig. Ich wollte Gewissheit haben, wie es passiert ist.«

Er empfinde Silke Maier-Witt als gebrochene Frau. Sie sei zwar nicht in Selbstmitleid versunken, aber es klang durch, dass sie ihr Leben verpfuscht habe. »Es war eine neutrale Begegnung.« Er habe dennoch Respekt vor ihr gehabt, denn er habe gemerkt, wie sie mit sich gerungen habe und dass sie sich schäme.

Birgitt Röhll ist heute 81. Die Landshut sei ganz weit weg, sagt sie. Aber bis heute fährt sie nicht U-Bahn, sie könne einfach nicht mehr in einer solch geschlossenen Büchse sitzen.

Für Jörg Schleyer bleiben die Erinnerungen an seinen Vater, an die gemeinsamen vier Wochen in den Sommerferien in ihren Häusern in Tirol und am Bodensee. Das sei eine intensive gemeinsame Zeit gewesen, die komplette Familie habe Doppelkopf gespielt. »Ein schön spießiger Urlaub auf 1 200 Meter Höhe. Bis zum Abitur kannte ich nur Tirol und den Bodensee«, sagt er. Und lacht.

* * *

Silke Maier-Witt hat eine kleine Odyssee hinter sich. Sie hat die Weihnachtsfeiertage und Silvester in Hamburg bei ihrem Bruder (»Der kocht immer so gut«) und ihrer Schwester verbracht, ist nun auf dem Rückflug nach Skopje; ihre Maschine wird aber wegen Nebels nach Pristina in den Kosovo umgeleitet, von dort geht es dann mit dem Bus im Schritttempo in die nordmazedonische Hauptstadt. Statt gegen 18 Uhr erreicht sie ihre Wohnung erst mitten in der Nacht. Unseren lange im Voraus vereinbarten Termin für ein Interview am Morgen lässt sie verstreichen. Sie meldet sich erst am Nachmittag bei mir und bittet um Entschuldigung.

Silke Maier-Witt ist in den 70er- und 80er-Jahren eine der meistgesuchten Terroristinnen. Ihr Fahndungsfoto hängt an unzähligen Bahnhöfen, Flughäfen, in öffentlichen Einrichtungen, Postämtern und Banken. Ihr Bild ist omnipräsent, ihre Erkennungsmerkmale lauten: circa 170 Zentimeter groß, Ohrläppchen angewachsen, geboren am 21. Januar 1950 in Nagold. Die Polizei lobt 50 000 DM Belohnung für ihre Festnahme aus und warnt: »Vorsicht Schusswaffen!« Am Tag nach der Ermordung Schleyers wird in einer »Tagesschau«-Sondersendung über eine Minute lang nach Silke Maier-Witt gefahndet. Beschrieben wird die RAF-Terroristin als »besonders gefährlich«.

Die ehemalige Medizin- und Psychologiestudentin schließt sich am 7. April 1977 – dem Tag des Mordes an Generalbundesanwalt Siegfried Buback und seinen Begleitern – der RAF an und taucht unter. Sie späht die Fahrtstrecke von Hanns Martin Schleyer aus, leistet logistische Hilfe und Zubringerdienste – und übermittelt das Bekennerschreiben der Gruppe nach dem Mord an Schleyer. Nach einem Banküberfall der RAF 1979 in Zürich, bei dem eine Unbeteiligte erschossen wird, taucht sie in der DDR unter. Dort heißt sie zur Tarnung zunächst Angelika Gerlach, später Sylvia Beyer. Nach dem Fall der Berliner Mauer wird sie 1990 an ihrem Wohnort in Neubrandenburg verhaftet und unter anderem wegen der Entführung und Ermordung Schleyers zu zehn Jahren Haft verurteilt, 1995 kommt sie vorzeitig frei. Sie beendet in Oldenburg ihr Psychologiestudium, arbeitet danach in Nordmazedonien und im Kosovo als Friedensfachkraft. Sie lebt heute als Rentnerin in Skopje. Aus dem engsten Kreis der RAF ist sie eine der wenigen, die sich selbstkritisch über ihr ehemaliges Handeln äußern.

Frau Maier-Witt, wie haben Sie die Fahrtstrecke von Hanns Martin Schleyer ausgekundschaftet?

Ich kam erst wenige Tage vor der Entführung aus Amsterdam nach Köln, das war ungefähr zur Zeit des Anschlags mit einem Raketenwerfer auf die Bundesanwaltschaft in Karlsruhe am 25. August 1977. Da waren die Vorbereitungen zur Entführung von Schleyer schon weit fortgeschritten. Wir observierten zwei seiner Fahrtstrecken vom Büro nach Hause. Am Tag der Entführung stand ich mit Rolf Heißler an einer bestimmten Stelle in Köln …

… Sie postierten sich in der Nähe der Telefonzelle beim Gebäude Raderthalgürtel Nr. 5 …

… aber Schleyer kam an uns nicht vorbei, da waren wir überrascht: Er hatte die andere Fahrtstrecke gewählt. Es gibt ja Zweifel an meiner Darstellung; es heißt, er muss an uns vorbeigekommen sein. Vielleicht haben wir ihn auch einfach nur übersehen. Es klingt komisch, aber Heißler, mit dem ich damals zusammen war, und ich waren mit Beziehungsproblemen beschäftigt. Wir sind dann zunächst mit unseren Fahrrädern zu Adelheid Schulz und Angelika Speitel gefahren, die sich an einer anderen Stelle der Fahrtstrecke Schleyers postiert hatten, und dann weiter in unsere konspirative Wohnung im Uni-Center im Kölner Stadtteil Sülz. Dort haben Heißler und ich im Radio gehört, dass die Aktion geklappt hat.

Was haben Sie dann gemacht?

Wir haben die Wohnung gecleant und sind so schnell wie möglich zu einer weiteren konspirativen Wohnung nach Düsseldorf gefahren, in der wir uns versteckt hielten. Die Wohnung in Köln war ja verbrannt, die wäre schnell hochgegangen.

Warum?

Das war die Wohnung im 26. Stock im Uni-Center, in der sich alle Beteiligten der Schleyer-Entführung, darunter auch Peter-Jürgen Boock, Stefan Wisniewski, Willy Peter Stoll und Sieglinde Hofmann, aufhielten. In dieser Zweizimmerwohnung schlief ich auch, sie war ziemlich eng. Wir haben dort oft zusammengesessen und die Aktion für den Folgetag geplant. Aber dann kam irgendwas dazwischen oder Schleyer nahm die falsche Fahrtroute. Das ist einige Male passiert.

Vier Tage nach der Entführung hat die RAF ein Foto von Schleyer in Unterhemd, offener Trainingsjacke und vor dem Logo der Gruppe aufgenommen und an eine

Nachrichtenagentur geschickt. Das sei extrem entwürdigend gewesen, sagt sein Sohn Jörg.

Ach, wäre es anders gewesen, hätte er in Schlips und Kragen dagesessen? Er hatte sich wohl darauf eingelassen. Äußerlichkeiten waren ihm wohl nicht mehr wichtig, Haltung schon. Er hat um sein Leben gerungen. Das Unterhemd war Nebensache.

Wo hielten Sie sich während dieser Zeit versteckt?

In Düsseldorf und Mannheim. Und in der Nacht der Selbstmorde von Baader, Ensslin und Raspe in Stammheim habe ich gemeinsam mit Sieglinde Hofmann eine Wohnung in Frankfurt ausgeräumt, die auch mal als Versteck für Schleyer vorgesehen war.

Die RAF behauptete ja, die Gefangenen seien umgebracht worden.

Ich habe es damals schon nicht geglaubt. Und Sieglinde, mit der ich darüber geredet habe, auch nicht.

Als Schleyer von Ihren Mittätern ermordet wurde, haben Sie das Bekennerschreiben der RAF an die französische Zeitung Libération übermittelt. Wie lief das ab?

Ich saß in einer Kneipe am Hauptbahnhof in Frankfurt und bekam einen Anruf von Rolf-Clemens Wagner, der mir den Wortlaut der Erklärung diktierte. Ich bin mir sicher, sie stammte von Brigitte Mohnhaupt.

Sie gaben telefonisch unter anderem durch: »Wir haben nach 43 Tagen Hanns Martin Schleyers klägliche und korrupte Existenz beendet. Herr Schmidt, der in seinem Machtkalkül von Anfang an mit Schleyers Tod spekulierte, kann ihn in der Rue Charles Péguy in Mülhausen in einem grünen Audi 100 mit Bad Homburger Kennzeichen abholen.«

Damals habe ich nicht viel darüber nachgedacht und meine Gefühle ausgeschaltet. Ich habe wie eine Soldatin funktioniert: Mitschreiben des Textes in der Kneipe, Gang zur Telefonzelle und Durchgabe an die *Libération*. Ich habe den Zeitpunkt meines Anrufs exakt so gewählt, dass ich direkt danach den Zug nach Hamburg erwischen konnte, wo ich mich dann gemeinsam mit Adelheid Schulz versteckt hielt.

Und wie denken Sie heute über diese Worte?

Ich schäme mich noch immer! Wenn ich diese Sätze lese oder höre, ist es schlicht furchtbar. Mir war damals nicht klar, dass Schleyer sterben musste. Diese Worte waren ein Nachtreten, unbeschreiblich scheußlich. Ich hätte mich damals nicht getraut, daran etwas zu ändern. Denn wenn ich nicht gehorcht hätte, hätte man mich aus der Gruppe ausgeschlossen – und das wollte ich ja nicht. Das nehme ich mir noch immer übel, das treibt mich noch immer um.

Sind Sie froh, nicht selbst zur Mörderin geworden zu sein?

O ja! Ich hatte ja immer eine Waffe dabei. Als ich in der DDR untergetaucht war, habe ich manchmal gedacht: Zum Glück bist du nie in diese Situation gekommen.

Sie haben mal in einem Interview gesagt, dass die Verletzungen tief sitzen. Sie sagten: »Ich dachte auch: Irgendwann hört das auf. Aber es hört nicht auf.«

Das ist tatsächlich so.

Wie gehen Sie damit um?

Mir bereitet es immer noch Kopfzerbrechen, mich an einem Mord mitschuldig gemacht zu haben. Wie ich ohne große moralische Grundsätze alles unterstützt habe und wissentlich der RAF beigetreten bin. Das beschäftigt mich noch heute, und ich finde keine Antworten darauf.

Sie wurden nach dem Mauerfall in der DDR gefasst und zu zehn Jahren Haft verurteilt, von denen Sie fünf absitzen mussten. Das Oberlandesgericht Stuttgart wertete Ihre Beteiligung an der Entführung und Ermordung von Schleyer, am missglückten Sprengstoffanschlag auf den ehemaligen NATO-Oberbefehlshaber Alexander Haig 1979 sowie an einem Banküberfall in Zürich im selben Jahr, bei dem eine unbeteiligte Passantin erschossen wurde, als Mord, Geiselnahme, Erpressung sowie dreifachen Mordversuch und schweren räuberischen Diebstahl. Empfanden Sie die Strafe als angemessen?

Sie hat mich nicht vom Hocker gerissen, ich hatte mit mehr gerechnet. Durch die Anwendung der Kronzeugenregelung hatte ich einen Bonus bekommen, sonst wäre ich bestimmt zu »lebenslänglich« verurteilt worden. Ich war irgendwie erleichtert, zumal mir die Freilassung nach Verbüßung der Hälfte der Strafe in Aussicht gestellt wurde.

Nach Ihrer Freilassung haben Sie Ihr Psychologiestudium beendet und dann als Friedensfachkraft gearbeitet. Sahen Sie das als Ihre moralische Pflicht an?

Das ist mir zu platt. Nach meinem Studium dachte ich zunächst: Jetzt kann ich mal selbst entscheiden. Aber ich hatte beruflich keine Chance. Ich habe noch nicht einmal eine Praktikumsstelle bekommen, mich holte immer wieder meine RAF-Vergangenheit ein. Manchmal wurde ich auch zum Vorstellungsgespräch eingeladen, weil die Chefs mal sehen wollten, wie denn so eine ehemalige Terroristin aussieht. Da überwog schlicht die Neugierde.

Nein, ich muss mir nicht ständig Asche aufs Haupt schütten. Ich wollte mich einfach gern für Benachteiligte einsetzen und für das Recht einstehen. Auch ich weiß ja, was das ist.

Sind Sie denn heute mit sich im Reinen?

Ach, im Reinen? Ich weiß nicht. Ja, ich trage die Konsequenzen meines damaligen Handelns. Ich denke immer noch, dass ich mich mehr engagieren müsste – für den Frieden, für Klimaschutz.

Haben Sie heute noch Kontakt zu ehemaligen Mitgliedern der RAF?

Leider nein.

Warum »leider«?

Zu Christine Dümlein und Werner Lotze hatte ich damals einen guten Draht. Heißler, Hofmann und Wisniewski würde ich gern noch einmal sprechen. Christian Klar, Mohnhaupt und Schulz würden bestimmt nicht wollen, für die bin ich ja eine Verräterin. Aber ein Gesamttreffen wäre nicht schlecht.

Das wäre aber ein makabres Klassentreffen.

Stimmt.

Damit Sie mit der Sache abschließen können?

Nein. Die RAF ist Teil meiner Geschichte, die gehört zu mir.

Warum dann?

Ich würde gern wissen, wie die anderen aus heutiger Sicht über die Zeit denken.

Vor einigen Jahren haben Sie Jörg Schleyer, den Sohn von Hanns Martin Schleyer, um Verzeihung gebeten.

Da ist mir ein Stein vom Herzen gefallen. Ich fand es gut, dass wir reden konnten. Endlich hatte ich es geschafft. Ich konnte ihm aber nicht liefern, was er von mir wissen wollte.

Sie meinen, wer genau Schleyer ermordet hat und wie er sterben musste.

Ja.

Ihr Fahndungsplakat hing in den 70er- und 80er-Jahren überall in der Bundesrepublik. Sind Sie nie erkannt worden?

Ich saß sogar einmal beim Friseur und blickte im Spiegel hinter mir auf das BKA-Plakat mit meinem Gesicht darauf. Aber ich sah dem nicht mehr ähnlich.

Die äußeren Umstände unseres Gesprächs sind bizarr. Ich habe mich ins Hochland der indonesischen Insel Bali zurückgezogen, um in Ruhe an diesem Buch zu arbeiten. Von dort rufe ich über Skype Silke Maier-Witt in Skopje in Nordmazedonien an – und wir reden über ihre terroristische Vergangenheit in Deutschland, die fast ein halbes Jahrhundert zurückliegt.

Das Interview ist geführt, ich bin zufrieden. Silke Maier-Witt hat einen aufrichtigen Eindruck auf mich gemacht, soweit das eben geht in einem Telefongespräch. Doch irgendwie kann das nicht alles gewesen sein. Ich rufe sie noch einmal an und wir verabreden uns zu einem persönlichen Treffen. Ein paar Wochen später fliege ich nach Skopje. Es ist Frühling geworden, die Einheimischen sitzen im Pullover auf den Außenterrassen der Cafés der Hauptstadt Nordmazedoniens, auf den umliegenden Bergkuppen glitzert aber noch der Schnee in der Sonne.

Silke Maier-Witt lebt in der Nähe des Stadtzentrums. Ihre Rente ist nicht gerade üppig, aber immerhin bezieht sie eine – von dem Staat, den sie einst bekämpft hat. Die Jahre, in denen sie mit fremder Identität in der DDR gelebt und gearbeitet hat, wurden ihr nur bedingt angerechnet. Sie braucht nicht viel zum Leben, kommt mit dem Geld hin, unterstützt finanziell sogar noch ein paar Einheimische. Ganz freiwillig lebt sie allerdings nicht in Südosteuropa; für ein Leben in Deutschland reicht ihre Rente dann eben doch nicht. Hinzu kommt: Noch bis vor einigen Jahren hat sie BAföG zurück- und ihre Prozesskosten abgezahlt. Erspartes hat sie kaum.

Wir treffen uns zum Kaffee im historischen Basar, später zum Abendessen in der Innenstadt. Ihre Augen sind nicht mehr die besten und das Gehen fällt ihr schwer, vor allem auf dem unebenen Pflaster in der Altstadt muss sie aufpassen, dass sie nicht stürzt. Sie spricht Mazedonisch und Albanisch, parliert mit dem Kellner. Sie ist nahbar und freundlich. Und sie fasst schnell Vertrauen zu mir. Wir vereinbaren, dass der Inhalt unserer Gespräche unter uns bleibt. Das Interview, das wir am Telefon geführt haben, muss reichen.

Ich sitze ihr gegenüber und denke, dass es kaum zu glauben ist, dass diese kleine, zierliche, freundliche Frau in den 70er- und 80er-Jahren eine der meistgesuchten Terroristinnen in der Bundesrepublik war. Dass sie wegen der Entführung und Ermordung von Hanns Martin Schleyer verurteilt worden ist. Dass sie viel Schuld auf sich geladen hat.

Vielleicht errät sie meine Gedanken, denn sie sagt: »Ich sah ja immer so harmlos aus.«

Glückliches Ehepaar: 1972 war die Welt
bei den Guccis noch in Ordnung

DER AUFTRAGSMORD

Patrizia Reggiani ist eine italienische Verbrecherin. Sie hat 1995 ihren Ex-Mann Maurizio Gucci, den Erben der Modedynastie, umbringen lassen. Der Täter erschoss Gucci vor seinem Büro in Mailand. Knapp zwei Jahre danach wird Patrizia Reggiani verhaftet und 1998 wegen der Organisation des Mordes zu 29 Jahren Gefängnis verurteilt. Ihre Haftstrafe wird in einem Berufungsverfahren auf 26 Jahre reduziert. In Italien nennt man Patrizia Reggiani »die schwarze Witwe«. Nach über 16 Jahren Haft wird sie 2013 auf Bewährung entlassen. Hollywood verfilmte 2019 ihr Leben an der Seite von Maurizio Gucci. In »House of Gucci« wird Patrizia Reggiani von Lady Gaga gespielt. Ich treffe die Auftragsmörderin während ihrer Bewährungszeit 2016 in Mailand. Immer an ihrer Seite: ihr Papagei.

* * *

»Es war ein Name, dessen Klang so lieblich war, so verführerisch. Ein Synonym für Reichtum, Stil, Macht. Aber der Name war auch ein Fluch.«
Lady Gaga als Patrizia Gucci im Trailer zum Film »House of Gucci«.

* * *

Der Händedruck der Täterin ist fest. Ihre Augen wirken freundlich, das Lächeln charmant, die Stimme weich. Und diese Frau soll eiskalt einen Mord in Auftrag gegeben haben? »Ich heiße nicht Signora Gucci, sagen Sie Patrizia zu mir«, flötet sie auf Englisch mit italienischem Akzent. Und bietet Mineral- und Leitungswasser mit Zitrone aus Karaffen an.

Ein Sommertag in Mailand. Patrizia Reggiani, 65, sitzt auf der Terrasse des Geschäftsgebäudes des Modelabels »Bozart« am Rande der Mailänder Innenstadt. Sie trägt ein gelbes Sommerkleid, eine lange Perlenkette sowie Figuren von Micky Maus und Minnie Maus als Ohrringe. Und ständig in ihrer Nähe, mehr auf ihrer Schulter als an ihrer Seite: ihr Papagei »Bo«, benannt nach Schauspielerin Bo Derek. Patrizia Gucci ist noch immer eine elegante Erscheinung. Und extravagant ist sie über all die Jahre geblieben. Sie gehörte mal zur High Society Italiens. »Lady Gucci« wurde sie genannt und aufgrund ihres Schmucks, der prächtigen dunklen Haare sowie ihrer unberechenbaren Laune auch »Liz Taylor«.

Doch Patrizia Reggiani saß viele Jahre im Gefängnis. Verurteilt wegen Mordes an ihrem Ex-Mann Maurizio Gucci, damals 47 und Erbe des italienischen Luxuskonzerns. Der Gucci-Mord bewegte 1995 Italien und gilt als das Verbrechen des Jahrzehnts. Und die Gucci-Mörderin – die Tat laut Anklage der Staatsanwaltschaft ein »eiskalt geplantes Verbrechen« – ließ die Menschen im Land von Amore Mio frösteln.

Patrizia Reggiani hatte Maurizio 1970 auf einer Party kennengelernt. Sie war 22, er nur ein paar Wochen älter. Im Film »House of Gucci« sieht man, wie Patrizia mit kessen, vorlauten Sprüchen sein Interesse weckt und sich an ihn heranmacht, ihm scheinbar zufällig in der Uni-Bibliothek zwischen den Jurabüchern über den Weg läuft. Ob das der Realität entspricht, sei dahingestellt. Aber wenn man Patrizia Reggiani heute trifft, wie sie sich gibt, wie sie spricht – dann kann man sich das genau so vorstellen. Zwei Jahre nach ihrem Kennenlernen heiratet das Paar und zieht nach New York. »Sie ist eine Streberin, die nur Geld im Kopf hat«, sagt Rodolfo Gucci, der Firmenpatriarch und Maurizios Vater. Dennoch gibt er der Beziehung seinen Segen und schenkt dem frisch vermählten Paar ein Luxuspenthouse in New York, in dem das Paar jahrelang lebt. 1976 wird ihre Tochter Alessandra geboren, 1981 folgt Allegra. Anfang der 80er-Jahre kehrt das Paar aus den USA zurück nach Mailand – und das Unheil nimmt seinen Lauf.

Es folgen Trennung, Scheidung, Mord, Verhaftung, Gefängnis. Am Tag der Tat schreibt sie ein einziges Wort in ihr Tagebuch: »Paradies.«

Seit Herbst 2013 ist Patrizia Reggiani auf Bewährung draußen. Sie zupft ihr Sommerkleid an den Oberschenkeln zurecht, guckt mich mit ihren treuen Augen an und sagt: »Ich war's nicht!«

All die Jahre hat sie immer wieder beteuert, dass sie den Mord an ihrem Ex-Mann nicht in Auftrag gab. Vielmehr habe es sich um eine Verschwörung gehandelt. »Es stimmt, dass ich öfters gesagt habe, man müsste Maurizio eigentlich erschießen lassen. Aber das war doch immer nur so dahingesagt«, versichert sie.

Am 27. März 1995 schießt der Auftragskiller Benedetto Ceraulo in der eleganten Via Palestro in Mailand mit einem Revolver vier Mal auf Maurizio Gucci. Der elegante Firmenerbe ist sofort tot, er stirbt direkt vor dem Eingang zu seinem Büro.

Ceraulo, ein sizilianischer Pizzabäcker mit eigenem Laden, der nicht so richtig lief, brauchte Geld. Er war hoch verschuldet, seine Spielsucht tat ihr Übriges. Der Kontakt zu ihm lief über Giuseppina »Pina« Auriemma, eine Freundin Reggianis und Wahrsagerin aus der High Society. Sie kontaktierte zunächst Ivano Savioni, einen Hotel-Nachtportier, der wiederum Orazio Cicala, einen Restaurantbesitzer, ins

Boot holte. Cicala heuerte schließlich Ceraulo an und fuhr das Fluchtfahrzeug.

Ceraulo wurde 1998 zu lebenslanger Haft verurteilt. Für den Mord kassierte er gemeinsam mit den anderen Tatbeteiligten 375 000 US-Dollar. Alle erhielten langjährige Haftstrafen, sind aber in der Zwischenzeit aus dem Gefängnis entlassen worden – bis auf Benedetto Ceraulo. Der Killer ist noch immer hinter Gittern. Und bestreitet bis heute jede Schuld.

Als Ceraulo vor der Familienzentrale auf Maurizio Gucci wartet, lebt der Enkel des Firmengründers bereits seit zehn Jahren von Patrizia getrennt und ist seit vier Jahren von ihr geschieden. Eineinhalb Jahre vor seinem Tod verkauft Maurizio Gucci für 170 Millionen US-Dollar seine Anteile am legendären Luxuskonzern und genießt fortan mit seiner neuen Lebensgefährtin Paola Franchi ein unbeschwertes Dasein.

Doch wer gab den Mord in Auftrag? Es folgen wilde Spekulationen. Die Cosa Nostra aus Sizilien? Die Camorra aus Neapel? Oder doch die 'Ndrangheta aus Kalabrien? War es überhaupt eine Mafia-Organisation? Oder eine gescheiterte Erpressung? Schnell fällt der Verdacht auf Maurizios Ex-Frau. Blieb sie allein und verbittert zurück? Patrizia Reggiani verneint. »Dass Maurizio eine neue Freundin hatte, die übrigens nur unwesentlich jünger war als ich, war mir egal«, sagt sie. Vielmehr habe sie der Verkauf der Firma gestört. »Maurizio hat das Tafelsilber verhökert. Er war als Manager nicht fähig.«

* * *

»Ich würde nicht von mir behaupten, dass ich ein besonders moralischer Mensch bin. Aber ich bin fair.«
Lady Gaga als Patrizia Gucci im Trailer zum Film »House of Gucci«.

* * *

Am 31. Januar 1997 wird Patrizia Reggiani verhaftet. Laut Anklage der Staatsanwaltschaft habe sie es nicht ertragen können, verlassen zu werden und ihren gesellschaftlichen Status zu verlieren. Ihr Mann sei aus »Geldgier, Neid und Hass« ermordet worden. Das Urteil lautet: 29 Jahre Gefängnis. Patrizia Gucci geht als »schwarze Witwe« in die Annalen der italienischen Verbrechensgeschichte ein. Patrizia Gucci – so kommt vor Gericht heraus – hat der Zauberin Pina Auriemma 500 000 US-Dollar gezahlt. Doch sie beteuert: »Den Mord hat die Wahrsagerin ohne mein Wissen eingefädelt, und ich bin von ihr erpresst worden.«

Patrizia Reggiani kämpft gegen das Urteil an, geht in Berufung. Im Jahr 2000 wird das Urteil bestätigt, ihre Haftstrafe allerdings auf 26 Jahre reduziert. Die an Luxus gewöhnte Jetsetkönigin mit Wohnsitzen in Mailand und St. Moritz bekannte einmal: »Ich würde lieber in einem Rolls-Royce weinen als auf einem Fahrrad glücklich sein.« Und sitzt nun im San-Vittore-Gefängnis in Mailand ein. »Mir ging's eigentlich ganz gut dort. Ich hatte Privilegien, durfte als einzige Insassin den Gefängnisgarten den ganzen Tag nutzen.« Hat sie all den Glamour nicht vermisst? »Man muss sich arrangieren«, sagt sie. Sie habe im Garten gearbeitet, gestrickt und für die Zellennachbarn gekocht. »Ich trug Parfum, wurde respektiert und war ein Mythos im Gefängnis.«

Nach fünf Jahren in Haft erlebt sie ihren dunkelsten Moment. »Ich kam in eine neue Zelle und die Toilette war eine einzige Kloake. Es war unfassbar eklig. Ich bat einen Wärter, sich darum zu kümmern, aber er ging einfach. Dann bat ich einen anderen Wachmann, aber auch der fühlte sich nicht zuständig. Da habe ich versucht, mir das Leben zu nehmen. Ich habe einen Tisch ans Fenster geschoben, mich draufgestellt und das Bettlaken um meinen Hals gebunden. An alles Weitere kann ich mich nicht erinnern. Ich bin erst wieder auf der Krankenstation des Gefängnisses zu mir gekommen.«

Nach neun Jahren Haft bekommt sie wegen guter Führung 45 Tage »Urlaub« im Jahr. »Die Tage durfte ich mir frei einteilen und zu Hause übernachten.« Zu Hause – das ist ein Appartement in der Mailänder Innenstadt, in dem sie gemeinsam mit ihrer Mutter lebt.

Ihre beiden Töchter Alessandra und Allegra aus der Ehe mit Maurizio haben sie jede Woche im Gefängnis besucht. Doch wie gehen sie damit um, dass ihre Mutter für den Mord an ihrem Vater verurteilt worden ist? Ist ein unbeschwerter Umgang überhaupt denkbar? Sie überlegt lange, dann sagt sie: »Sie haben mich nie gefragt, ob ich es gewesen bin. Und mir gegenüber haben sie nie Anschuldigungen gemacht. Ich habe Alessandra und Allegra allerdings gesagt, dass ich nichts mit dem Mord an ihrem Vater zu tun gehabt habe.« Während sie mit ihrer linken Hand Bo von der Schulter nimmt und in der Luft balanciert, fährt sie fort: »Für meine Töchter war es natürlich schwer, in all den Jahren den Kopf hochzuhalten. Aber sie haben mich immer unterstützt und standen mir bei.«

Alessandra und Allegra leben in St. Moritz und Brüssel. Bald wird Patrizia Reggiani zum ersten Mal Oma. Doch besuchen wird sie ihr Enkelkind nicht können – sie darf Mailand und die Lombardei vorerst nicht verlassen, eine Auflage des Gerichts. Doch der Kontakt zu ihren Töchtern ist schwierig. Nicht wegen des Mordes, vielmehr wegen ihres Wunsches, wieder Mitglied der Society zu werden. »Meine Töchter hätten es lieber, wenn ich dieses Interview nicht geben würde. Sie wollen ihre Ruhe. Aber um in die Society zurückkehren zu können, muss ich in die Presse. Es ist ein Spagat«, sagt sie.

Patrizia Reggiani weiß, wie man Aufmerksamkeit erheischt. Daran haben auch 16 Jahre im Gefängnis nichts ändern können. Natürlich dreht sich jeder nach ihr um, wenn sie mit großer Sonnenbrille und Bo auf der Schulter über den eleganten Corso Vittorio Emanuele II in der Mailänder Innenstadt flaniert. Wenn die Federn des weiß-gelb-grün-blauen Papageis in der Sonne glänzen und Bo »Ciao« krächzt. Jeder bleibt stehen, guckt, tuschelt. Und sie genießt die Blicke. »Mir gefällt es, Kleinbürger aufzumischen; sie sollen vor Neid erblassen«, sagt sie. Im Gefängnis kümmerte sie sich um ihre zwei Frettchen, die sie halten durfte. Da war nicht mehr möglich. Doch nun mit Bo schafft sie es ruckzuck, wieder Stadtgespräch zu sein. »Von Männern habe ich immer noch genug. Bo ist mein Gefährte«, erklärt sie.

Doch stubenrein ist ihr Liebling nicht. Während unseres Gesprächs erleichtert sich Bo an Signora Guccis Bein; das Papageienpipi läuft geradewegs in ihren Designerschuh. Sie flucht kurz auf Italienisch, lächelt das Missgeschick weg, lässt sich Papiertaschentücher bringen und zieht ihren linken Schuh aus. Mein Erkenntnisgewinn ist banal: Ihre Schuhe sind nicht von Gucci, sondern von Mortarotti. Auch teuer …

Kontakt zur Gucci-Dynastie hat sie keinen. »Niemand will mit mir zu tun haben, dabei bin ich doch mehr eine Gucci als alle anderen«, sagt sie. Ihr Vermögen ist eingefroren und wird ihr erst zurückgegeben, wenn ihre Bewährungsfrist in drei Jahren endet. Wie viel sie noch besitzt, weiß sie nicht. Ihre Töchter, die der Tod ihres ermordeten Vaters zu Multimillionärinnen gemacht hat, unterstützen sie.

Patrizia Reggiani geht nun einer geregelten Arbeit nach, zum ersten Mal seit Jahrzehnten. Das war die Bedingung dafür, vorzeitig entlassen zu werden. Sie kommt beim Modelabel »Bozart« unter, sitzt von Montag bis Freitag von 13 bis 19 Uhr im Keller des kleinen Hauses in der Via Carlo Goldoni am Schreibtisch und designt Handtaschen für das kleine, aber exklusive Label. Nach der Scheidung von Maurizio bekam sie über eine Million US-Dollar Unterhalt pro Jahr. Das war ihr zu wenig, und sie klagte, sie komme vorn und hinten nicht aus mit dem Geld. Nun verdient sie 900 Euro im Monat. Sie sagt: »Das sind rund 1,7 Millionen Lire.« Und fügt hinzu: »Ich rechne alles in Lira um. Als ich ins Gefängnis kam, gab es noch keinen Euro.«

Zum Abschied macht der Fotograf ein paar Fotos von uns, mit dem Papagei auf ihrer Schulter in der Mitte. Bo versucht ständig, mir in die Hand zu picken. Vielleicht das kleinere Übel – mir aufs Sakko zu pinkeln fände ich schlimmer. Patrizia Reggiani bekommt davon nichts mit. Sie ist viel zu sehr damit beschäftigt, sich für den Fotografen in Pose zu werfen.

Ein Jahr nach meinem Besuch bei ihr wird deutlich, dass es zwischen Mutter und Töchtern mit dem Teufel zugeht – und das liegt nun nicht an der (vermeintlichen) Lappalie, dass die Mama wieder ins Scheinwerferlicht drängt.

In einem Interview mit dem britischen *Guardian* jammert sie, dass ihre Töchter den Kontakt zu ihr abgebrochen hätten. »Wir gehen durch schlimme Zeiten. Sie verstehen mich nicht und haben ihre finanzielle Hilfe eingestellt. Ich habe nichts mehr. Ich habe noch nicht einmal meine beiden Enkelsöhne gesehen.«

Patrizia Reggiani klagt gegen die Einstellung der Zahlungen und gewinnt vor Italiens höchstem Gericht. Der Richter urteilt, dass ihr die jährliche Millionenzahlung, die Bestandteil der Scheidungsvereinbarung mit ihrem Ex-Mann Maurizio war, bis zum Ende ihres Lebens zusteht. Rückwirkend bekommt sie somit über 26 Millionen US-Dollar. Moralisch verwerflich? Nun ja, das Gericht verkündet, dass das Verbrechen nichts mit der Scheidungsvereinbarung zwischen dem Ex-Paar zu tun habe. Es schreibt in der Urteilsbegründung: »Es ist irrelevant. Jede andere Meinung gehört eher der moralischen als der streng gerichtlichen Sphäre an.«

Als 2021 der Film »House of Gucci« in die Kinos kommt, ist sie verärgert, dass Lady Gaga sie nicht zum Gespräch trifft. Die Filmproduzenten begründen die Absage mit den Worten,

»dass sie das schreckliche Verbrechen nicht gutheißen oder unterstützen wollten«. Dennoch findet Patrizia Reggiani, dass Lady Gaga einen guten Job gemacht hat – sie habe damals wirklich wie die Hollywoodschauspielerin im Film ausgesehen. Der Blockbuster ruft noch mal alles in Erinnerung: Wie sich der Clan um die Macht zerfleischt, mit all den Dramen und Intrigen, mit Liebe und Betrug. Es gibt Stimmen, die behaupten, dass die Wahrheit über Eifersucht und Größenwahn noch viel schlimmer war als im Film dargestellt. Doch die Gucci-Familie sieht sich auch so zu einer Klarstellung genötigt. In einem offenen Brief schreibt sie:

> Obwohl der Film behauptet, die »wahre Geschichte« der Familie zu erzählen, ist die Erzählung alles andere als zutreffend, da Aldo Gucci – 30 Jahre lang Präsident des Unternehmens – und andere Familienmitglieder, die Protagonisten gut dokumentierter Ereignisse gewesen sind, als Hooligans, ignorant und unsensibel gegenüber der Welt um sie herum dargestellt werden. Dies ist aus menschlicher Sicht äußerst schmerzhaft und eine Beleidigung für das Erbe, auf dem die Marke heute aufgebaut ist.

Über die Inszenierung Patrizia Reggianis zeigt sich die Familie Gucci empört:

> Sie wird nicht nur im Film, sondern auch in Aussagen von Darstellern als Opfer dargestellt, das versucht, in einer männlich-chauvinistischen Unternehmenskultur zu überleben. Das ist eine Beleidigung für die Gucci-Familie.

Und was denkt die Firma Gucci, die seit 2004 komplett dem französischen Luxusgüterkonzern Kering gehört? Sind all die Gucci-News gut fürs Geschäft? Das Unternehmen gibt dazu keine Auskunft.

Doch Patrizia Reggianis jüngere Tochter Allegra bricht ihr Schweigen. Und sie bricht mit ihrer Mutter. Im vergangenen Jahr hat sie ein Buch mit dem Titel »Fin dei giochi« (übersetzt: »Ende der Spiele«) veröffentlicht. Darin beschreibt sie die Auswirkungen des Todes ihres Vaters und der Verurteilung ihrer Mutter. Sie schreibt: »Meine Schwester und ich haben all die Jahre gekämpft, weil wir immer an die Unschuld unserer Mutter geglaubt haben. Aber wir haben aus dem TV und später aus ihren halbherzigen Sätzen erfahren, dass dies nicht der Fall war.«

Allegra gibt der italienischen *Vanity Fair* ein Interview und zeigt sich auf dem Cover nachdenklich. Sie sagt: »Nach so vielen Jahren glaube ich, dass sie mit ihrem Verhalten, das stark wirkte, immer eine Gebrechlichkeit versteckt hat. Ich kann nicht akzeptieren, dass sie wirklich so ist.«

Patrizia Reggiani, die immer noch so gern Patrizia Gucci wäre, hat viel verloren. Nur das Geld ist ihr geblieben. Für sie ist das vielleicht mehr als nur Trost ...

Hans und Sophie Scholl – Legenden des Widerstands
gegen die Nazidiktatur

Der NS-Terror gegen die »Weisse Rose«

Sophie und Hans Scholl sind während des Nationalsozialismus Mitglieder der studentischen Widerstandsgruppe »Weiße Rose« gewesen. Sie entstand 1942 in München. Die Gruppe verfasste, druckte und verteilte sechs Flugblätter gegen die NS-Diktatur. Die Geschwister wurden bei der Verteilung ihres letzten Flugblatts Anfang 1943 in München verhaftet, zum Tode verurteilt und hingerichtet.

Elisabeth Hartnagel ist die Schwester von Hans und Sophie Scholl. Sie kommt nach der Verhaftung ihrer Geschwister mit ihrer Familie in »Schutzhaft«. Nach dem Krieg heiratet sie Fritz Hartnagel, den Verlobten Sophies. Ich treffe die NS-Überlebende 2010 kurz vor ihrem 90. Geburtstag zu Hause in Stuttgart. Mit Jörg und Martin Hartnagel, den Neffen von Hans und Sophie, spreche ich 2022.

* * *

Der Zaun verläuft mehrere Hundert Meter entlang der Orleansstraße in München. Mehr als 70 Jahre hat er den Krieg, die Nachkriegszeit und den Beginn des 21. Jahrhunderts überdauert. Über all die Jahre hat ihn fast niemand beachtet, er war ja auch nicht besonders ansehnlich, vielmehr unscheinbar; und einfach mal drüberspringen auf die andere Seite zum brachliegenden Gelände des Ostbahnhofs ist nicht so einfach, denn die Zacken des Metallzauns sind spitz. Das rostige Überbleibsel zwischen Straßenbahn, Fahrradweg und Güterzügen fällt kaum auf.

Es dauerte mehrere Jahrzehnte, bis aus diesem rostigen Zaun der »Weiße-Rose-Zaun« wurde. Der Zaun, an dem sie lächelte.

Denn der Zaun hat Geschichte geschrieben. Manche, die sich für seinen Erhalt eingesetzt haben, drücken es pathetischer aus: Er atmet Geschichte.

Das vielleicht bekannteste Foto der Widerstandsgruppe »Weiße Rose« entstand am 23. Juli 1942 auf Höhe der Orleansstraße Nummer 64. Sophie Scholl, die ihre Tasche an den Zaun gehängt hat, balanciert auf der Steinsprosse, hält beide Arme in die Luft und guckt lachend in Richtung des Fotografen. Davor, auf der anderen Seite neben der Verladestation des Ostbahnhofs, stehen ihr Bruder Hans sowie Alexander Schmorell, Willi Graf und Hubert Furtwängler in Uniform. Es ist ein Foto des Abschiednehmens, denn die Männer sind auf dem Weg zu ihrem dreimonatigen Sanitätsdienst an der Ostfront. Doch die Stimmung ist ausgelassen, auch die Männer lachen, Hans Scholl hält die Arme dabei verschränkt.

Zu diesem Zeitpunkt hat die studentische Widerstandsgruppe »Weiße Rose« bereits vier Flugblätter veröffentlicht. Hans Scholl und Alexander Schmorell erfuhren 1942 während ihres Einsatzes an der Front von Massenmorden in Polen. Im Juni handeln sie, schicken die ersten vier Pamphlete anonym mit der Post an Intellektuelle in Süddeutschland; die Adressen entnehmen sie dem Telefonbuch. Im ersten Flugblatt heißt es: »Nichts ist eines Kulturvolkes unwürdiger, als sich ohne Widerstand von einer verantwortungslosen und dunklen Trieben ergebenen Herrscherclique regieren zu lassen.« Im zweiten Flugblatt nehmen sie Bezug auf die Ermordung von 300 000 polnischen Juden: »Hier sehen wir das fürchterlichste Verbrechen an der Würde des Menschen, ein Verbrechen, dem sich kein Ähnliches in der ganzen Menschheitsgeschichte an die Seite stellen kann.«

Nach ihrer Rückkehr aus Russland veröffentlichen sie Ende Januar 1943 ihr fünftes Flugblatt »Aufruf an alle Deutsche« mit einer Auflage von mindestens 6 000 Exemplaren, das sie in Süddeutschland und in Österreich verteilen lassen. Nach dem Ende der Schlacht von Stalingrad und der Kapitulation der 6. Armee schreiben sie ein sechstes – und letztes – Flugblatt »Kommilitoninnen! Kommilitonen!«, das Ende 1943 als »Ein deutsches Flugblatt – Manifest der Münchner Studenten« von britischen Flugzeugen hunderttausendfach über Deutschland abgeworfen wurde. Darin heißt es: »Erschüttert steht unser Volk vor dem Untergang der Männer von Stalingrad. Dreihundertdreißigtausend deutsche Männer hat die geniale Strategie des Weltkriegsgefreiten sinn- und verantwortungslos in Tod und Verderben gehetzt. Führer, wir danken dir!« Weiter heißt es: »Der Tag der Abrechnung ist gekommen, der Abrechnung unserer deutschen Jugend mit der verabscheuungswürdigsten Tyrannis, die unser Volk je erduldet hat. Im Namen der ganzen deutschen Jugend fordern wir von dem Staat Adolf Hitlers die persönliche Freiheit, das kostbarste Gut der Deutschen zurück, um das er uns in der erbärmlichsten Weise betrogen hat.«

Zudem schreiben Schmorell, Scholl und ihr Freund Willi Graf im Februar 1943 Parolen wie »Nieder mit Hitler« und »Freiheit« an zahlreiche Gebäude in München, darunter auch an die Wand ihrer Universität.

Als Hans und Sophie Scholl ihr sechstes Flugblatt am 18. Februar 1943 vor den Gängen der Hörsäle auslegen und Sophie den Rest der Blätter aus dem zweiten Stock über die Brüstung in den Lichthof der Uni wirft, werden sie von einem Hörsaaldiener entdeckt, von der Gestapo verhaftet und von Roland Freisler, dem aus Berlin angereisten Richter des Volksgerichtshofes, wegen »Wehrkraftzersetzung«, »Feindbegünstigung« und »Vorbereitung zum Hochverrat« zum Tod verurteilt. Vier Tage nach ihrer Verhaftung werden Hans und Sophie Scholl sowie ihr Kommilitone Christoph Probst in München-Stadelheim mit dem Fallbeil hingerichtet. Ihre Freunde Willi Graf und Alexander Schmorell sowie ihr Professor Kurt Huber werden nach einem zweiten Prozess im Juli 1943 ermordet.

* * *

Drei Fragen an den Historiker und Bestsellerautor Professor Guido Knopp:

Wie bewerten Sie den Mut der Geschwister Scholl?

Beide waren extrem mutig, sie fühlten sich als Stimme einer stillen Mehrheit. Leider war es nur eine stille Minderheit.

Wie wichtig war der damalige Protest der »Weißen Rose«? Wie wurde er im Dritten Reich wahrgenommen?

Der Protest wurde außerhalb von München leider wenig wahrgenommen. Die Flugblätter der Weißen Rose fanden zwar auch in anderen Städten ihre Leser, doch die Resonanz war spärlich. Symptomatisch war die Versammlung der Münchner Studenten vor Ort, in der die Aktion der Weißen Rose verdammt wurde. Dennoch ist es wichtig, dass sie stattfand.

Wie sehen Sie die Weiße Rose im geschichtlichen Kontext?

Gut ist, dass die Welt, wenn auch später erst, von ihrer Aktion erfuhr und sah: Nicht alle Deutschen liefen hinter Hitler her. So bleibt die Tat der Weißen Rose auch ein Grund für stillen Stolz. Wir atmen etwas freier, weil es sie gegeben hat.

* * *

Elisabeth Hartnagel kommt 1920 als drittes der sechs Scholl-Kinder zur Welt. Bruder Hans ist zwei Jahre älter, Schwester Sophie ein Jahr jünger. Vater Robert, Steuerberater und früher Bürgermeister von Forchtenberg, ist ein erklärter Hitler-Gegner.

Nach den Morden an Sophie und Hans dürfen die Eltern und die Geschwister Inge, Elisabeth und Werner an der Beisetzung teilnehmen. Drei Tage später kommt Elisabeth Hartnagel mit ihrer Familie in »Schutzhaft« und wird nach zwei Monaten krankheitshalber entlassen. Nach dem Krieg heiratet sie Fritz Hartnagel, den ehemaligen Verlobten Sophies. Der studiert Jura, wird Vorsitzender Richter am Landgericht Stuttgart und engagiert sich gegen Aufrüstung und Atomwaffen. Das Paar hat vier Söhne.

Elisabeth Hartnagel wohnt bis zu ihrem Tod in Stuttgart. Ich besuche sie 2010 kurz vor ihrem 90. Geburtstag in ihrer Wohnung. Die Rentnerin hat ein Foto von Sophie aufbewahrt, das ebenso zur Ikone geworden ist wie das Bild am Zaun des Münchner Ostbahnhofs. Ihre Schwester hatte ein Passfoto anfertigen lassen und es ihrem damaligen Verlobten geschickt. Nun liegt das Porträtbild 68 Jahre später in einer Klarsichtfolie in einem Aktenordner auf dem Wohnzimmertisch von Elisabeth Hartnagel. Sie steht auf, nimmt es aus der Folie heraus und gibt es mir. Es ist das Original. »Drehen Sie es mal um«, fordert sie mich auf. Auf der Rückseite hat Sophie mit Bleistift geschrieben: »Damit Du ein neues Bild von mir hast, sende ich Dir dies an für sich scheußliche Paßfoto. So sah ich vor einer Woche aus. Sobald ich ein schöneres hab', kriegst Du's.«

Elisabeth Hartnagel bleibt jahrzehntelang still im Hintergrund. Seine Mutter habe nicht das Rampenlicht gesucht, sagt ihr zweitältester Sohn Jörg. Sie seien nicht im Widerstand gewesen, also sollten sie sich auch nicht wichtigmachen, habe sie zu sagen gepflegt. Elisabeth Hartnagel überlässt das Erinnern an die Weiße Rose ihrer ältesten Schwester Inge Aicher-Scholl, die in den 50er-Jahren einen Bestseller über die Gruppe schreibt und als Rednerin auf Ostermärschen der Friedensbewegung auftritt. Erst nach dem Tod ihres Mannes Fritz Hartnagel im Jahr 2001 fühlt sie sich verpflichtet, über ihre Geschwister und die Weiße Rose zu sprechen. Es wird ihr Lebensinhalt.

Die rüstige Rentnerin nimmt Platz auf dem schwarzen Ledersofa, ein Kissen in ihrem Rücken. Elisabeth Hartnagel trägt eine helle Bluse und dunkle Hose. Hinter ihr hängt ein großes buntes Blumenbild an der Wand.

Wir stehen vor dem Jahrestag der Ermordung Ihrer Geschwister Sophie und Hans.

Der Februar ist noch immer bedrückend für mich, und ich weiß die Wochentage ganz genau: Am Donnerstag wurden sie verhaftet, am Montag hingerichtet, am Mittwoch beerdigt und am Samstag die restlichen Familienmitglieder verhaftet.

Welche Erinnerung haben Sie an Ihre Geschwister?

Mein letzter Besuch bei Sophie und Hans war Ende Januar 1943. Eines Morgens kamen Sophie und ich an der Uni vorbei und sahen, wie Fremdarbeiter mit Seife versuchten, den Schriftzug »Freiheit« an der Mauer zu entfernen. Sophie

sagte: »Da können sie lange schrubben, das ist Teerfarbe.«
Nie im Leben wäre ich darauf gekommen, dass das Hans
mit seinen Kommilitonen Alexander Schmorell und Willi
Graf am Abend zuvor geschrieben hatte. Später tranken wir
gemeinsam eine Flasche Wein, ich war völlig ahnungslos.

Wie lange sind Sie geblieben?

Bis zum 5. Februar. Dann bin ich mit Sophie zurück nach
Ulm. Sie blieb zehn Tage. Ich glaube, das jetzt habe ich noch
nie erzählt: Eines Tages brachte sie einen Klumpen Ton mit
heim und modellierte meinen Kopf. Leider fiel die Skulptur
herunter. Sophie sagte: »Macht nichts. Beim nächsten Besuch
mache ich eine neue.« Am 15. Februar fuhr sie zurück nach
München. Ich habe sie nie mehr gesehen.

**Ihre Geschwister wurden drei Tage später in München
verhaftet.**

Das wussten wir zunächst nicht. Die Gestapo hat bei uns zu
Hause nach Briefen von Sophie und Hans gesucht. Erst am
nächsten Tag habe ich von der Verhaftung gehört.

Und von der Hinrichtung?

Am 23. Februar bin ich mit dem Bus zum Arbeitsamt nach
Ingolstadt. Vor der Rückfahrt am Abend hatte ich noch
Zeit und bin in ein Café. Dort las ich in einer Zeitung über
die Hinrichtung. Es war schrecklich. Wissen Sie, wir lebten
in diesen Tagen unter einer Glocke des Entsetzens.

**Vor ein paar Jahren haben Sie den Briefwechsel
Ihres Mannes mit seiner damaligen Verlobten Sophie
veröffentlicht. Warum?**

Um der Ikonenbildung entgegenzuwirken. Auch im Film
mit Julia Jentsch wird Sophie als Heldin dargestellt. Das

ist Hans gegenüber ungerecht, ohne ihn hätte es die Weiße Rose nie gegeben.

Womit beschäftigen Sie sich heute?

Ich lese viel, zurzeit den Briefwechsel von Nelly Sachs mit Paul Celan, dann eine neue Dostojewski-Übersetzung. Ich lese immer mehrere Bücher gleichzeitig.

Am 1. Mai vorigen Jahres sind Sie auf der Anti-NPD-Kundgebung in Ulm aufgetreten.

Mir ist extrem wichtig, gegen Neonazis zu kämpfen. Ich hätte früher nicht erwartet, dass das mal nötig sein wird. Ich will deutlich machen, dass das Dritte Reich nicht nur für den Holocaust verantwortlich ist, sondern auch eine Diktatur nach innen war.

Das Thema Ihres Lebens?

Erst seit einigen Jahren, früher hielten mein Mann und ich uns völlig zurück. Aber nach dem Tod meiner Schwester Inge, die das Andenken der Familie bewahrte, ging das nicht mehr. Es ist ja quasi Tradition für mich, aufzutreten. Mein Mann und ich hatten uns schon in den 80er-Jahren für die Friedensbewegung und gegen Atomwaffen engagiert.

Auf Ihrem Bücherregal liegt eine weiße Rose.

Die hat mir ein Bundeswehr-Offizier geschenkt. Ich bekomme oft von Studenten, von Schülern, die mich zu Hause besuchen, weiße Rosen. Das berührt mich sehr.

Elisabeth Hartnagel lebt noch ein paar Jahre allein in ihrem Haus, im ersten Stock das Wohnzimmer, das Schlafzimmer im zweiten. Lesen kann sie bald nicht mehr, aber sie versorgt sich allein bis zwei Jahre vor ihrem Tod. Dann bricht sie sich den Oberschenkelhals und wird in ein Pflegeheim eingeliefert, in dem sie 2020, einen Tag nach ihrem 100. Geburtstag, stirbt. »Ich habe sie in den letzten zwei Jahren jeden Donnerstag im Heim besucht«, erzählt ihr Sohn Jörg. »Meine Mutter war am Schluss in ihrer Vergangenheit gefangen. Meine Partnerin meinte einmal zu mir, dass man im Gespräch mit meiner Mutter spätestens nach zehn Minuten bei Hans und Sophie ankam.«

Jörg Hartnagel ist 73 Jahre alt und lebt in Gerabronn in Baden-Württemberg. Während meiner ersten Kontaktaufnahme mit ihm schreibt er in einer Mail, dass er selbstverständlich bereit sei, mit mir über seine Familie zu sprechen, allerdings sehe er sich nicht als »Berufsnachfahr«. Bei WhatsApp gucke er nur sporadisch nach, ob er Nachrichten erhalten habe. Besser sei ein Telefonat übers Festnetz, gern auch spät gegen Mitternacht, nur frühmorgens, das passe weniger.

Der Neffe von Sophie und Hans wächst behütet mit drei Brüdern auf, als Bürde empfindet er die Familiengeschichte nicht, Vor- oder gar Nachteile habe es mit seinem Namen nicht gegeben. Es sei eine Selbstverständlichkeit im Hause Hartnagel gewesen, nachzufragen. Die Antworten seiner Eltern seien zwar nicht immer befriedigend gewesen, sie hätten aber niemals abgeblockt. »Kritisches wurde allerdings ausgeblendet; es galt die Haltung, dass kein Schatten auf die Geschwister fallen soll«, sagt Jörg Hartnagel.

Die Ehe der Eltern sei alles in allem normal gewesen, mit Spannungen hin und wieder. Sein Vater habe sich verpflichtet gefühlt, in die Politik zu gehen, seine Mutter sei dagegen gewesen. War es ein Problem für sie, dass ihr Mann zuvor mit ihrer Schwester verlobt war? »Meine Partnerin hat sie mal danach gefragt, aber sie hat Nein gesagt.« Er glaube, dass es im Hintergrund gegärt habe und die vorherige Beziehung für seine Mutter ein größeres Problem als für seinen Vater gewesen sei. Nur wenige Monate nach dem Mord an seiner Verlobten hatte sich Fritz Hartnagel in Elisabeth verliebt. »Mein Vater konnte sich ein Leben ohne eine Scholl nicht mehr vorstellen«, meint Jörg Hartnagel. Er sei schon zuvor mit Sophie im Hause Scholl ein und aus gegangen und habe dort mehr Zeit verbracht als in seinem eigenen Elternhaus. Im Oktober 1945 heiratete das Paar. »Meine Mutter hatte zuvor bei den Hartnagels als Haushaltsgehilfin angefangen. Die ›Volksverräterin‹ in diesem konservativen Elternhaus war kein Problem«, erzählt Jörg Hartnagel. »Mein Großvater war sehr streng und sah aus wie Kaiser Wilhelm II.«

Jörg Hartnagel ist ein angenehmer Gesprächspartner, offen, freundlich, mit subtilem Humor. Er spricht ruhig, wägt seine Worte ab, fragt nach.

Der pensionierte Gymnasiallehrer steht nicht gern im Mittelpunkt, das hat er mit seiner Mutter gemeinsam. An seiner Schule habe kaum jemand über seine berühmte Verwandtschaft gewusst, lediglich ein Geschichtslehrer habe es herausgefunden und ihn einmal angesprochen. »Da konnte ich nicht Nein sagen.«

Manchmal tritt Jörg Hartnagel dennoch öffentlich in Erscheinung – aber eher widerwillig und weil er meint, er müsse als Verwandter der Scholls Stellung beziehen: Als sich 2021 Corona-Leugner auf die Widerstandskämpferin Sophie Scholl berufen, wehrt er sich in Interviews. Als sein Cousin Julian Aicher, der Sohn von Inge Aicher-Scholl, auf Veranstaltungen von »Querdenkern« auftritt, kritisieren Jörg Hartnagel, zwei seiner Brüder und auch ein Bruder von Julian Aicher »die Instrumentalisierung der Weißen Rose und ihres Ansehens«.

Schlimm seien im selben Jahr auch die Feierlichkeiten zum 100. Geburtstag von Sophie Scholl gewesen. »Sophie wird ja als Popstar der Geschichte wie Che Guevara oder Jimi Hendrix verehrt, aber ihr Erbe wird dadurch geschmälert«, sagt Jörg Hartnagel. »Die Inhalte treten in den Hintergrund, und man fragt nicht mehr, was hinter dem Widerstand steckte.« Auch für ihn persönlich sei es im Laufe der Zeit schwieriger geworden, denn es habe die diffuse Haltung gegeben, dass er als Verwandter von Halbheiligen ja quasi ein Viertelheiliger sein müsse. Er habe noch nie etwas mit der Legendenbildung um seine Verwandten anfangen können, sagt er. »Sie waren ja keine Heiligen.«

Hat das Passfoto, das bei seiner Mutter in der Klarsichtfolie auf dem Wohnzimmertisch lag, zu diesem Image als Säulenheilige beigetragen? »Vielleicht wurde dieses Foto derart berühmt, weil es eines der letzten Bilder von Sophie ist«, mutmaßt Jörg Hartnagel. »Aber fragen Sie lieber mal meinen Bruder Martin, der hat nach dem Tod unserer Mutter das Haus ausgeräumt und ist im Besitz des Fotos.«

Ich schicke eine E-Mail an Martin Hartnagel, den jüngeren Bruder von Jörg. Der antwortet prompt, ist hilfsbereit und schickt einen Scan von der Rückseite des Passfotos. Das Bild ist datiert auf März 1941, also noch lange bevor die berühmten Bilder am Ostbahnhof in München entstanden sind. »Der Stempelaufdruck von Foto Kammerer ist noch schwach zu erkennen«, schreibt Martin Hartnagel. Er erklärt: »Der Vater von Anneliese Kammerer, einer Freundin von Sophie, hatte in Ulm ein Fotogeschäft. Da Sophie schreibt, dass sie vor einer Woche so aussah, muss sie das Foto im März/April 1941 an unseren Vater geschickt haben. Dieser war bis Mitte März 1941 in Frankreich nahe Calais stationiert, danach vorübergehend in Münster, um dann ab Mitte April 1941 während des Balkanfeldzuges in Jugoslawien eingesetzt zu werden. Sophie hatte im März 1941 ihre Ausbildung als Kindergärtnerin am Fröbelseminar beendet und musste ab dem 6. April 1941 einen halbjährigen Arbeitsdienst in Krauchenwies antreten. Der letzte erfolgreich empfangene Brief von Sophie Scholl, welcher von unserem Vater in der Heimat gelagert wurde und deshalb erhalten geblieben ist, stammt vom 23. März 1941, danach sind alle Briefe von 1941/42 verloren gegangen, mit Ausnahme der nicht zugestellten und wieder zurückgeschickten Briefe von Sophie. Aufgrund der Datierung des Fotos auf März 1941 ist es eher unwahrscheinlich, dass das Foto Richtung Ostfront geschickt wurde.«

Welche Erklärung hat Martin Hartnagel, dass gerade dieses Foto derart berühmt wurde?

Er schreibt, dass das vielleicht auch mit der öffentlichen Interpretation ihrer Person als Heldin und Märtyrerin zusammenhängt, die ihr Leben geopfert hat. »Sie wirkt auf dem Foto ja schon ein bisschen madonnenhaft.« Sowohl sein Vater als auch seine Mutter hätten sich immer vehement gegen ein Bild gewehrt, welches Sophie zur Ikone stilisiert und über andere Menschen hebt. »Das Bild, welches die beiden von Sophie in ihren Köpfen hatten, war wohl eher das einer lebensfrohen, naturverliebten und künstlerisch begabten Person, letztendlich einer ›normalen‹, klugen jungen Frau«, schreibt Martin Hartnagel.

Heute gibt es etliche Geschwister-Scholl-Plätze und -Straßen in der Bundesrepublik. Fast 200 Schulen führen ihren Namen. Die beiden Plätze vor der Ludwig-Maximilians-Universität in München sind nach ihnen und ihrem Professor Kurt Huber benannt. Vor dem Eingang sind steinerne Flugblätter der »Weißen Rose« als Denkmal in den Boden eingelassen. Im Lichthof der Uni steht seit 2005 eine Bronzebüste von Sophie Scholl, eine weitere befindet sich im Ruhmestempel Walhalla bei Regensburg. Ein Sitzungssaal im Münchner Justizpalast, in dem der Schauprozess gegen die Studenten im zweiten Verfahren mit Todesurteilen endete, ist heute Gedenkstätte (dort hängt übrigens auch das besagte Passfoto im XXL-Format). Es gibt einen Geschwister-Scholl-Preis, der vom Börsenverein des Deutschen Buchhandels vergeben wird, und die Weiße-Rose-Stiftung. Es gibt Fußgängerzonen, die nach der Weißen Rose benannt worden sind, eine Bundeswehrkaserne, die den Namen der Geschwister trägt, und an der Ringautobahn in Paris eine Grünanlage mit dem Namen »Jardin Hans et Sophie Scholl«. Und es findet sich eine Gedenktafel an der Franz-Josef-Straße 13 in München, wo die Geschwister die letzten Monate vor ihrem Tod gemeinsam in einer Zweizimmerwohnung lebten.

Und was passiert mit dem rostigen Zaun am Ostbahnhof in München?

Ein Investor, die Immobilienfirma GVG, will die vier Hektar große ungenutzte Fläche bebauen – der Zaun steht dabei im Weg. Doch gemeinsam haben die Stadt München und die GVG einen Weg gefunden, Teile des Zauns zu erhalten. Das entscheidende Stück, das auf dem berühmten Foto zu sehen ist, soll um ein paar Meter versetzt und in den Neubau integriert werden. Der Rest wird in 100 Stücke zerlegt und an Schulen im gesamten Bundesgebiet verteilt. Auch der Bayerische Landtag hat schon wegen eines Stücks Zaun angefragt.

Vom rostigen Zaun zum würdigen Denkmal?

Jörg Hartnagel fremdelt mit Erinnerungsstätten im 21. Jahrhundert; generell, aber eben auch mit solchen, die an Tante und Onkel erinnern. »Denkmäler sind keine geeignete Form mehr«, sagt er. Er kritisiert, dass man sich nicht ernsthaft mit dem Thema beschäftige, vielmehr werde Theater damit gespielt. Ein gutes Beispiel sei das Hans-Scholl-Denkmal in Crailsheim, dem Geburtsort seines Onkels; damit werde eher Stadtmarketing betrieben.

2014 wird bekannt, dass eine im Depot des Bayerischen Nationalmuseums lagernde Guillotine diejenige ist, mit der Hans und Sophie Scholl hingerichtet worden sind. Es folgt eine heftige Debatte, ob das makabre NS-Relikt öffentlich ausgestellt werden soll. Der damalige Kultusminister entscheidet: Nein, das Fallbeil bleibt im Depot.

Der Minister sagt, man wolle keine Eventtouristen und Voyeure anlocken.

Grausames Verbrechen: Kurz nach dem Mord an
Christina Nytsch trauert 1998 ihre Heimatgemeinde
Strücklingen am Ort ihres Verschwindens

DIE KINDERMORDE
IN DEUTSCHLAND

Der Fall des »Maskenmanns«, der Fall Ronny Rieken und der Fall Peggy stehen für die bekanntesten Kindermorde in der Bundesrepublik in den 1990er- und 2000er-Jahren. Der Maskenmann, auch »Schwarzer Mann« genannt, dringt jahrelang in Schullandheime und Zeltlager ein und missbraucht Dutzende Kinder. Drei von ihnen ermordet er, darunter 1992 Stefan Jahr. Ronnie Rieken entführt und ermordet 1996 die 13-jährige Ulrike Everts und 1998 die elfjährige Christina Nytsch. Rieken wird kurz darauf mit dem damals weltweit größten DNA-Massentest überführt. Peggy Knobloch verschwindet 2001, ihre Leiche wird erst 2016 gefunden. Der Täter wird nie gefasst, die Ermittlungen werden 2020 eingestellt. Das Verbrechen gilt als ungelöst.

Mit Ulrich Jahr, dem Vater von Stefan Jahr, spreche ich kurz nach der Festnahme des Täters im Jahr 2011. Manfred und Sylvia Nytsch, die Eltern von Christina, treffe ich in Berlin zum zehnten Jahrestag des Mordes an ihrer Tochter. Ich interviewe sie erneut 2022, als eine mögliche Freilassung Ronny Riekens im Raum steht. Susanne Knobloch, die Mutter von

Peggy, besuche ich wenige Wochen nach dem Verschwinden ihrer Tochter.

* * *

Wenn man von Lorup kommend die Landesstraße 63 gen Norden fährt, führt kurz vor der Abzweigung nach Hilkenbrook ein mit Schotter befestigter Feldweg nach links in den Wald. Wiesen und landwirtschaftliche Nutzflächen wechseln sich in dieser dünn besiedelten Gegend im Emsland im Nordwesten von Niedersachsen ab. Nach wenigen Metern zweigt rechts ein Feldweg ab, der den Wald von einem Maisfeld trennt und dessen Konturen im hohen Gras verschwinden. Ein Trampelpfad führt zu einer kleinen Lichtung mit einer privat errichteten Gedenkstätte. Neben zwei hohen Kiefern steht ein schlichtes Holzkreuz mit dem gezeichneten Porträt eines Mädchens, auf dem »Nelly« steht, links daneben eine verwitterte Holztafel mit den eingeritzten Sätzen: »Hier musstest du auf grausame Weise erfahren, wozu eine Bestie fähig ist. Grausam gequält, grausam vergewaltigt, grausam getötet. Du bist für immer unvergessen und ewig in unseren Herzen.«

An dieser Stelle wurde am 16. März 1998 die damals elfjährige Christina Nytsch ermordet aufgefunden. Und nun, fast ein Vierteljahrhundert später, stehen frische Tulpen, rote Geranien und violette Astern vor dem Holzkreuz, dazu Comic- und Engelsfiguren mit der Aufschrift »In stillem Gedenken«. Ralf Buse ist Landwirt und Besitzer des angrenzenden Maisfelds. »Die Gedenkstätte ist immer tipptopp gepflegt«, sagt er. Er habe sich schon oft gefragt, wer diesen nicht ganz so leicht zu findenden Ort besucht; meist kämen Autos mit auswärtigen Kennzeichen, WST für Westerstede, CLP für Cloppenburg. Manchmal lässt Ralf Buse seinen Traktor stehen, geht zu dem Holzkreuz und hält inne.

Der Fall Christina Nytsch wühlt 1998 die Bundesrepublik auf. Um den Täter zu fassen, fordert die Polizei 16 400 junge Männer zum Speicheltest auf. Im damals weltweit größten DNA-Test wird Ronny Rieken, 30, als Mörder überführt. Er gilt als einer der kaltblütigsten Täter der deutschen Justizgeschichte, gesteht 14 Vergewaltigungen und einen weiteren Mord: an Ulrike Evers aus Jeddeloh bei Oldenburg zwei Jahre zuvor.

Der ehemalige Binnenschiffer und dreifache Familienvater Rieken entführte das 13-jährige Mädchen 1996, als es allein mit seiner Ponykutsche in der Nähe des Küstenkanals bei Oldenburg unterwegs war, nur wenige Kilometer von ihrem Elternhaus entfernt. Rieken missbraucht das Mädchen, erdrosselt es und lässt die Leiche in einem Moorgebiet verschwinden. Knapp zwei Jahre später zerrt er Christina in Strücklingen (Landkreis Cloppenburg) von ihrem Fahrrad, als sie gerade auf dem Weg zum Schwimmbad ist. Er zwingt sie in den Kofferraum seines Autos und fährt zu der Waldstelle bei Lorup, wo sie sich ausziehen und hinknien muss. Rieken vergewaltigt das Mädchen mehrfach und erdrosselt es schließlich von hinten mit einem Kabel. Danach sticht der Täter mehrfach auf das tote Kind ein. Ein Jäger aus dem Nachbarort findet die Leiche sechs Tage später. Zuvor hat die Polizei die bis dahin größte Suchaktion ihrer Geschichte gestartet, zudem beteiligten sich Tausende Freiwillige; sie durchkämmten 1 500 Quadratkilometer. Weil die Polizei Spermaspuren an Christinas Leiche gefunden hat, fordert sie zehn Wochen später alle männlichen Einwohner zwischen 18 und 30 aus der Umgebung zum Speicheltest auf. Auch mich kontaktiert die Polizei. Zwar lebe ich damals schon nicht mehr in meinem Heimatort in der Nähe der Fundstelle von Christinas Leiche, bin aber dort noch gemeldet. In der Grundschule von Werlte nimmt ein Polizist einen Abstrich meiner Mundschleimhaut.

Der DNA-Massentest überführt schließlich Ronny Rieken, der ebenfalls eine Probe abgegeben hat, als Mörder.

Aber warum ist Ronny Rieken bloß freiwillig hingegangen? Er musste doch wissen, dass es nur eine Frage der Zeit war, bis er festgenommen werden würde? Der Mörder erklärte sich dazu vor Gericht. »Ich habe keinen anderen Weg gesehen«, sagte Rieken; daher habe er gemeinsam mit Verwandten seine Speichelprobe abgegeben. Dass es nun eng für ihn werden würde, sei ihm klar gewesen. Daher habe er sich in der verbleibenden Zeit in Freiheit »bewusst um meine Familie gekümmert«.

Ende 1998 wird er zu einer lebenslangen Freiheitsstrafe verurteilt; das Landgericht Oldenburg stellt zudem die besondere Schwere der Schuld fest, was eine Entlassung nach 15 Jahren unmöglich macht.

Fast gleichzeitig treibt ein weiterer Serienmörder sein Unwesen und ermordet 1992 den 13-jährigen Stefan Jahr, 1995 den achtjährigen Dennis Rostel und 2001 den neunjährigen Dennis Klein. Der in der Öffentlichkeit als Maskenmann oder auch »Schwarzer Mann« bekannt gewordene Täter dringt jahrelang in Schullandheime und Zeltlager ein und missbraucht mehr als 40 Kinder. Erst 2011 wird Martin Ney als Täter überführt und vom Landgericht Stade zu lebenslanger Haft verurteilt. Auch dieses Gericht stellt die besondere Schwere der Schuld fest.

Dann bestimmt jahrelang der Fall Peggy die Schlagzeilen. Die damals neunjährige Peggy Knobloch verschwindet 2001 aus Lichtenberg in Bayern. Erst 15 Jahre später werden ihre sterblichen Überreste in einem Waldstück in Thüringen gefunden, ein Täter kann nie ermittelt werden.

Die Morde an Stefan Jahr, Dennis Rostel, Ulrike Everts, Christina Nytsch, Peggy Knobloch und Dennis Klein zwischen 1992 und 2001 bewegen die Öffentlichkeit über Jahre.

Und ich frage mich: Wie geht es den Angehörigen der Kinder? Wie können sie mit der zum Teil jahrelangen Ungewissheit leben, wo ihre Kinder sind, was ihnen zugestoßen ist oder wer dafür als Täter infrage kommt? Was durchleiden sie nach dem

Verschwinden ihrer Kinder, nach dem Auffinden der Leichen und während des Prozesses? Wie haben sie es geschafft weiterzuleben? Wie geht es ihnen heute, Jahre später?

Wie erinnern sich Manfred und Sylvia Nytsch an ihre Tochter Christina? Wie denken sie über den Täter, der bald freigelassen werden könnte? Wie hat Ulrich Jahr, der Vater von Stefan, die jahrelange kräftezehrende Ungewissheit erlebt – oder müsste ich an dieser Stelle besser schreiben: überlebt? –, wer der Mörder seines Sohnes sein könnte? Und wie ergeht es Susanne Knobloch in den Wochen nach dem Verschwinden von Peggy?

* * *

Das hellblaue Haus am Marktplatz 8 in Lichtenberg ist im Mai 2001 menschenleer. Die Rollläden im Erdgeschoss sind heruntergelassen, vor den Fenstern im ersten Stock hängen keine Gardinen, die Eingangstür aus Glas hat Risse. Knobloch steht an der Klingel. Keiner öffnet.

Peggy ist Gesprächsthema Nummer eins in dem 1212-Seelen-Nest in Oberfranken. Ein paar Tage zuvor, am frühen Nachmittag des 7. Mai, ist das Mädchen auf dem Nachhauseweg von der Schule verschwunden. Ihre persönlichen Daten kennt hier jeder mittlerweile auswendig: neun Jahre alt, schulterlange, dunkelblonde, glatte Haare, 135 Zentimeter groß, schlanke Figur, bekleidet mit einer schwarzen Windjacke (Aufschrift: TSV Lichtenberg), orangefarbenem Sweatshirt und olivgrüner Hose. Dieter Köhler, der Bürgermeister, sitzt im Rathaus an seinem Schreibtisch, einen Ballwurf von Peggys Kinderzimmer entfernt. »Ich kannte sie vom Sehen. Peggy hat mir immer fröhlich am Marktplatz zugewinkt. Sie wusste wohl, dass ich der Bürgermeister bin«, sagt er. Er sagt auch, dass sich Peggys Mutter Susanne Knobloch »fast überhaupt nicht am Gemeinschaftsleben beteiligt hat. Sie ist zusammen mit der kleinen

Peggy vor zwei Jahren aus Halle zugezogen.« Was immer das heißen mag.

Jürgen Langheinrich sah Peggy und ihre Mutter täglich. Er wohnt gegenüber und ist Inhaber eines Lebensmittelgeschäfts. »Peggy hat bei mir immer ihr Pausenbrot und Süßigkeiten geholt. Bezahlt hat sie meist nicht, das hat ihre Mutter am nächsten Tag erledigt«, erzählt der 33-Jährige.

Das Städtchen wirkt wie gelähmt, wenn man einmal von der Hektik der zahlreichen TV-Teams absieht, die die Gemeinde durchstöbern – und vor denen sich die bestürzten Einwohner offensichtlich verstecken. Kleine, stille Anzeichen von Gemeinschaftsleben weist nur der Vereinskasten in der Ortsmitte auf. Der Gesangverein bittet zur Singstunde und Ende Mai steht das traditionelle Kindergartenfest auf dem Programm. Bürgermeister Köhler will das Fest nicht absagen, es soll wieder »ein Stück Normalität nach Lichtenberg bringen«. Denn irgendwie müsse es ja weitergehen, das Leben.

Die Polizei hat ihre großflächige Suche bereits am vergangenen Donnerstag eingestellt, die Mordkommission ermittelt. Kriminalistische Routine, ein Stück Normalität? Kann Peggys Mutter das akzeptieren und was empfindet sie? Gabriele Karl vom Münchener Verein »Opfer gegen Gewalt« weiß es. Ihre Tochter Stephanie wurde vor sechs Jahren vergewaltigt und ermordet. »Dass etwas Furchtbares passiert ist, spürt man als Mutter sofort. Man steht völlig neben sich. Solch einen Schmerz kann man nicht aushalten. Hauptsache, man findet das Kind – tot oder lebendig. Das Schlimmste ist die Ungewissheit. Das ewige Warten und die Suche machen einen wahnsinnig.«

Peggys Mutter konnte dieser entsetzlichen Belastung nicht mehr standhalten. Kurz nach dem Verschwinden Peggys begab sie sich in psychologische Behandlung. Für sie wird es keine Normalität mehr geben.

Zehn Wochen nach Peggys Verschwinden fahre ich noch einmal nach Oberfranken. Zehn Wochen, in denen es nicht einen einzigen konkreten Hinweis auf den Verbleib der dunkelblonden Drittklässlerin gab – trotz Hundertschaften der Polizei, die tagelang nach ihr gesucht haben, trotz einer 75 Mann starken Sonderkommission. Nun werden 25 000 Plakate in der ganzen Bundesrepublik ausgehängt. Zehn Wochen, die für Peggys Mutter zur Tortur wurden. Ich treffe Susanne Knobloch zum Gespräch. »Diese Ungewissheit macht mich wahnsinnig und bringt mich fast um. Es ist grausam«, sagt die Altenpflegerin, als ich sie zu Hause besuche. »Mein Gemütszustand schwankt zwischen grenzenloser Hoffnung und fürchterlicher Angst.« Sie appelliert – an wen auch immer. Sie will eine Entscheidung: »Wer Peggy hat, soll sich melden. Auch wenn sie nicht mehr leben sollte.«

Susanne Knobloch sieht mitgenommen aus. Strähnen fallen ihr ins hagere Gesicht. Seit Peggys Verschwinden hat sie einige Kilo abgenommen, isst nur noch selten. Journalisten wollte sie bisher ihr Herz nicht ausschütten, jetzt tut sie es. Eine Mutter, die klar denkt, auch wenn sie sich an jeden Strohhalm klammert. »Natürlich hoffe ich, dass meine Schnuckimaus noch lebt. Aber ich bin Realist. Man muss auch davon ausgehen, dass sie tot ist.« Sie streichelt Moritz und Toni, die Lieblingskatzen ihrer Tochter. Und sagt: »Peggy und ich haben ein offenes Verhältnis zueinander. Wir konnten immer über alles reden. Sie ist mir vom Charakter sehr ähnlich. Peggy ist lieb-frech, nicht auf den Mund gefallen und will immer das letzte Wort haben.«

Die Erinnerung bringt die Mutter zum Lächeln.

Die Arbeit als Altenpflegerin in einem Seniorenzentrum in Geroldsgrün hilft ihr, nicht immer nur an Peggy denken zu müssen. Zu Hause fällt ihr die Decke auf den Kopf. »Wenn ich abends im Wohnzimmer sitze, verzweifle ich fast. Ich schaue mir dann oft Bilder von Peggy an und sage: ›Hey, Schnecke, wo bist du? Wie geht es dir?‹ Ich bete zu Gott, dass er auf Peggy achten soll.«

An den Wochenenden stürzt sie sich in Hausarbeit. Wäscht, putzt, bügelt, guckt viel fern. Hauptsache, sie kann einen Moment lang die Ungewissheit vergessen. Aber es gelingt ihr nur selten. Stundenlang geht sie spazieren. Dort, wo Peggy sein könnte. Über Wiesen, die Straßen entlang. Dass sie ihre Tochter finden könnte – nein, das glaubt sie nicht. »Die Polizei hat ja alles abgesucht.«

Aus Lichtenberg, wo sie mit Peggy wohnte, ist sie weggezogen in ein kleines Dorf ein paar Kilometer weit entfernt, abseits der Durchgangsstraße. Sie hielt es einfach nicht mehr aus in ihrer Wohnung am Markt, wo alles an Peggy erinnert. Doch auch in der neuen Wohnung findet sie keinen Frieden. Wenn es an der Haustür schellt oder das Telefon klingelt, schreckt sie zusammen. »Zum einen hofft man auf eine gute Nachricht, zum anderen rechnet man mit dem Schlimmsten.«

Vorwürfe erhebt sie gegen Peggys Vater Mario-Peter S.: »Erst kümmert er sich siebeneinhalb Jahre lang nicht um sie, und dann stellt er sich bei der Suche nach ihr derart in den Vordergrund. Aber er weiß doch von Peggy nichts, kennt sie doch gar nicht.« In Bezug auf einen Verdacht nimmt sie ihn allerdings in Schutz: »Der hat bestimmt nichts mit dem Verschwinden von Peggy zu tun.«

Die Gerüchte, die in Lichtenberg und den Nachbarorten Bad Steben, Langenbach, Blankenstein und Issigau kursieren, kann sie nicht mehr hören: Sie habe Peggy geschlagen und vernachlässigt. »Ach, so ein Quatsch«, wehrt sie sich. »Ich gehe arbeiten als Altenpflegerin, um meinen Kindern etwas bieten zu können. Ich will nicht alles vom Sozialamt bekommen.« Fast noch schlimmer: Ihr Freund Erhan Ü. habe etwas mit dem Verschwinden zu tun, wird geflüstert. Peggys Mutter: »Mein Freund könnte so etwas gar nicht. Für Peggy war er ihr Vater.«

Dass die Polizei ihn – und auch sie – offen gefragt hat, ob sie an Peggys Verschwinden beteiligt waren, »ist doch völlig normal. Ich habe der Polizei sogar meinen Hausschlüssel gegeben.« Kein schlechtes Wort sagt sie über die Sonderkommission: »Die hilft, wo sie nur kann. Zu zwei Beamten habe ich mittlerweile ein Vertrauensverhältnis. Fast täglich telefoniere ich mit ihnen.«

Wirklich trösten können die Beamten Peggys Mutter nicht. Ihr Halt ist vor allem die zweite Tochter Jasmin. Auch wenn der Mutter die Antwort fehlt, wenn die Vierjährige fragt, wo Peggy ist. Susanne Knobloch stammelt dann jedes Mal hilflos: »Ich weiß es nicht.« Verstanden hat Jasmin die ganze Situation nicht. »Sie hat mir mal gesagt: ›Wenn Peggy wiederkommt, kriegt sie erst einmal Haue von mir. Man darf doch nicht einfach so weglaufen.‹«

Vor zwei Wochen »feierte« Susanne Knobloch ihren 29. Geburtstag. Mit Jasmin, ohne Peggy. »Es war der traurigste Tag in meinem Leben.«

* * *

Das Grab ist frisch gepflegt. Kinderfiguren, Rosen, bemalte Ostereier, ein Huhn und eine kleine Lebensbaumhecke in Herzform. Jeden Tag geht Sylvia Nytsch, 44, an das Grab ihrer Tochter Christina, genannt Nelly – und guckt auf das Bild ihrer Tochter am Grabstein. Sylvia und Manfred Nytsch, 60, sind vor fünf Jahren von Strücklingen nach Berlin gezogen. Doch jeden Tag werden sie an ihre fröhliche Tochter erinnert: »Bei uns im Kühlschrank hängt immer noch ein Zettel in ihrer Kinderschrift: ›Nicht so viel essen, Papa, das macht dick. Christina.‹«

Christina war ihr einziges Kind, ein Wunschkind. Seit dem Mord an ihr vor zehn Jahren ist nichts mehr, wie es einmal war. »Ich ging zum Psychiater, war voller Wut und Hass. Wegen so einem Idioten musste ich mir so etwas antun«, sagt Manfred

Nytsch. Seine Frau Sylvia sei immer noch in Behandlung, vor ein paar Jahren hat sie eine Fehlgeburt erlitten.

Manfred Nytsch nennt den Täter nie beim Namen, wenn er über ihn spricht. Er klagt an: »Meine Frau musste sich monatelang um eine Psychotherapie kümmern, während dieser Mörder einfach nur einen Antrag im Gefängnis gestellt hat.« Überhaupt versteht Manfred Nytsch nicht, »warum dieser Verbrecher im Knast Briefe von Behörden mit der Anrede ›Sehr geehrter Herr‹ und ›mit freundlichen Grüßen‹ bekommt, einen neuen Namen annehmen durfte, Besuch seiner Frau und seiner drei Kinder empfängt und in einem Einzelzimmer mit Fernseher, PlayStation und Radio lebt«. Leise fügt er hinzu: »Wir können unsere Tochter nicht mehr empfangen und in die Arme schließen.«

Für Nellys Eltern ist es wichtig, dass das Verbrechen nicht in Vergessenheit gerät. »Wir müssen immer wieder an den Mörder und an die Schwere seiner Taten erinnern, damit er nicht in ein paar Jahren freikommt«, sagt Manfred Nytsch.

Ronny Rieken, der nach der Tat seinen Namen geändert hat, wurde 1998 zu »lebenslänglich« verurteilt und sitzt in der JVA Celle ein. Das Gericht stellte zudem die besondere Schwere der Schuld fest, damit ist eine Entlassung nach 15 Jahren unmöglich. Dass er danach freikommt – für Nellys Eltern ist das eine Horrorvorstellung. Der Mörder habe, so Manfred Nytsch, seine Schuld verdrängt und hoffe, dass er eines Tages in Freiheit wieder für seine Kinder da sein könne. »Der Mörder wird im Knast auf Kosten der Steuerzahler juristisch, psychologisch und physisch gestärkt und will so schnell wie möglich heil aus dem Gefängnis kommen.«

Dann spricht Nellys Vater etwas aus, was er bis vor ein paar Monaten noch nicht sagen konnte: »Der Mörder fuhr über eine Stunde mit meiner Tochter im Kofferraum an mehrere Stellen, zog das elfjährige Kind raus, vergewaltigte es, zwang es mit Schlägen und Tritten wieder in den Kofferraum zurück – und das mehrmals. Schließlich wurde meine Tochter im Wald gefunden: erdrosselt, mit 17 Messerstichen, davon drei ins Herz, ihr Körper voller Hämatome, mit Spermaspuren in Mund, Scheide und After. Ich muss das jetzt einfach mal aussprechen, damit klar ist, was für ein brutaler Mörder er ist«, sagt Manfred Nytsch.

Der studierte Musiker ist Frührentner, seine Frau arbeitet im Büro einer Autowerkstatt. Das klingt nach Alltag, doch davon ist das Ehepaar weit entfernt. In den ersten Jahren nach dem Mord ging mithilfe einer Zeitschaltuhr jeden Abend das Licht in Nellys Zimmer an. »Das war ein Ritual, das wir gebraucht haben«, erzählt Manfred Nytsch. Besonders schlimm sei 2003 der Umzug nach Berlin gewesen. »Wir haben Nelly umbetten lassen«, sagt Sylvia Nytsch, »sonst hätte ich nicht wegziehen können.« Die Eltern standen vor der quälenden Wahl, welche Erinnerungsstücke sie mit nach Berlin nehmen sollten – und welche nicht. »Ich stand mit Nellys Handschuhen vor der Mülltonne und habe gezittert«, berichtet Manfred Nytsch. Mehrere Kisten mit ihren Spielsachen, Teddys, ihrem Tornister und Fotos liegen nun unter dem Bett im Schlafzimmer.

Manchmal fahren die Eltern an den Fundort der Leiche in der Nähe von Lorup im Emsland. Ein schlichtes Holzkreuz erinnert dort an Nelly. »Oft liegen frische Blumen davor«, sagt Manfred Nytsch. Auch zehn Jahre nach ihrem Tod ist Nelly nicht vergessen.

* * *

Während Ronny Rieken, der Mörder von Christina und Ulrike, in Haft ist, wird der Mörder von Stefan Jahr, Dennis Rostel und Dennis Klein erst 2011, zehn Jahre nach seiner letzten Tat, verhaftet.

Martin Ney lacht freundlich in die Kamera. Im Hintergrund hängt eine Kinderzeichnung an der Wand. Der Pädagoge aus Hamburg wirkt entspannt, doch nun steht fest: Der 40-Jährige ist einer der schlimmsten Kindermörder Deutschlands. Er gesteht, die drei Jungen verschleppt und ermordet zu haben. Jahrelang hatte die Soko Dennis nach dem »Schwarzen Mann« gesucht, der mit Sturmhaube und dunkler Motorradkleidung Dutzende Jungen in Landschulheimen und Internaten missbraucht hat. Ein Opfer gab, 16 Jahre nach der Tat, der Polizei den entscheidenden Hinweis. Vergangene Woche wurde Martin Ney in Hamburg festgenommen. Der Täter studierte Lehramt, arbeitete zuletzt in der Erwachsenenbildung und war zuvor offenbar auch Betreuer bei Jugendfreizeiten. Nachbarn beschreiben ihn als freundlich, zurückhaltend und hilfsbereit.

Wie konnte Martin Ney solch ein Doppelleben führen?

»Dass er völlig normal und lieb aussieht, überrascht mich überhaupt nicht. Das war sogar zu erwarten. Er musste ja die Fähigkeit besitzen, trotz Maske vertrauenerweckend und liebenswürdig auf die Kinder zu wirken«, sagt Adelheid Kastner, forensische Psychiaterin aus Linz. Die Expertin war unter anderem Gutachterin bei dem Inzesttäter Josef Fritzl. »Es gehört zur Störung eines solchen Menschen, dass er seine sexuellen Perversionen von der übrigen Persönlichkeit abspaltet und nach außen hin nicht zeigt«, so Adelheid Kastner. »Der Täter muss sich in seiner Persönlichkeit eine Insel geschaffen haben, auf der er seine sexuellen Perversionen ausleben kann.«

Während die Soko Dennis unter ihrem Leiter Martin Erftenbeck mehrere Jahre nach dem »Schwarzen Mann« suchte, lebte dieser unauffällig in einem zweistöckigen Klinkerhaus im Hamburger Stadtteil Harburg. Er gilt als intelligent, spricht mehrere Sprachen. Adelheid Kastner: »Man kann niemandem einen Vorwurf machen, dass man dieses Böse nicht erkannt hat. Der Täter musste sich nicht einmal verstecken.« Daher sei es für die Polizei extrem schwer gewesen, Martin Ney zu finden. »Sie sieht nur das rein Äußerliche des Täters. Diese von mir eben beschriebene Insel ist für niemanden einsehbar.«

Kann man das Böse in einem Menschen wirklich nicht erkennen?

Die Psychiaterin: »Von außen nicht. Auch ich als forensische Psychiaterin würde mir nicht anmaßen, bei einem unauffälligen Menschen solch eine Störung zu erkennen. Und ich habe schon viele Fälle erlebt.«

Der Moment, der 19 Jahre qualvolle Ungewissheit beendet, ist dem Ehepaar Jahr noch sehr präsent. Es war Freitag, der 15. April 2011. Bei Petra und Ulrich Jahr, 60 und 68, klingelt das Telefon. »Es war acht Uhr morgens. Wir saßen beim Frühstück. Eine Kontaktbeamtin der Polizei in Oldenburg teilte uns mit, dass ein Mann in Hamburg verhaftet worden sei, der den Mord an drei Kindern gestanden habe, darunter auch den Mord an unserem Sohn Stefan. Das kam für uns völlig überraschend«, berichtet Ulrich Jahr. Im März 1992 wurde der damals 13-jährige Sohn der Jahrs aus dem Internat »Eichenschule« in Scheeßel verschleppt und ermordet. Und nun sollte der Täter gefasst sein – nach fast zwei Jahrzehnten? Nach dem Telefongespräch sehen sich Petra und Ulrich Jahr schweigend an. »Die Hoffnung, dass Stefans Mörder gefunden wird, hatten wir nie aufgegeben«, sagt Ulrich Jahr.

Stefan Jahr war das erste Opfer des »Schwarzen Mannes«, den die Soko Dennis jahrelang suchte. Schließlich brachte einer von 8 000 Hinweisen die Polizei auf die richtige Spur. Sie nahm Martin Ney fest, einen freundlichen ehemaligen Pädagogikstudenten, der ein perverses Doppelleben führte: Tagsüber arbeitete er als freundlicher und hilfsbereiter Mitarbeiter in der Erwachsenenbildung. Nachts trug er Maske und dunkle Motorradkluft und holte in Norddeutschland Dutzende Jungen in Zeltlagern, Schullandheimen oder Kinderzimmern aus ihren Betten und missbrauchte sie. Er gestand neben der Tötung von Stefan Jahr auch die Morde an Dennis Rostel 1995 und Dennis

Klein 2001. »Deutschlands schlimmster Kindermörder gefasst« titelte die *Bild*-Zeitung am Tag nach seiner Festnahme.

Als ich Petra und Ulrich Jahr zu Hause in Wiemerskamp bei Hamburg besuche, hält sich die Mutter lieber im Hintergrund auf. »Sie wühlt das alles zu sehr auf«, sagt Ulrich Jahr. Der ehemalige selbstständige EDV-Berater ist heute Rentner. »Ich hatte immer darauf gehofft, dass der Täter einen Fehler macht und dann doch irgendwann einmal gefasst werden könnte. Das ist nun das Ende eines langen Kampfes, auch wenn wir jetzt noch den Prozess abwarten müssen. Aber allmählich stellt sich ein Gefühl der Erleichterung ein. Der Anruf der Polizei war eine erlösende Nachricht. Jetzt können meine Frau und ich endlich einen neuen Lebensabschnitt beginnen.«

Kann man überhaupt mit so etwas abschließen, wenn man sein Kind auf derart grausame Weise verliert?

Solange ich lebe, werde ich es nie ganz abschließen können. Und solange der Täter lebt, auch nicht.

Woher haben Sie die Kraft genommen, die vergangenen Jahre durchstehen zu können?

Meine Frau und ich haben uns schon zu Beginn vorgenommen, nicht nur noch an Stefan zu denken und mit gegenseitigen Schuldzuweisungen uns das Leben noch schwerer zu machen. Wir haben einen zweiten Sohn, Oliver; er ist acht Jahre jünger als Stefan. Dessen Entwicklung wollten wir nicht gefährden.

Wie haben Sie Ihrem zweiten Sohn erklärt, dass Stefan ermordet wurde?

Die Einzelheiten kamen erst viel später. Wir haben ihm damals gesagt: »Stefan ist tot, er wird nicht wiederkommen.«

Er ist dann in sein Zimmer gegangen, hat sich aufs Bett gelegt und geweint. Direkte Fragen zu Stefans Tod gab es in all den Jahren nicht. Erst in der letzten Zeit, als er schon ein Erwachsener war.

Ulrich Jahr lehnt sich in seinem Stuhl auf der Terrasse zurück. 19 Jahre suchte der Vater nach dem Mörder seines Sohnes. Es war der Tag vor den Osterferien: Am Morgen des 31. März 1992 bemerkt sein Mitbewohner im Internat, dass Stefan nicht in seinem Bett liegt. Betreuer finden im Aufenthaltsraum Stefans Schlafanzughose, das Fenster nach draußen ist geöffnet. »Als Stefan verschwand, war mir klar, dass etwas passiert sein musste. Das spürt man als Vater«, erzählt Ulrich Jahr. »Wenn er ausgerissen wäre, hätte er zumindest Geld und seine Jacke mitgenommen.« Doch die Polizei ermittelt erst einmal in alle Richtungen. Ein Kommissar, so Ulrich Jahr, habe ihn noch beschwichtigt und gesagt: »Fahren Sie morgen ruhig in den Urlaub, machen Sie sich keine Sorgen. Ihr Junge taucht schon wieder auf.«

Doch Petra und Ulrich Jahr machen sich große Sorgen und fahren nicht in den lang geplanten Skiurlaub. Sie suchen auf benachbarten Campingplätzen nach ihrem Sohn und sprechen mit Stefans Mitschülern und Lehrern. Doch die verzweifelte Suche nach ihrem Jungen ist vergebens: Fünf Wochen nach seinem Verschwinden finden Spaziergänger Stefans Leiche in den Verdener Dünen, rund 35 Kilometer vom Internat entfernt. Der Täter hat den Jungen gefesselt und seinen Leichnam vergraben. Ulrich Jahr erinnert sich: »Als klar war, dass es sich um keine Beziehungstat handelte, wurde mir bewusst, dass Stefan möglicherweise ein Zufallsopfer war, dass sich also der Täter ein Kind willkürlich genommen hat. Im Gegensatz zur Polizei erkannte ich schnell, dass Stefan nicht das Internat verlassen hatte, sondern dass der Täter in sein Zimmer eingedrungen war und ihn mitgenommen hat. Das ist von der Polizei jahrelang ignoriert worden. Ich dachte, wenn der Täter es geschafft hat, Stefan aus seinem Zimmer zu holen, dann macht er das wieder.«

Im Juli 1995, knapp drei Jahre später, verschleppt der »Schwarze Mann« den damals achtjährigen Dennis Rostel aus einem Zeltlager in Schleswig-Holstein und vergräbt die Leiche in einer Düne in Dänemark. »Da war mir klar, dass es sich um einen Serientäter handeln muss«, erklärt Ulrich Jahr, »denn Stefan sah mit acht Jahren Dennis zum Verwechseln ähnlich.« Doch erst nach dem Mord an Dennis Klein 2001 stellte die Polizei einen Zusammenhang zwischen den Fällen her und gründete die Soko Dennis.

Im Wohnzimmer der Jahrs hängen viele gerahmte Bilder der Familie: Stefan mit seinem Bruder, mit seinen Eltern oder allein. Petra Jahr zeigt ein Fotoalbum, in dem die Entwicklung von Stefan vom Baby zum Teenager festgehalten wurde. »Mit meiner Frau und meinem Sohn spreche ich manchmal über Stefan. Das hat aber mit der Zeit abgenommen«, erzählt Ulrich Jahr. Stellt sich der Vater vor, wie es wäre, wenn Stefan heute noch leben würde? »Er wäre jetzt 33 Jahre alt«, sagt Ulrich Jahr. »Manchmal denkt man daran, welche Entwicklung er wohl genommen hätte. Aber im Grund ist das alles müßig. Man blendet es aus, um weiterleben zu können.«

Im Herbst 2011 wird Martin Ney der Prozess gemacht. Ulrich Jahr beschließt, ihn als Nebenkläger im Gerichtssaal zu verfolgen. »Meine Frau weiß noch nicht, ob sie mitkommt«, sagt Ulrich Jahr zuvor im Gespräch mit mir. Sie lasse den ganzen Fall nicht so nah an sich ran. Für sie sei es besser zu verdrängen. »Bei mir ist der Drang größer. Ich habe mich immer in die Akten eingelesen. Wahrscheinlich war das eine Art Therapie für mich.« Hat er das Gefühl, es seinem Sohn schuldig zu sein?

»Nein«, sagt Ulrich Jahr, »Stefan hat ja nichts mehr davon. Ich habe ihm nie geschworen, dass ich den Fall aufkläre. Stefan ist tot. Und mit einem Toten kann ich nicht kommunizieren oder Verpflichtungen eingehen. Bei dieser Sache geht es um mich.« Damit er mit sich ins Reine kommt? »Ich bin direkt betroffen und sehe einfach die Notwendigkeit, mich zu engagieren. Das ist der Punkt.«

Doch eines will das Ehepaar auf jeden Fall: Klarheit darüber, was damals vorgefallen ist. »Ich will endlich Gewissheit«, sagt Ulrich Jahr. »Ich hatte Einblick in das Protokoll seines Geständnisses. Der Täter hat bislang nur gesagt, dass er in Stefans Zimmer eingedrungen ist und ihn erwürgt hat. Ansonsten hat er viel Widersprüchliches geäußert. Ich gehe davon aus, dass Stefan gar nicht missbraucht, sondern gleich erwürgt wurde.«

Empfinden Sie Hass auf den Täter?

Hass kann einen aufzehren. Und 19 Jahre sind eine lange Zeit. Am Anfang war ich schon in einem solchen Zustand. Das hat sich aber im Laufe der Zeit gelegt. Meine Frau und ich haben uns oft darüber unterhalten. Wir sind eigentlich ganz froh, dass uns der Mord an Stefan nicht aufgezehrt hat. Das ist uns dieser Täter nicht wert, muss ich sagen. Aber Wut bleibt.

Manche Medien bezeichneten Martin Ney als »Bestie«.

Es wird sich sicher herausstellen, dass er eine gestörte Persönlichkeit ist. Er begründet die Morde damit, dass er fürchten musste, aufgrund der Aussagen der Jungen geschnappt zu werden. Er sagt, er hätte Stefan befummelt und ihn somit nicht laufen lassen können. Das zeugt von einer derartigen Menschenverachtung. Was hätte er denn zu befürchten gehabt?

Vielleicht hätte er eine Verurteilung auf Bewährung bekommen.

Allenfalls. Und um dem zu entgehen, bringt er ihn einfach um? Wenn es noch die Todesstrafe bei uns geben würde, dann würde ich ihn allein aufgrund dieser Aussage hängen sehen wollen. Das ist so etwas Abwegiges, das kann ich nicht akzeptieren. Martin Ney ist menschenverachtend. Bei Dennis Klein war es ähnlich. Der Junge fing an, laut zu rufen. Und deshalb musste er ihn umbringen, anstatt einfach nur abzuhauen? Das war schon ein bestialisches Verhalten.

Wenn Sie über den Mord an Ihrem Sohn sprechen, wirken Sie äußerst ruhig und gefasst. Wie schaffen Sie das?

Natürlich bin ich auch schon mal emotional, aber ich versuche, das Geschehen rational zu verarbeiten. Mich beschäftigt noch was ganz anderes: wie in unserem Rechtssystem mit solchen Tätern umgegangen wird.

Was meinen Sie damit?

Der Europäische Gerichtshof für Menschenrechte hat kürzlich die nachträglich angeordnete Sicherungsverwahrung gekippt. Das ist für mich nicht nachvollziehbar.

Mindestens drei Täter, die auf diesem Weg freigelassen werden mussten, haben danach erneut Kinder missbraucht.

Das ist doch beschämend, oder etwa nicht? Wenn einer dieser Täter erneut einen Mord begehen sollte, dann muss man den Richtern am Europäischen Gerichtshof für Menschenrechte Beihilfe zum Mord unterstellen. Für mich ist eine derartige Justiz unbegreiflich. Immerhin hat das Bundesverfassungsgericht diese nachträgliche Sicherungsverwahrung einmal als rechtmäßig anerkannt.

Ulrich Jahr erhebt sich von seinem Gartenstuhl und klappt die Fotoalben mit Stefans Bildern zu. Beim Abschied guckt er seine Frau an, dann mich. »Wissen Sie«, sagt er, »die ersten sieben Jahre waren schlimm. Es gab keine befriedigenden Antworten der Polizei. Ich bin mit den Gedanken an den Mord an Stefan abends ins Bett gegangen und mit denselben Gedanken morgens wieder aufgewacht. Wie und wieso ist es passiert? Wer könnte es gewesen sein? Diese Zeit möchte ich nie wieder erleben. Gott sei Dank ist bald alles vorbei. Petra und ich freuen uns darauf.«

Zum Abschied will er mir die Grabstelle seines Sohnes zeigen. Wir fahren gemeinsam zum Friedhof Ohlsdorf in Hamburg. Ulrich Jahr geht zielgerichtet durch den weitläufigen Friedhofspark und bleibt vor einer ins Gras eingefügten kleinen Steinplatte stehen. »Stefan Jahr 1978 – 1992« steht darauf. Der Vater schweigt.

* * *

Und die Eltern von Christina? Wie geht es Manfred und Sylvia Nytsch nach all den Jahren?

Ihr Seelenfrieden wird auf eine harte Probe gestellt, als Ronny Rieken 2021 seine vorzeitige Haftentlassung beantragt – nach 23 Jahren hinter Gittern. Die Nachricht in Bezug auf ein mögliches Ende von Riekens Haft wühlt nicht nur bei Christinas Eltern alles wieder auf, auch die Bevölkerung, vor allem in Nordwestdeutschland, hat die Morde an Ulrike Everts und Christina Nytsch nicht vergessen.

Doch das Landgericht in Lüneburg kommt zu dem Schluss, dass von Ronny Rieken nach wie vor eine Gefahr ausgeht – und lehnt die Haftentlassung ab. Denn zu einem Haftprüfungstermin wurde ein Sachverständigengutachten eingeholt. »Aufgrund des Gutachtens ist die Kammer zu dem Ergebnis gelangt, dass für den Verurteilten keine positive Legal- und Sozialprognose besteht und dass deswegen nicht mit hoher Wahrscheinlichkeit davon auszugehen ist, dass er künftig keine Straftaten mehr begehen wird«, erklärte eine Sprecherin des Gerichts. »Alles andere hätte mich schwer enttäuscht«, sagt Manfred Nytsch. Aber er stehe dieser Entscheidung ohnehin machtlos gegenüber. Er wisse, dass die Möglichkeit besteht, dass Rieken eines Tages freikommt.

Manfred Nytsch sagt, seine Frau habe noch immer Angst vor dem Tag seiner möglichen Freilassung. Jahrelang habe sie Albträume gehabt, dass sie »diesem Idioten« plötzlich irgendwo gegenübersteht. »Verzeihen Sie mir bitte, aber bei diesem Psychopathen und Sadisten sind Gedanken an die Todesstrafe im Prinzip gerechtfertigt.«

14 Jahre ist es her, dass ich das Ehepaar Nytsch in Berlin getroffen habe. Was hat sich seit meinem Besuch bei ihnen verändert, was ist geblieben – 24 Jahre nach dem Mord an ihrer Tochter? Wie blicken sie zurück?

Sylvia Nytsch geht es gesundheitlich nicht gut, sie ist an Brustkrebs erkrankt. Der Zettel von Christina mit dem süßen Spruch im Kühlschrank hängt nicht mehr, auch haben sich die Eltern von vielen ihrer Sachen getrennt. »Die Erinnerungen sind immer präsent, auch ohne Gegenstände«, sagt Manfred Nytsch. Seine Frau hat eine kleine Gedenkecke im Haus eingerichtet; sie sieht wie ein kleiner Altar aus, mit Bildern ihrer Tochter. Zu den Eltern von Ulrike Everts, dem anderen Mordopfer Riekens, haben sie nie Kontakt gesucht, auch besteht kein Kontakt mehr zu Christinas Schulfreundinnen.

Die Pflege des Grabes ist Sylvia Nytsch zu beschwerlich geworden; sie will es einebnen lassen. »Meine Frau hat keine Angst davor. Wir haben beide nicht das Gefühl, dass wir unserer Tochter damit nicht mehr gerecht werden«, sagt Manfred Nytsch. An der Fundstelle bei Lorup im Emsland ist er im vergangenen Jahr noch einmal gewesen, davor habe er die Stelle fünf Jahre gemieden. Seine Frau will überhaupt nicht mehr hin. Ich spreche ihn darauf an, dass dort noch immer Blumen abgelegt werden, und zeige ihm ein Foto.

»Es berührt mich«, sagt Manfred Nytsch. »Das gibt mir ein gutes Gefühl.«

Herr Nytsch, was macht man als Eltern durch, wenn das eigene Kind plötzlich verschwindet?

Wir hatten Angst, konnten tage- und nächtelang nicht schlafen. Ein Albtraum jagte den anderen.

Was überwog bei Ihnen während der Suche nach Christina: Hoffnung oder Verzweiflung?

Während der Suche nach unserem einzigen Kind spielten die Emotionen verrückt. Angst, Hoffnung, Verzweiflung, lähmende Hilflosigkeit, Wut auf den Unbekannten, der uns so etwas antun konnte. Ständig wurden Gegenstände und Kleidungsstücke gefunden, die wir identifizieren mussten. Es war schrecklich, wenn wir etwas von unserer Tochter erkannten. Auf jeden Fall, solange Christina nicht gefunden wurde, war sie für uns am Leben.

Spürt man als Eltern, dass dem eigenen Kind etwas Schreckliches zugestoßen sein muss?

Wenn man abends in der Dunkelheit das Fahrrad seines Kindes am Straßenrand findet und keine Spur von seinem Kind, dann weiß man, etwas Schlimmes ist im Gange.

Wie kann man diese Ungewissheit aushalten? Wie haben Sie sich versucht abzulenken?

Ablenkung ist in so einer Zeit nicht möglich. Unsere Tochter und die Suche nach ihr war das alles beherrschende

Thema. Vor allem der Gedanke an die Situation, in der sich Christina befinden könnte – in allen schrecklichen Variationen. In dieser Situation mussten wir auch noch ertragen, dass wir selbst unter Verdacht standen.

Geht man in einem solchen Moment der Ungewissheit an seine Grenzen, sowohl physisch als auch psychisch?

Das ist kaum in Worte zu fassen, aber ich glaube, wir haben diese Grenzen oft überschritten.

War es für Sie auch eine Art von Erleichterung, als Ihr Kind gefunden wurde, weil Sie nun schreckliche Gewissheit hatten?

Ob das Wort Erleichterung zutreffend ist? Im Moment der Mitteilung der schlimmsten Nachricht unseres Lebens konnte davon absolut keine Rede sein. Wir waren wie gelähmt, haben am ganzen Körper gezittert, als zwei Polizisten, die wir gut kannten, mit einem Arzt vor uns standen. Wir wussten, was jetzt kommt.

Wie wichtig ist die Form des Abschiednehmens für Sie gewesen?

Welches Abschiednehmen? Das konnten wir nicht. Am frühen Nachmittag fuhr Christina mit Freundinnen fröhlich zum Schwimmbad. »Tschüss, Mama und Papa.« Das war's. Auf dem Heimweg wurde sie dann von ihrem Mörder vom Fahrrad gezerrt. Eine Woche später wurde sie fürchterlich zugerichtet, grausam misshandelt und ermordet in einem kleinen Waldstück gefunden.

Wird in Deutschland den Tätern zu viel Raum eingeräumt?

Es wird oft auf eine etwaige schwierige Kindheit der Täter verwiesen, und auch in den Medien wird ja oft über die Täter berichtet. Oft muss sich die Justiz von Verbrechern vorführen lassen. Und am Ende werden diese Straftäter mit wahnsinnig teuren Sicherheitsauflagen wieder unter die Bevölkerung gestreut.

Lindert die Zeit den Schmerz?

Nein, im Gegensatz zum Mörder unserer Tochter haben wir wirklich lebenslänglich.

Haben Sie für sich einen Weg gefunden, das Schicksal anzunehmen?

Wir leben noch. Also mussten wir einen Weg finden. Wir leben unser Leben. Schlimme, traurige Schicksale, welcher Art auch immer, gab und gibt es so viele, und es wird sie weiterhin geben. Auch solche Verbrechen.

Können Sie dem Täter überhaupt vergeben? Oder bleibt einfach nur Hass?

Er hat einmal aus dem Gefängnis heraus Einsicht in unsere aus seinem Verbrechen resultierenden Krankenakten verlangt. Dieses Recht hat in Deutschland ein mehrfacher Kindermörder, der die Folgen seiner Verbrechen anzweifelt. Wir haben aber glücklicherweise noch das Recht, dies zu verweigern. Wer kann einem Verbrecher, der mehrere Kinder auf bestialische Weise gequält und getötet hat, vergeben? Dies können nur die besonders Guten unter uns, solange sie nicht selbst Betroffene sind.

Wer hat Ihnen damals am meisten geholfen?

Die erste und wichtigste Hilfe kam von der Polizei. Sofort nach unserer Vermisstenanzeige spürten wir, dass alles sehr ernst genommen wurde und in der Folge eine riesige aufwendige Suche begann. Freunde und viele Menschen aus der Umgebung beteiligten sich daran.

Wie erinnern Sie sich an Ihre Tochter?
Wir denken an elf schöne unbeschwerte Jahre mit Christina.

Der Vater von Stefan Jahr sagte einmal, dass er nur zur Ruhe kommen werde, wenn der Täter vor Gericht »lebenslänglich« unter Feststellung der besonderen Schwere der Schuld erhalte. 2012 wird der Mörder seines Sohnes zu dieser der höchsten Strafe, die das deutsche Rechtssystem vorsieht, verurteilt.

Neun Tage später stirbt Ulrich Jahr an einem Herzinfarkt.

»Mein Vater war das vierte Opfer des Maskenmannes«, sagt Oliver Jahr, Stefans Bruder. Die Suche nach dem Mörder habe ihn aufgerieben. »Meine Mutter hat ihn einmal vor die Wahl gestellt: ›Entweder fährst du einen Gang zurück oder ich verlasse dich‹«, erzählt Oliver Jahr. Kontakt zum Täter wolle er nicht, dieser habe sich auch bei ihm nie gemeldet. »Meinetwegen kann er im Gefängnis versauern.«

Die Mutter von Peggy will nicht mehr reden, das lässt ihre Anwältin ausrichten. Susanne Knobloch lebt wieder in Ostdeutschland und seit dem Tod ihrer Tochter vor 23 Jahren mit der Ungewissheit, Peggys Mörder nicht zu kennen. Ein Tatverdächtiger wurde zwar zunächst verurteilt, aber Jahre später wegen Mangels an Beweisen freigesprochen. 2020 stellt die Polizei die Ermittlungen ein. Im Frühjahr 2022 werden die sterblichen Überreste von Peggy beigesetzt.

Manfred Nytsch sagt: »Christina wäre jetzt 32. Wir denken manchmal daran, was sie heute wohl machen würde. Ob wir schon Oma und Opa wären.«

Sie haben sich nichts zu sagen: Tonya Harding (links) und
ihre Konkurrentin Nancy Kerrigan 1994 in Lillehammer

DAS EISENSTANGEN-ATTENTAT

Tonya Harding ist eine ehemalige US-amerikanische Eiskunstläuferin. Sie wurde Vizeweltmeisterin und als »Eishexe« tituliert. Harding gilt als Mitwisserin eines Attentats auf ihre ärgste Konkurrentin Nancy Kerrigan während der US-Meisterschaften 1994 in Detroit. Dabei wird Kerrigan von einem Attentäter mit einem Schlagstock oberhalb des Knies getroffen. Den Anschlag hat der Ex-Mann von Harding in Auftrag gegeben, um Kerrigan außer Gefecht zu setzen und Harding einen Platz bei den kommenden Olympischen Spielen in Lillehammer zu sichern. Eine Beteiligung an dem Anschlag streitet Tonya Harding jahrelang ab; erst 2018 gesteht sie ihre Mitwisserschaft. Ich spreche mit Tonya Harding 2007.

* * *

Es kommt manchmal vor, dass es ein Ereignis, einen Moment gibt, die ein Leben komplett verändern. Die Geburt eines Kindes zum Beispiel. Oder ein Lottogewinn, Coming-out oder der Tod eines Angehörigen. Ereignisse, die das Leben in ein

Davor und Danach unterteilen. In diesem Buch beschreibe ich die unterschiedlichsten Verbrechen; ich erzähle von Massenmördern, Erpressern und Kriegsverbrechern. Im Vergleich dazu erscheint die Hauptfigur dieses Kapitels geradezu banal. Natürlich ist sie auch eine Täterin, und ich will ihre Rolle beileibe nicht kleinreden. Aber sie ist eher die Protagonistin einer Boulevard-Seifenoper, in der Ruhm und Reichtum eine Rolle spielen, als eine eiskalte Verbrecherin.

Doch für sie hat die Tat langwierige Folgen.

Tonya Harding war bis zum 6. Januar 1994 »die Tonya«. Sie war auch US-Meisterin im Eiskunstlauf und Vizeweltmeisterin. Sie stand als zweite Läuferin den Dreifachaxel, den schwierigsten Sprung im Eiskunstlauf. Aber all das war vergessen nach diesem Tag im Januar. Denn danach war sie die Eishexe. Selten wurde auf einen Sportstar derart eingeprügelt wie auf die 1,55 Meter kleine Eiskunstläuferin. Doch selten zuvor hatte es einen derartigen Skandal im Sport gegeben. Dass Fußballer Foul spielten – geschenkt. Dass Ringrichter bei Olympischen Spielen bestochen wurden oder nach Gutdünken Punkte vergeben haben – geschenkt. Es gab viele Sportskandale, man könnte sie in verschiedene Kategorien unterteilen: Dopingskandale, Fußballskandale, Bestechungsskandale. Es gab einen Passfälscherskandal in der Eishockey-Bundesliga, eine Spionageaffäre in der Formel 1 und einen Ponygate-Skandal im amerikanischen College-Football. Die Liste ist schier unendlich.

Aber ein Attentat mit einer Eisenstange auf die ärgste Konkurrentin?

Das war neu und sogar für amerikanische Maßstäbe bis dato unvorstellbar. Dabei hatte sich der Täter blöd angestellt. Er konnte von Glück reden, dass es noch keine Smartphones gab, sonst hätte bestimmt irgendjemand seine Attacke gefilmt. Der entscheidende Moment ist daher nicht dokumentiert, aber die Sekunden danach sehr wohl. Sie gehen durch Amerika wie ein

Lauffeuer. Kaum jemand, der Nancy Kerrigans schluchzendes »Why? Why?« nicht im TV mitbekommt. Die Sequenz läuft auf allen Kanälen, in Dauerschleife und weltweit; man konnte ihr gar nicht entkommen im Januar 1994.

Den dreifachen Axel steht Tonya Harding, als sie noch die Tonya ist, bei der Eiskunstlaufweltmeisterschaft 1991 in München. Sie holt die Silbermedaille, Gold geht an Kristi Yamaguchi. Dritte wird Nancy Kerrigan. Alle drei Läuferinnen kommen aus den USA, ein Novum bei Weltmeisterschaften. Ein Jahr später bei den Olympischen Spielen wird Harding Vierte, wieder holt Kristi Yamaguchi Gold, aber Bronze sichert sich Nancy Kerrigan. Auch bei der WM im selben Jahr landet Yamaguchi wieder auf Platz 1, nun aber Kerrigan schon auf Platz 2. Und wieder geht Tonya Harding leer aus, sie wird Sechste.

Hoffnung gibt ihr, dass Kristi Yamaguchi nach der WM das Ende ihrer Amateurlaufbahn verkündet. Verbleiben: Kerrigan und Harding. Die beiden ärgsten Rivalinnen treffen sich im Januar 1994 bei den US-Meisterschaften in Detroit im Bundesstaat Michigan wieder.

Nancy Kerrigan gilt als Goldfavoritin, sie ist zudem Titelverteidigerin. Die 24-Jährige läuft ein paar Runden auf dem Eis, sie trainiert im blütenweißen Kleid. Sie sieht so unschuldig aus. Eine US-Flagge in XXL hängt an der Stadionwand. Nancy Kerrigan hat ihre langen Haare mit einer weißen Schleife zum Pferdeschwanz gebunden. Es sind kaum Zuschauer präsent, als sie das Eis verlässt, lediglich ein Fotograf schießt ein Bild von ihr. Sie wird gefilmt, wie sie den Kufenschutz über ihre Eislaufschuhe streift, mit ihrer rechten Hand den blauen Vorhang nach links und rechts zur Seite wirft und im Gang unterhalb der Arena verschwindet. Dann bricht das Video ab. Die nächste Einstellung zeigt verwackelte Bilder innerhalb des Korridors, Nancy Kerrigan schluchzend auf dem roten Teppichboden direkt hinter dem blauen Vorhang, Helfer und Mitarbeiter des Ärzteteams eilen herbei und knien sich vor sie. Aus dem Hintergrund sind zwei Männerstimmen zu vernehmen: »Was ist passiert?«

Dann wieder Schnitt, eine neue Einstellung. Diesmal zeigt die Kamera von vorn auf sie, sie hält voll auf die heulende und verzweifelte Eiskunstläuferin. Eine Helferin legt ihre Hand auf Nancy Kerrigans linke Schulter, eine andere will ihr die Schuhe ausziehen, jemand sagt: »Beruhige dich, beruhige dich.« Aber auf dem Video muss man schon sehr genau hinhören, damit man das »Relax« und »What happened?« nicht überhört – zu dominant ist das Jammern und Schluchzen von Nancy Kerrigan: »Why, why, why?«, schreit sie verzweifelt. Ein Helfer fragt sie, womit sie geschlagen wurde. »Ich weiß es nicht, irgendein harter schwarzer Stock. Irgendetwas richtig, richtig Hartes«, antwortet sie heulend, dabei geht ihr Schluchzen in ein Kreischen über. Sie beugt sich mit ihrem Kopf Richtung Knie, schluchzt: »Helft mir«, dann wird sie von ihrem Vater aus dem Gang in die Umkleidekabine getragen. Und die Kamera muss draußen bleiben.

Wieder Schnitt, dann die nächste Sequenz: Ein Mann steht mit einem Funkgerät in der Hand außerhalb der Arena, aus dem Walkie-Talkie ertönt eine Stimme: »Großer weißer Mann mit Lederjacke.« Dann sieht man einen weiteren Mann mit Walkie-Talkie, Schnauzbart, buntem Pullover und blauem Sakko, der die Beschreibung des möglichen Täters wiederholt: »Großer weißer Mann mit Lederjacke.« Gemeinsam laufen sie entlang der Arena, an parkenden Bussen vorbei. Es liegt Schnee in Detroit. Dann endet das Video.

Shane Stant entkommt unerkannt. Er ist tatsächlich ein großer weißer Mann. Ziemlich muskulös, hätte auch noch zur Beschreibung gepasst. Er ist in kriminellen Kreisen kein Unbekannter. 6 500 US-Dollar bekommt er für seine Tat.

Am nächsten Tag titelt die *New York Daily News*: »Why me?« Sie zeigt die schluchzende Kerrigan im Bild und schreibt in der Unterzeile: »Wahnsinniger attackiert olympische Eiskunstläuferin.«

Man musste 1994 kein Eiskunstlauffan, noch nicht einmal sportbegeistert sein – beim Thema Kerrigan/Harding wusste jeder sofort Bescheid: die Eisenstange! Das Schluchzen! Der Skandal! Mehr Drama ging im Sport einfach nicht. Dass der Täter mit einem Polizeischlagstock zuschlägt und Nancy Kerrigan am Oberschenkel oberhalb des Knies trifft, geht in der öffentlichen Erregung völlig unter. Hängen geblieben sind Eisenstange und Knie.

Nancy Kerrigan hat Glück im Unglück; nichts ist gebrochen, sie hat nur Prellungen abbekommen, die aber schlimm genug sind, dass sie die Titelkämpfe absagen muss. In ihrer Abwesenheit wird Tonya Harding zwei Tage später US-Meisterin. Sie ballt beide Fäuste nach ihrer Kür – und qualifiziert sich für die Olympischen Spiele ein paar Wochen später in Lillehammer in Norwegen.

Doch ihr unbeschwerter Erfolg hält nicht lange an. Vier Tage später die überraschende Wende: Nachdem die Bundespolizei FBI Ermittlungen gegen Hardings Bodyguard Shawn Eckardt aufgenommen hat, gesteht dieser seine Mitwisserschaft und bezichtigt Stant und Jeff Gillooly, den Ex-Ehemann von Tonya Harding, der Tat.

Zwei Tage später gibt eine strahlende Nancy Kerrigan eine Pressekonferenz vor ihrem Elternhaus in Massachusetts.

Wiederum vier Tage später stellt sich der Hauptverdächtige, Hardings Ex-Mann, dem FBI, nachdem ein Haftbefehl gegen ihn erlassen worden ist. Ende Januar gibt er zu, als Drahtzieher des Anschlags fungiert zu haben. Er bezichtigt Eckardt, Stant und auch Harding, die aber alles abstreitet. Sie gibt eine Presseerklärung ab: »Trotz meiner Fehler, Ecken und Kanten habe ich nichts getan, um die sportlichen Standards zu verletzen, die von einer olympischen Athletin erwartet werden.«

Sie setzt ihre Teilnahme gegen den Widerstand des amerikanischen Olympischen Komitees durch und startet in Lillehammer. Nancy Kerrigans Verletzungen verheilen schnell, ihr Platz für die Olympischen Spiele wird freigehalten. Sie startet ebenfalls in Norwegen.

Es ist der Kampf des Jahrhunderts. Harding gegen Kerrigan. In der Öffentlichkeit spielen da ihre Namen schon kaum noch eine Rolle: Eisfee gegen Eishexe. Gut gegen Böse. Die Schöne gegen das Biest, Schneewittchen gegen Aschenputtel, der Liebling gegen das Gespött der Medien. Dabei treten noch 22 weitere Eiskunstläuferinnen im Wettkampf an, darunter Doppel-Olympiasiegerin Katarina Witt auf Comebacktour.

Am 17. Februar 1994 ist es so weit. Beide Läuferinnen stehen während eines ersten Trainings in Lillehammer auf dem Eis. Es ist tatsächlich nur ein Training, aber auf diesen Moment haben alle gewartet: Presse und Öffentlichkeit sind in Ekstase. Harding trägt ein buntes, ärmelloses Blümchenoutfit, Kerrigan wieder den blütenweißen Dress, den sie schon bei den US-Meisterschaften trug. Sprechen sie miteinander (nein!), geben sie sich die Hand (nein!), kehren sie sich den Rücken zu (das ist auf allen Bildern zu sehen: ja!) – jede Bewegung wird analysiert, kein noch so kleines Detail bleibt unbemerkt.

Beim Showdown eine Woche später sitzen allein in den USA 100 Millionen Leute vor dem Fernseher. »Das war ein Knistern in der Halle«, sagt Sigi Heinrich. Der TV-Reporter sitzt auf der Tribüne und kommentiert für Eurosport. »Das Publikum trug Kerrigan schier auf Händen, als sie ihr Kurzprogramm lief«, erinnert er sich. »Die Angst, eine verunsicherte Athletin zu sehen, wich schnell wachsender Begeisterung. Da kullerten gar ein paar Tränen an meinen Wangen herunter und nicht nur ich hatte Gänsehaut.«

Als ob nicht schon genug Drama im Spiel wäre, reißt Tonya Harding zunächst ein Schnürsenkel, sie darf noch einmal starten und wird entnervt Achte. Die Eishexe muss mit ansehen, wie Darling Kerrigan zu Silber läuft. »Wobei ihr die Preisrichter Gold verweigerten«, sagt Sigi Heinrich. »Der Beifall für Kerrigan war indes von einer Intensität, wie ich sie selten erlebt habe, und passte zum gesamten Emotionserlebnis Lillehammer.« Doch erst einmal überwiegt bei Nancy Kerrigan Frust über knapp verpasstes Gold, das an die 16-jährige Ukrainerin Oksana Bajul geht. Das Mikrofon einer Kamera nimmt auf, wie sie sich zickig über die Goldmedaillengewinnerin äußert. Dabei hätte sie eigentlich gut lachen; ihr ungewollter plötzlicher Ruhm macht Nancy Kerrigan schon vor Olympia zur Multimillionärin.

Und die anderen 22 Läuferinnen? Wie gehen sie damals mit diesem Hype um? Hat er sie in ihrer Konzentration gestört, hat er sie kaltgelassen?

Ihre Antworten sind überraschend. Vielmehr, ihre Nichtantworten. Oksana Bajul reagiert auf meine Interviewanfrage nicht; Katarina Witt, die direkt vor Tonya Harding Siebte wird, auch nicht. Tanja Szewczenko, Platz sechs, lässt immerhin über ihre Agentin irgendwie drollig ausrichten, dass »sie sich hier aktuell thematisch wirklich eher nicht sieht«.

Die Britin Charlene von Saher erzielte Platz 15, sie schreibt: »Ich bin mir nicht sicher, ob ich irgendwelche interessanten Informationen bezüglich Harding/Kerrigan habe. Ich kannte Nancy damals ja ziemlich gut und Tonya ein wenig von Wettkämpfen. Es gibt aber nicht viel darüber zu berichten, zumindest nicht aus meiner Sicht.« Ich stelle ihr, die dieselbe Trainerin wie Nancy Kerrigan hatte, ein paar Nachfragen, doch sie reagiert nicht mehr. Nathalie Krieg aus der Schweiz landete während ihrer Kür dreimal auf dem Po und direkt hinter der Britin auf Platz 16. Sie schreibt, dass sie meine WhatsApp-Nachricht erhalten hat. Dann meldet sie sich nicht mehr.

Tonya Harding und Nancy Kerrigan treten nach Olympia 1994 in Lillehammer nie wieder bei einem Wettkampf auf. Die

Eishexe bleibt für lange Zeit die Eishexe, die berühmteste Sport-schurkin der Geschichte. Sie wird nach Olympia lebenslang gesperrt, ihr kürzlich errungener US-Titel wird ihr aberkannt.

Ihr Absturz ist brutal. Es wird still um sie. Sehr still.

Anfang 2007 versuche ich, Tonya Harding zu finden. Ich will mit ihr für ein deutsches Magazin ein Interview führen. Vielleicht ist der Abstand von mehreren Jahren hilfreich, dass sie ihr Einverständnis dazu gibt. Denn es ist natürlich klar, dass ich mit ihr über das Eisenstangen-Attentat reden will, reden muss, daran führt kein Weg vorbei. Es gibt kaum Informationen über sie, was sie macht, wo sie wohnt. Es heißt, sie lebe zurückge-zogen auf dem Land irgendwo im Bundesstaat Washington, im äußersten Nordwesten der USA. Ich bekomme aber heraus, dass sich eine Agentin um sie kümmert, die in einem Vorort von Austin in Texas lebt. Ich maile Linda Ende Januar; sie schreibt prompt zurück und fragt direkt, ob Tonya Harding für das Gespräch finanziell entschädigt werde, und wenn ja, wie viel sie bekäme. Und sie fragt wirklich, worüber ich mit ihr reden wolle. Mein Auftraggeber bietet ihr ein paar Hundert Dollar an. Als Linda hört, dass wir Tonya auch gern fotogra-fieren würden, verdoppelt sie den Preis, schränkt aber zugleich ein, dass Tonya niemanden zu sich nach Hause lässt. Und sie will das Geld vorab sehen. Darauf lassen wir uns nicht ein. Wir telefonieren und mailen hin und her. Ob nicht zumindest der halbe Betrag vorab bezahlt werden könnte, fragt Linda. Doch wir bleiben standhaft. Sie hält noch einmal mit Tonya Rück-sprache, dann willigt sie ein. Tonya Harding lässt fragen, ob wir ihr einen Scheck per Post schicken könnten, sie hätte ihn gern direkt nach dem Interview/Fototermin, weil sie Anfang Februar verreise. Linda schreibt zudem, dass sie mir noch mit-teilen werde, wo sich denn Tonya Harding fotografieren lassen wolle, sie warte noch auf Nachricht von ihr. Dann gibt sie mir die Nummer von Carol, einer Nachbarin und Freundin von Tonya, und wir verabreden den 31. Januar 2007, mittags um zehn Minuten nach zwölf, als Interviewtermin. Ich rufe Carol zur vorgegebenen Zeit an, aber Tonya geht direkt an die Strippe. Auf sie ist Verlass.

Mrs Harding, bei Google gibt es 490 000 Seiten über Sie – eine Menge für eine ehemalige US-Eiskunstlaufmeisterin.

Ich war auch Vizeweltmeisterin und zweimal bei den Olympischen Spielen. Und ich habe als zweite Läuferin überhaupt den Dreifachaxel geschafft. Darauf bin ich immer noch stolz.

1994 waren Sie so berühmt wie der US-Präsident.

Auch schlechte Presse ist Presse. Ich war auf dem Titel von *Time* und *Newsweek*. Aber es gab auch Zeiten, da kam ich durch meine Erfolge auf die Titelseiten.

Bei Ihrem Namen denkt man doch zuerst an das Attentat mit der Eisenstange.

Gott allein kennt die Antwort, was wirklich passiert ist. Ich wusste von dem Angriff auf Nancy nichts. Das hatte mein Ex-Mann allein eingefädelt. Den Ruf, ein Biest zu sein, werde ich aber nicht mehr los.

Immerhin wurden Sie verurteilt, weil Sie die Ermittlungen behindert haben.

160 000 Dollar musste ich zahlen, die ich durch Fernsehauftritte zusammenkratzen konnte; freiwillig habe ich weitere 50 000 Dollar gespendet. Dazu musste ich noch 500 Stunden in einem Seniorenheim arbeiten, habe dort gekocht und gewaschen. Der Skandal hat den Eiskunstlauf eher noch populärer gemacht.

Hatten Sie etwas davon?

Gar nichts. Ich wurde gesperrt, war nur noch traurig und frustriert. Eiskunstlauf war meine Liebe und Leidenschaft, ich war doch eine der Besten, und nun war alles im Eimer. Es tut immer noch weh, und die Strafe empfand ich damals als ungerecht.

Noch Kontakt zu Nancy Kerrigan?

Seit Ewigkeiten nicht mehr. Nach Olympia 1994 habe ich sie ein-, zweimal gesehen und mich bei ihr entschuldigt. Wie ich gehört habe, ist sie glücklich verheiratet und hat zwei Kinder.

Sind Sie denn zufrieden?

Absolut. Gesundheitlich geht es mir viel besser. Ich leide zwar an Asthma, aber meine Lungenkapazität ist von 54 auf 65 Prozent gestiegen; ich rauche ja auch seit Jahren nicht mehr. Und ich versuche immer wieder zu beweisen, dass ich mehr als nur die Eishexe bin. Jeder macht Fehler in seinem Leben. Heute denke ich positiv und danke Gott für jeden neuen Tag.

Wie leben Sie denn?

Tief im Wald. Manchmal fällt morgens der Strom aus. Dann ruft mich meine Agentin an, um mich zu wecken. Ich handle mit Autos, und für Freunde wasche und wachse ich sie. Ist ein Teilzeitjob. Alle zwei Monate habe ich eine Autogrammstunde, und gelegentlich kümmere ich mich am Ring um ein paar Boxerinnen. Früher habe ich Kinder im Eislaufen unterrichtet, das möchte ich wieder tun.

Warum wohnen Sie so weitab vom Schuss?

Ich liebe diese Ruhe, gehe zur Jagd und angeln. Das nächste Dorf ist zehn Minuten entfernt, hat 800 Einwohner.

Gegenüber wohnen die Nachbarn, sonst habe ich nur meine Katze Louie. Eine feste Beziehung gibt's schon seit Ewigkeiten nicht mehr.

Mit den letzten gabs nur Ärger.

Meinem Ex-Mann verdanke ich den Kerrigan-Skandal und dass er ein privates Hochzeitsvideo …

… das war ein Porno …

… an die Presse gegeben hat. War das peinlich! Er brauchte wohl Geld. Und meinem Ex-Freund habe ich eine Radkappe gegen sein Motorrad geschmissen und ihm mit der Faust auf die Nase geschlagen.

Damit kannten Sie sich ja aus.

Nein, meine Boxkarriere begann später.

Warum wollten Sie überhaupt Boxerin werden?

Geld hat eine Rolle gespielt – ich konnte damit meine Miete bezahlen. Und der Sport hat mich fasziniert, er ist so brutal. Aufs Eis zu fallen, tut zwar auch weh, aber bekommen Sie mal einen Schlag voll ins Gesicht ab!

Am selben Abend schreibe ich in mein Notizbuch:

> Sie hat keine Kohle, kein Konto und wohnt irgendwo in der Pampa eine Stunde von Portland entfernt.

Es dauert Jahre, bis sich Tonya Harding berappelt und von der Öffentlichkeit nicht mehr nur negativ gesehen wird. Dass sie eben mehr als nur White Trash und die Eishexe ist. Sie heiratet ein drittes Mal, bekommt mit ihrem Ehemann einen Sohn; sie ist 39, als sie ihn zur Welt bringt.

2017 hat der Film »I, Tonya« Weltpremiere. Er zeigt Tonya Harding als kämpfenden Underdog und Antiheldin. Hollywood meint es gut mit ihr, die Kritiken sind ausgezeichnet, die Medien gehen gnädig mit ihr um. Sie posiert mit der Schauspielerin Margot Robbie, die sie verkörpert, auf dem roten Teppich. Und sie gesteht ihre Mitwisserschaft kurz nach Filmstart: »Ich wusste, dass da etwas lief. Ich habe gehört, wie sie darüber geredet haben«, sagt sie in der zweistündigen Dokumentation »Truth and Lies – The Tonya Harding Story« im US-amerikanischen Fernsehsender ABC. Eingeweiht gewesen sei sie aber nicht.

Und ich gewinne die Erkenntnis, dass sie mich zehn Jahre zuvor angelogen hat. Zwar sagte sie zu mir während unseres Gesprächs, dass sie von dem Angriff auf Nancy nichts gewusst habe, aber der Satz davor hätte mich aufhorchen lassen müssen: »Gott allein kennt die Antwort, was wirklich passiert ist.«

Tonya ist wieder Tonya, sie ist öffentlich präsent, absolviert einen Auftritt in der »Ellen DeGeneres Show«, tanzt im April 2018 bei »Dancing with the Stars«, sie wird Dritte. Als Prominente tritt sie in der Kochshow »Worst Cooks in America« auf. Sie gewinnt und spendet das Preisgeld in Höhe von 25 000 US-Dollar an ein Kinderkrankenhaus in Memphis, Tennessee.

Den Ort des Eisenstangen-Attentats gibt es nicht mehr. Die Cobo-Arena in Detroit wird 2010 geschlossen und 2015 als Messezentrum wiedereröffnet. Auf der Bühne standen The Doors, Queen und Jimi Hendrix. Und Harding/Kerrigan.

Das Drama kam erst zum Schluss.

Opfer und Täter an einem Tisch: Der Überlebende Chum Mey
(links) und der Mörder Him Huy 2019 in Phnom Penh

Die Roten Khmer unter Pol Pot

Die Roten Khmer unter ihrem Anführer Pol Pot sind eine maoistische Guerillabewegung, die 1975 in Kambodscha an die Macht kommt und das Land bis 1979 totalitär regiert. Die Steinzeitkommunisten wollen das südostasiatische Land in einen Agrarstaat umwandeln. Sie ermorden schätzungsweise zwei Millionen Einwohner, ein Viertel der Gesamtbevölkerung Kambodschas.

Die Roten Khmer richten in der Hauptstadt Phnom Penh das Foltergefängnis Tuol Sleng ein. Über 18 000 Insassen werden gefoltert und auf den nahe gelegenen Killing Fields ermordet. Nur sieben Inhaftierte überleben, darunter Bou Meng und Chum Mey. Beide spreche ich 2019 auf dem ehemaligen Gelände des Gefängnisses in Phnom Penh.

Him Huy war stellvertretender Leiter der Wachmannschaften in Tuol Sleng und Massenmörder auf den Killing Fields. Ich fahre mit ihm 2019 zu den ehemaligen Tatorten und spreche mit ihm über sein damaliges Handeln.

* * *

Er macht nicht gerade einen nervösen Eindruck.

Zielstrebig geht er über das Gelände der Killing Fields. Er trägt Sandalen, ein weißes T-Shirt, darüber ein hellblau gestreiftes Hemd, dazu eine dunkelblaue Hose. Der 63-Jährige mit dem schwarzen Haar und braun gebranntem, von der Sonne gegerbtem Gesicht läuft vorbei an der Stelle, an der er früher nachts mit einem Lkw und den Gefangenen auf der Ladefläche ankam, lässt rechts das Gebäude liegen, in dem er sie registriert hat und mithilfe von Listen abglich, ob zwischen dem Abtransport vom Foltergefängnis in Phnom Penh bis hierhin nach Choeung Ek alles mit rechten Dingen zuging. Er geht an dem Stupa vorbei, in dem 5 000 Totenschädel aufbewahrt werden, biegt nach links ab, läuft auf einem Holzsteg über mehrere von der Hitze ausgetrocknete Sandkuhlen und bleibt plötzlich stehen. Er stützt seinen Ellenbogen auf einen Begrenzungspfahl, zeigt mit seinem Finger in die Kuhle und sagt: »Genau hier habe ich einen Gefangenen mit einer langen Eisenstange erschlagen. Er kniete vor mir. Dann ist er in die Grube gefallen.« Er habe dann die Eisenstange weggeworfen und sei zurück ins Büro gegangen.

Er erzählt das alles mit einer Ruhe, als gäbe es nichts Selbstverständlicheres. Bereitwillig lässt er sich an der Stelle, wo er gemordet hat, fotografieren und filmen.

Him Huy fährt damals zwei- bis dreimal die Woche mit einem Lkw jeweils 20 bis 30 Gefangene vom Foltergefängnis Tuol Sleng in Phnom Penh nach Choeung Ek. Wachleute haben geholfen, sie vom Lkw zu laden. Die Gefangenen seien einzeln mit auf dem Rücken gefesselten Händen zu den Gruben gebracht worden, die Augen seien verbunden gewesen, sagt er, dann haben sie sich hinknien müssen. Sie seien nackt gewesen, nur wenn sie alte Kleidung angehabt haben, habe man sie ihnen gelassen. »Man hat sie nicht nur erschlagen. Ihnen wurde auch die Kehle durchgeschnitten und der Bauch aufgeschlitzt«, sagt er.

Wer dieser Mann ist, der mit Seelenruhe sein mörderisches Tun erklärt, wird bereits am Eingang zu den ehemaligen Killing Fields deutlich.

Als ich mit ihm das Gelände betrete, ignoriert er die Besuchertafel mit einem Übersichtsplan und einzelnen Hinweisen zu den verschiedenen Orten des Grauens. Dabei ist hier unter Punkt zwei markiert, an welcher Stelle genau die ankommenden Lkw gestoppt haben – und wer sie gebracht hat oder in Empfang nahm: »Him Huy, Wachmann der Roten Khmer und Henker«, heißt es auf der Tafel.

Die Roten Khmer exekutieren an dieser Stelle zwischen 1975 und 1979 17 000 Menschen. Choeung Ek ist eines von 300 Killing Fields, aber bei Weitem das bekannteste in Kambodscha. Nach dem Ende der Diktatur werden dort Tausende Leichen in Massengräbern entdeckt, die meisten von ihnen Insassen aus dem berüchtigten Foltergefängnis Tuol Sleng in Phnom Penh, 17 Kilometer entfernt.

Choeung Ek ist heute Gedenkstätte und für Touristen geöffnet. Der Ort gleicht mit den Gruben der Ermordeten einer Mondlandschaft, in der noch immer Kleidung und Knochenreste durch Erosion zutage kommen. Ein Massengrab mit 450 Opfern und ein weiteres mit 166 Toten, deren Köpfe abgetrennt wurden, werden heute von einem Strohdach vor Sonne und Regen geschützt. Besucher sehen den sogenannten Todesbaum, an dem Kinder von den Roten Khmer erschlagen wurden, und den »Magic Tree«, an dem die Mörder Lautsprecher versteckten, um die Schreie und das Jammern der Opfer zu übertönen. In Glaskästen werden Kleidung, Knochen und Zähne der Opfer ausgestellt.

Unter der Herrschaft der Roten Khmer sterben zwischen 1975 und 1979 zwei Millionen Kambodschaner an Hunger, Krankheiten, Zwangsarbeit, Hinrichtung oder dem Mangel an medizinischer Versorgung. Der Genozid unter der Führung von Pol Pot rafft ein Viertel der Gesamtbevölkerung Kambodschas dahin. Pol Pot und die Roten Khmer wollten aus dem Land einen utopischen Bauernstaat machen – durch Zwangskollektivierung. Die Steinzeitmarxisten ermorden Lehrer, Ärzte, Professoren. Neben Parteikadern, die Pol Pot ständig der Verschwörung verdächtigt, fällt vor allem die aufs Land zwangsdeportierte Stadtbevölkerung, die die utopischen Erntevorgaben nicht erfüllen kann, dem Morden zum Opfer.

Der Henker macht nicht den Eindruck, dass es ihm unangenehm ist, wieder in Choeung Ek zu sein. Auch scheint er keine Angst zu haben, dass er auf dem Gelände der Gedenkstätte erkannt werden könnte. Vielmehr sieht Him Huy einen Museumsmitarbeiter und begrüßt ihn per Handschlag. An der Stelle, wo er zur Eisenstange griff, sagt er: »Ich habe fünf Gefangene umgebracht.« Und schiebt zur Erklärung hinterher, dass das Morden nicht primär seine Aufgabe gewesen sei: »Das war nicht mein Job. Ich musste mich ja in erster Linie um die Registrierung der Gefangenen kümmern.«

Im Frühjahr 2019 verbringe ich zwei Tage mit Him Huy. Er wohnt 80 Kilometer südlich von Phnom Penh in Phumi Prek Sdei in der Provinz Kandal. Seine Hütte mit dem roten Wellblechdach steht abseits der Dorfstraße auf Baumpfählen, um sie vor Überschwemmungen während der Regenzeit zu schützen. Die Dorfbewohner wissen, wer ihr Nachbar ist. Sie lassen ihn in Ruhe. Him Huy ist arm, bewirtschaftet als Bauer einige Felder. Er geht ein paar Stufen hoch, setzt sich in seinem Wohnzimmer auf eine Bastmatte und steckt sich eine Zigarette an. Ein Plastikventilator sorgt für Wind, an den Wänden hängen Bilder seiner Kinder. Er hat neun. In der Ecke steht ein alter Fernseher.

»Ich bin auch Opfer der Roten Khmer. Ich hatte ja keine andere Wahl. Hätte ich nicht getötet, wäre ich getötet worden«, sagt er.

Him Huy war Soldat der Khmer Rouge seit 1972/73. Ende 1976 beginnt er als Wachmann im Foltergefängnis Tuol Sleng, bekannt auch als S-21. Als Mitglied einer Sondereinheit ist er verantwortlich für die Gefangennahme und den Weitertransport der Gefangenen zu den Killing Fields. Nachdem einige seiner Vorgesetzten selbst den Säuberungen der Roten Khmer zum Opfer fallen, steigt er zum stellvertretenden Leiter der Wachmannschaften auf. »Aber der Einzige, der dort Befehle gab, war Duch«, berichtet er. »Duch hat mir befohlen, Gefangene nach Choeung Ek zu bringen, sie dort zu registrieren, sie zu töten. Er hat es mir befohlen.«

»Duch« ist Kaing Guek Eav, Him Huys Chef und Leiter von Tuol Sleng von 1976 bis 1979. Einer der schlimmsten Massenmörder des 20. Jahrhunderts, gilt er als Heinrich Himmler von Kambodscha. Duch ist es auch, der Him Huy auffordert, selbst Hand anzulegen. »In Choeung Ek zielte er mit einer Pistole auf mich und fragte: ›Kann ich mich auf dich verlassen?‹ – ›Du kannst, Bruder‹, habe ich geantwortet.« Er habe zwar danach Angst gehabt, aber er habe ja dem Befehl folgen müssen.

Him Huy ist nicht unangenehm im Gespräch, lächelt manchmal, und sein Grinsen – darf man das schreiben? – ist ansteckend. Der Mörder ist kein unsympathischer Mensch. Noch solch ein Satz, den ich am liebsten gleich löschen würde, während ich ihn in den Laptop tippe.

Er steht auf, geht die Treppe hinunter und unter seine Hütte. Dort hält er ein paar Hühner, die frei herumlaufen, und ein paar Küken in einem Käfig. Er öffnet die Tür, gibt ihnen Futter, nimmt ein Küken heraus, hält es in seiner Hand und streichelt es liebevoll.

Er sagt, er habe sich bei den Angehörigen der Opfer entschuldigt. Er empfinde Bedauern über seine Taten, nicht nur jetzt, auch damals schon. »Ich wünschte, ich hätte die Gefangenen nicht erschlagen«, sagt er. Es sei niemals seine Absicht gewesen, solche Taten zu begehen, aber er habe es nicht vermeiden können.

Befehl ist Befehl – dahinter versteckt sich Him Huy seit über 40 Jahren. Er macht es sich einfach damit, aber seine Haltung ist für ihn zugleich Selbstschutz und Rechtfertigung – vor sich, vor mir, dem Journalisten, vor seiner Familie, seinen Nachbarn, vor jedem, der ihn fragt.

Für seine Taten hat sich Him Huy bislang nie vor Gericht verantworten müssen. 2009 sagt er zwei Mal vor dem Internationalen Rote-Khmer-Tribunal in Phnom Penh gegen die damaligen Führer und gegen seinen Ex-Chef Duch aus – aber als Zeuge.

Tuol Sleng ist erhalten geblieben. Mitten in der Hauptstadt steht die ehemalige Schule, ein in den 60er-Jahren des 20. Jahrhunderts erbautes Gymnasium, das die Roten Khmer Mitte der 70er-Jahre zum Foltergefängnis umfunktionieren. Die Schlächter richten Gefängniszellen und Folterkammern in den ehemaligen Klassenzimmern ein. Sie internieren 18 000 Menschen in S-21. Die Opfer werden gefoltert, zu Geständnissen gezwungen, ermordet. Nur sieben Insassen überleben. Das Dokumentationszentrum führt auf, dass mindestens 563 Wachleute und Soldaten selbst ermordet werden, ein Drittel der Mitarbeiter.

Heute ist Tuol Sleng Gedenkstätte. 4 000 erzwungene Geständnisse von Gefangenen sind erhalten geblieben und gehören zum Weltdokumentenerbe der UNESCO. Vor allem ist Tuol Sleng noch immer ein beklemmender Ort. Denn das Grauen ist an jeder Ecke greifbar. Ich gehe durch die Tore, die ins Gefängnis führen und die aus Stacheldrahtgeflecht bestehen. Ich gehe durch die ehemaligen Klassenräume, die mit Backsteinen in kleine Zellen unterteilt sind. Ich sehe die ausgestellten Folterinstrumente der Roten Khmer vor mir. Es gibt Bilder der Ermordeten und der wenigen Überlebenden. Ich entdecke das Bild von Chum Mey an der Wand.

Er ist einer der sieben.

Ich treffe den 88-Jährigen im Innenhof. Chum Mey ist fast täglich hier. Ein paar Meter weiter hat er einen kleinen Tisch aufgestellt, auf dem er sein Erinnerungsbüchlein an die Zeit in Tuol Sleng verkauft.

Der ehemalige Automechaniker wird am 28. Juli 1978 eingeliefert, angeblicher Grund: Spionage. Seine Frau wird von den Roten Khmer vor seinen Augen erschossen, seinen Sohn hört er noch weinen, dann wird auch der ermordet.

Chum Mey zeigt nach links auf eine einstöckige Baracke und sagt: »Dort wurden mir die Hände gefesselt, die Augen verbunden und dort wurde ich verhört. Danach haben sie mich in das Hauptgebäude schräg gegenüber gebracht. Die Stufen in das Gebäude konnte ich nicht sehen, weil mir ja die Augen verbunden waren, also haben sie mich an den Ohren hochgezogen.«

Chum Mey steigt die Stufen hoch, vorbei an dem mit Stacheldraht gesicherten Holztor. Er geht nach links und setzt sich auf den Fußboden seiner ehemaligen Zelle. Es ist eigentlich ein Loch, vielleicht zwei Quadratmeter klein. Die Backsteinmauern sind schlecht verfugt. Er setzt sich ungefragt auf den Boden, als ob er das schon Dutzende Male für Touristen getan hätte. Er zieht seine Sandalen aus und legt eine Eisenstange mit Fußfesseln über seine nackten Beine. »Damit haben sie mich sofort an die Wand gekettet«, berichtet er. Neben ihm liegen ein schuhkartongroßer Munitionskasten und ein Kanister. »In den Kanister musste ich urinieren, und die Eisenkiste war für den Stuhlgang.« Die Kiste darf nicht überlaufen. Wenn es doch passiert, zwingen die Wachleute der Roten Khmer die Gefangenen, die Exkremente mit der Zunge aufzulecken. »Und wer nicht leckte, wurde geschlagen«, sagt Chum Mey.

Zur Folter tauchen die Wachmannschaften die Gefangenen in Wasserbottiche, traktieren sie mit Elektroschocks oder hängen sie bis zur Bewusstlosigkeit an einen Galgen.

»Mir wurden die Fußnägel gezogen«, erzählt Chum Mey.

Er wird zwölf Tage und Nächte geschlagen und gefoltert. Er kann nicht mehr gerade auf dem Rücken schlafen, »denn der war total angeschwollen«. Zwei Löffel Reis pro Tag bekommt er zu essen. Wenn er Ratten oder Geckos sieht, versucht er, sie zu fangen, und isst sie. »Wenn das die Wachleute sahen, haben sie mich geschlagen. Aber ich hatte einen riesigen Hunger.«

Chum Mey überlebt, weil er Nähmaschinen der Roten Khmer reparieren kann.

Was fühlt er, wenn er wieder an dem Ort ist, an dem er gefoltert wurde? »Wenn ich früher hierherkam, hatte ich nur Tränen in den Augen und konnte nicht sprechen. Aber nun kommen so viele ausländische Touristen, da kann ich nicht ständig weinen. Aber manchmal, wenn ich sie mit Tränen in den Augen aus dem Gebäude kommen sehe, fange ich auch wieder an.«

Den Tätern wird vor dem Rote-Khmer-Tribunal der Prozess gemacht. Vor dem Internationalen Strafgerichtshof in Phnom Penh stehen Duch, der Chef von S-21, Nuon Chea, Chefideologe der Roten Khmer, bekannt auch als Bruder Nr. 2 und Stellvertreter von Pol Pot. Auch Ieng Sary (Bruder Nr. 3 und Außenminister) und seine Frau Ienag Thirith, Sozialministerin und Schwägerin von Pol Pot, sitzen auf der Anklagebank. Der fünfte Angeklagte ist Khieu Samphan, von 1976 bis 1979 Staatsoberhaupt Kambodschas.

Zu Beginn des Tribunals sind Pol Pot, Bruder Nr. 1, und dessen Nachfolger Ta Mok bereits tot. Pol Pot wird von den Roten Khmer 1997 als Verräter festgenommen und in einem Schauprozess zu lebenslanger Haft verurteilt. Er stirbt ein Jahr darauf im Hausarrest, kurz bevor die Roten Khmer ihn an die kambodschanische Regierung nach Phnom Penh überstellen können. Ta Mok wird 1999 von der kambodschanischen Armee festgenommen. Er stirbt 2006 in Haft.

Chum Mey tritt am 30. Juni 2009 als Zeuge vor dem Internationalen Strafgerichtshof gegen die ehemaligen Führer der Roten Khmer auf. »Ich weine jede Nacht. Jedes Mal, wenn ich Menschen höre, die über die Roten Khmer reden, erinnert mich das an meine Frau und meine Kinder«, erzählt er vor Gericht. Zu mir sagt er: »Ich kann ihnen nicht vergeben, sie haben Millionen Menschen ermordet, darunter meine Frau und einer meiner Söhne.« Er habe Angst, dass ohne diesen Prozess die junge Generation den ehemaligen Anführern wieder folgen könnte.

Dass nur die ehemalige Staatsspitze vor Gericht steht, findet er richtig. »Die Wachleute haben ja nur die Befehle von oben befolgt«, sagt er. »Hätte Him Huy die Befehle nicht ausgeführt, wäre er selbst umgebracht worden.«

Beim Thema Befehlsnotstand sind sich Opfer und Täter überraschend einig.

Das Tribunal hat zwei weitere Ermittlungsverfahren gegen ehemalige Rote Khmer initiiert; die Namen der Verdächtigen sind nicht öffentlich bekannt. Allerdings gerät die weitere Verfolgung möglicher Täter durch den Internationalen Strafgerichtshof ins Stocken; Kambodschas Präsident Hun Sen hat mehrmals erklärt, dass er – abgesehen von den Prozessen gegen die fünf Topfunktionäre der Roten Khmer – keine weiteren Verfahren in seinem Land zulassen werde.

Ist das ein Glück für Him Huy? Steht sein Name auf der noch unbekannten Liste des Ermittlungsverfahrens 003? Chum Mey hält nichts von einem Prozess gegen Him Huy. »Er ist auch ein Opfer und kein Mörder«, erklärt er. »Him Huy ist kein Pol Pot.«

Chum Mey sieht meinen skeptischen Blick. »Was hätte ich an Him Huys Stelle getan?«, fragt er. »Ich glaube nicht, dass ich den Gehorsam verweigert hätte.« Dann erspäht er Him Huy, den ich gebeten habe, mit nach Tuol Sleng zu kommen. Es ist befremdlich zu sehen, wie sie sich begrüßen, wie sie miteinander umgehen. Wie zwei alte Freunde beim Klassentreffen, die sich freuen, sich nach langer Zeit mal wieder zu sehen.

»Hey, komm her!«, sagt Chum Mey.

Him Huy entschuldigt sich: »Sorry, ich kann dir nicht die Hand geben, meine Hände sind nass.«

»Das ist schon okay, setz dich.«

»Ich bin jetzt 63.«

»Oh, 63? Ich bin 88.«

»Du bist im selben Alter wie mein Vater.«

»Was macht dein Reisfeld?«

»Ist noch nicht fertig. Ich baue Bohnen und Reis an. Wie geht es deiner Familie? Gib mir mal bitte deine Nummer, das würde es einfacher machen, mit dir in Kontakt zu bleiben.«

»Ich habe meine Nummer nicht im Kopf. Aber wenn du dich melden willst, dann ruf meinen Sohn an. Ich weiß nur, wie man ein Gespräch annimmt.«

Anschließend sagt Chum Mey: »Er ist zwar kein Freund, aber wir sind beide Überlebende. Ich habe ihm vergeben.«

Bou Meng ist da schon deutlich reservierter. Auch er ist einer der sieben, die S-21 überlebt haben. Der 78-Jährige sitzt schräg gegenüber von Chum Mey im Innenhof. Er hat das Treffen der beiden still aus der Distanz beobachtet. »Him Huy hat mich geschlagen und gefoltert«, sagt er. Nein, er verspüre keine große Lust, mit seinem ehemaligen Peiniger ein Schwätzchen zu halten. Ähnlich wie Chum Mey hat auch Bou Meng einen kleinen Verkaufsstand aufgebaut. Er sitzt dahinter mit einem freundlichen Gesicht, erklärt meinem Dolmetscher sein Angebot und wartet geduldig auf die Übersetzung, dann spricht er weiter. Er signiert seine Biografie, in der unter anderem ein von ihm gemaltes Bild zu sehen ist, auf dem ein Gefangener einen Wärter die Treppe hinaufträgt. »Him Huy ist der Mörder, der mich zwang, ihn zu tragen«, lautet die Überschrift.

Bou Meng ist Maler. In den 60er-Jahren verdient er sein Geld mit dem Anfertigen von Plakaten für Kinofilme. Später eröffnet er ein kleines Malgeschäft. Er wird 1978 gemeinsam mit seiner Frau Ma Yoeun festgenommen und nach Tuol Sleng gebracht. Er hat seine Frau nie wiedergesehen. Bou Meng wird verhört, die Roten Khmer fragen ihn nach seinen Kontakten zum amerikanischen Geheimdienst CIA und zum sowjetischen Pendant KGB. Bou Meng hat weder von CIA noch KGB jemals etwas gehört, dennoch wird er wochenlang gefoltert und unterschreibt ein erzwungenes Geständnis. Auf der Krankenstation trifft er auf Duch. Die Roten Khmer ermorden seine Frau und bringen seine Kinder in ein Heim, wo sie an Unterernährung sterben. Seine Malkunst rettet Bou Meng das Leben. Er muss Porträts von Pol Pot und Karl Marx anfertigen und weiß, dass, sollten sie nicht lebensecht gelingen, das Todesurteil gegen ihn bereits gefällt ist.

Im Januar 1979 rücken vietnamesische Truppen immer näher an Phnom Penh heran. Die Wärter zwingen ihn auf einen Todesmarsch Richtung Westen. Als sich vietnamesische Panzer nähern, fliehen die Wachleute. Am 7. Januar hat das Morden ein Ende, Bou Meng ist frei.

30 Jahre später sieht er Duch wieder. Bou Meng sitzt im Zeugenstand, Duch auf der Anklagebank des Rote-Khmer-Tribunals. Das Schicksal seiner ermordeten Frau treibt ihn noch immer um. Duch antwortet ihm von der Anklagebank: »Herr Meng, ich war vor allem von Ihren Ausführungen bewegt. Ich glaube, dass Ihre Frau in Choeung Ek ermordet wurde. Aber um sicherzugehen, würde ich Ihnen gern vorschlagen, den Kameraden (Him) Huy zu fragen, der eventuell mehr Details von ihrem Schicksal kennt.«

Duch alias Kaing Guek Eav lebt nach dem Ende der Roten Khmer erst in Thailand und China, kehrt dann 1991 nach Kambodscha zurück, wo er sich unter falscher Identität aufhält.

1999 wird er identifiziert und verhaftet. Zwar beruft er sich auf Befehlsnotstand, entschuldigt sich vor Gericht aber für seine Taten – als Einziger der ehemaligen Rote-Khmer-Führer. 2010 wird er zunächst zu 35 Jahren Haft verurteilt, die unmittelbar um fünf Jahre verkürzt werden. In einem Revisionsverfahren verurteilt ihn das Gericht 2012 zu »lebenslänglich«. Er stirbt 2020 77-jährig im Krankenhaus, in das er zwei Tage zuvor aus der Haft eingeliefert wird.

Vor Beginn des Prozesses hatte Duch in einem Interview mit einem italienischen Journalisten über S-21 gesagt: »Ich und alle anderen, die an diesem Ort arbeiteten, wussten, dass jeder, der dorthin kam, psychologisch zerstört und durch ständige Arbeit eliminiert werden musste und keinen Ausweg bekommen durfte. Keine Antwort konnte den Tod verhindern. Niemand, der zu uns kam, hatte eine Chance, sich zu retten.«

Bou Meng und Chum Mey haben Tuol Sleng überlebt. Es ist ihr später Triumph über die Täter.

Nun könnte man denken, dass das gemeinsame Schicksal sie zusammengeschweißt hat, zwei Verbündete im Kampf gegen das Vergessen. Doch Bou Meng und Chum Mey reden nicht miteinander, beachten sich kaum, dabei sitzen sie fast vis-à-vis hinter ihren Verkaufsständen im Innenhof des ehemaligen Gefängnisses. Jeder für sich buhlt um die Gunst der Touristen.

Ein Bild, das niemand vergisst – das brennende
World Trade Center 2001 in New York

DER TERRORANSCHLAG VOM 11. SEPTEMBER IN NEW YORK

Bei den Anschlägen vom 11. September 2001 in den USA entführen islamistische Terroristen vier Flugzeuge und steuern zwei von ihnen in das World Trade Center in New York. Ein weiteres Flugzeug rast ins Pentagon in Washington, ein anderes stürzt nach einer Revolte der Passagiere über Pennsylvania ab. Mutmaßliches Ziel: das Weiße Haus oder das Capitol. Fast 3 000 Menschen sterben, darunter Sigrid Wiswe und Klaus Sprockamp aus Deutschland.

Marcy Borders entkommt dem Nordturm des World Trade Center und wird kurz nach dem Zusammenbruch des Towers fotografiert; das Bild der »Staubfrau« geht um die Welt. Judith Francis-Wertenbroch rettet sich zu Fuß aus dem 102. Stockwerk des Südturms.

Osama bin Laden, der Gründer des Terrornetzwerkes al-Qaida, gilt als Drahtzieher der Terroranschläge. Said Bahaji fungiert als Cheflogistiker der 11.-September-Terrorzelle in Hamburg. Sein Mitbewohner Mohammed Atta steuert die

American-Airlines-Maschine 11 in den Nordturm des World Trade Center, sein Freund Marwan al-Shehhi die United Airlines 175 in den Südturm.

Über viele Jahre hinweg spreche ich mit Überlebenden sowie Angehörigen von Opfern und Tätern des Terroranschlags. Marcy Borders interviewe ich 2006 zu Hause in New Jersey. Annelies Bahaji, die Mutter des mutmaßlichen Massenmörders Said Bahaji, besuche ich 2009 zu Hause in Georgsmarienhütte bei Osnabrück. Bernhard Sprockamp, den Vater von Klaus, spreche ich 2010 – kurz nach der Tötung Osama bin Ladens. Birgit Wiswe und Ute Bongers, Schwester und Mutter von Sigrid Wiswe, treffe ich zum zehnten Jahrestag der Anschläge an ihrem Wohnort in Pennsylvania. Bernhard Berentzen, den Lehrer von Said, und Thorsten Gerke, seinen besten Freund, interviewe ich 2022 in deren Heimat im Emsland, Judith Francis-Wertenbroch in Singapur.

* * *

Die Staubwolke über Manhattan lichtet sich allmählich, und die Sicht wird klarer, auch auf jene, die das verheerendste Attentat in der Geschichte der USA begangen haben. Plötzlich liegt Puzzleteil an Puzzleteil und man erschrickt: Die Mörder lebten offenbar mitten unter uns – als Biedermänner. So wie die Studenten Mohammed Atta, 33, Marwan al-Shehhi, 23, Ziad Samir Jarrah, 26, und Said Bahaji, 26. Letzter Wohnort: Hamburg-Harburg.

Der gefährlichste aller Terroristen – Osama bin Laden – hat von Afghanistan aus längst sein Netz über die halbe Welt ausgeworfen, und Deutschland ist dafür ein guter Fanggrund. Hier lebten und leben Mitglieder seiner Terrororganisation al-Qaida hinter einer ganz legalen Fassade: Die Ausweispapiere sind immer in Ordnung, die Legende ist perfekt. So wie bei

Atta, al-Shehhi, Jarrah und Bahaji. Alle vier waren Studenten der Technischen Universität Hamburg-Harburg (THH), ordentlich gemeldet, tiefreligiös und nie polizeilich aufgefallen. Niemand schaute hinter ihre Maske. Mitten in Deutschland bereiteten sie ihre blutige Tat vor.

Ein Boulevardmagazin bezeichnete die vermeintlich braven Studenten als »Söhne des Satans«. Schläfer nennt die Polizei solche Mitglieder von Terrorgruppen, die unauffällig und unbescholten leben bis zu dem Tag, an dem sie zu ihrem Einsatz befohlen werden.

Student Mohammed Atta rasiert sich irgendwann im Frühjahr 2001 seinen Bart ab und reist über Kanada in die USA ein. Sein Freund und Mitglaubenskrieger Marwan folgt ihm aus Hamburg am 2. Mai, einem Mittwoch. Beide haben ein Jahr zuvor in Florida ihre Flugausbildung an einer privaten Flugschule absolviert. Deren Leiter, der Niederländer Rudi Deckers, findet Atta zwar unsympathisch, schöpft aber keinen Verdacht.

Schweigsam sind sie bereits in Hamburg gewesen. »Atta hat sich von anderen Studenten immer abseits gehalten«, erzählt Markus Meyer, der Atta zweieinhalb Jahre vor den Anschlägen an der Uni kennenlernte und mit ihm an der THH studierte. Einmal geriet er mit ihm in Streit: »Atta hatte beim Studentenausschuss wegen eines Gebetsraums für die muslimischen Studenten angefragt. Ich war erst dagegen, weil ich nicht wollte, dass man die Uni für religiöse Zwecke benutzt«, sagt der 27-Jährige. Aber dann habe Atta gesagt, wenn er hier nicht beten könne, könne er hier auch nicht studieren. Also bekam er ein 14 Quadratmeter großes Zimmer in einer dunkelbraunen Holzbaracke, Raum 10. Er nannte seine Gruppe »Arbeitsgemeinschaft Islam«.

Herr Meyer, Sie haben mit ihm zusammen studiert.
Ist Ihnen nichts aufgefallen?

Bis auf sein Äußeres war er ein ganz normaler Student. Er sprach sehr gut Deutsch. Er hatte nur immer einen Kaftan an und einen Turban auf dem Kopf. Das hat Distanz geschaffen. Ich habe mich nicht getraut, ihn anzusprechen.

Sie haben damals dann doch im Studentenausschuss
zugestimmt, dass Atta und seine Gruppe einen Gebetsraum
bekommen?

Ja. Er hat gesagt, dass es ihm nicht um Missionierung gehe.

Kann dieser Gebetsraum als Kommandozentrale
missbraucht worden sein?

Dort trafen sich regelmäßig zwischen 20 und 30 Leute zum Gebet. Mehr hat man davon nicht mitbekommen.

War Mohammed Atta politisch aktiv?

Nein. Niemand aus der Gruppe hat jemals Flugblätter verteilt oder sonst wie agitiert.

War das alles nur Tarnung? In dem kleinen Raum liegen ein paar Tage nach den Anschlägen drei Gebetsteppiche auf dem Boden, ein Foto von Mekka hängt an der Wand, Videokassetten stehen im Regal. Die Polizei hat den Raum versiegelt. Niemandem fiel der Student Mohammed Atta unangenehm auf. Sein Professor beschreibt ihn als höflich, intellektuell und fromm.

Ein Mann, so unauffällig wie eine graue Maus: Am Freitagsgebet im islamischen Kulturzentrum von Harburg nahm Atta zwar teil, doch Gemeindevorstand Ali Erturan kann sich beim besten Willen nicht an den jungen Gläubigen erinnern.

»Kann schon sein, dass er hier war. Aber aufgefallen ist er mir nie«, sagt der Geistliche.

Der Anschlag vom 11. September hat überraschend schnell Gesichter bekommen. Gesichter, die Angst machen, weil es die unserer Nachbarn waren.

Anführer der Hamburger Terrorzelle ist Mohammed Atta, der den American-Airlines-Flug 11 um 8.46 Uhr Ortszeit in den Nordturm des World Trade Center steuert. Sein Kumpel Marwan al-Shehhi rast um 9.03 Uhr mit United-Airlines-175 in den Südturm des World Trade Center. Ihr gemeinsamer Freund Ziad Jarrah stürzt mit der von ihm gekaperten United-Airlines-93-Maschine bei Shanksville in Pennsylvania ab, mögliches Ziel: das Weiße Haus oder das Capitol in Washington. Ramzi Binalshibh war der zweite Mann hinter Atta. Er sollte eigentlich Pilot werden, scheitert aber am US-Visum und gilt als einer der wichtigsten Planer der Terroranschläge. Er wurde 2002 gefasst und sitzt in Guantánamo ein. Und dann gibt es noch Said Bahaji, der Mietangelegenheiten und Verträge für die Gruppe abwickelt und die geschäftlichen Aktivitäten der Attentäter ordnet.

Bahaji lebt gemeinsam mit Atta und Binalshibh in einer Wohngemeinschaft in der Marienstraße 54 in Hamburg-Harburg. »Die Terror-WG« nannten sie Medien nach den Anschlägen. 1999 heiratet er in der al-Quds-Moschee im Beisein von Atta, Binalshibh und al-Shehhi.

Said Bahaji ist einer der meistgesuchten Menschen der Welt. Das FBI jagt ihn, die CIA, der pakistanische Geheimdienst – und das Bundeskriminalamt: »Der Gesuchte steht im dringenden Verdacht, an den Terroranschlägen in den Vereinigten Staaten beteiligt gewesen zu sein. Der Ermittlungsrichter des Bundesgerichtshofes hat Haftbefehl gegen die Person wegen des Verdachts der Mitgliedschaft in einer terroristischen Vereinigung, des mehrtausendfachen Mordes und anderer schwerer Straftaten erlassen.«

Sie halten Said Bahaji für einen Mitverschwörer, der half, den größten Terroranschlag aller Zeiten zu organisieren. Sein Fahndungsbild hängt an fast jedem Flughafen: 1,85 m groß, schwarze Haare, braune Augen. Sprachen: Deutsch, Arabisch, Englisch, Französisch. Merkmale: allergischer Hautausschlag an den Händen.

Said Bahaji – eine der Schlüsselfiguren der Attentate vom 11. September. »Der Terrorlogistiker«, wie ihn Medien nach den Anschlägen nannten. Der als Verbindungsmann zwischen Osama bin Laden und der Hamburger Terrorzelle fungiert.

Seine Kindheit verbrachte Said Bahaji im Emsland. Auch ich bin dort aufgewachsen, in einem Ort ein paar Kilometer weiter. Grund genug, einmal in meiner Heimat auf Spurensuche zu gehen. Zudem kennt die Mutter meines besten Studienfreundes Saids Mutter – sie waren Kolleginnen.

Saids ehemaliger Lehrer steht im Telefonbuch. Ich rufe ihn an, und er stimmt einem Gespräch sofort zu. Bernhard Berentzen sitzt im Esszimmer seines Wohnhauses in Haren. Er trägt ein blau-weiß kariertes Hemd, seine weißen Haare fallen akkurat zur Seite. »Als ich plötzlich die Fahndungsfotos von ihm am Bahnhof sah, war ich geschockt«, sagt er.

Der ehemalige Rektor der Grundschule in Fehndorf wohnte jahrelang neben Said und seiner Familie. Die Nachricht über die Attentate vom 11. September sei schon schlimm genug gewesen, sagt er, aber dass sein ehemaliger Schüler, sein ehemaliger Nachbar daran beteiligt gewesen sein könnte, habe ihn umgehauen. »Dieses Bürschlein! Das konnte doch nicht wahr sein!«

»Das hat dich lange belastet«, sagt seine Ehefrau Annemarie, die neben ihm sitzt.

Berentzen unterrichtet Said an der Grundschule in Fehndorf, zehn Kilometer von Haren entfernt. Er wohnt nebenan, die Bahajis gegenüber, auf der anderen Seite des Süd-Nord-Kanals.

Man sieht sich täglich. Die ehemalige Grundschule ist nun eine Unterkunft für Flüchtlinge, das Wohnhaus der Familie Bahaji wirkt unbewohnt, die meisten Rollläden sind heruntergelassen, aber ein Fenster im Obergeschoss ist gekippt. Said geht bei den Berentzens ein und aus. Seine ältere Schwester Maryam ist mit einer der Töchter der Familie befreundet.

Berentzen ist sein Lehrer, als er 1981 eingeschult wird – und bleibt es bis 1984, als die Familie Bahaji nach Marokko zieht. Er erinnert sich an einen unauffälligen Schüler, kein schlechtes Benehmen, kein Überflieger, der aber schon mal in Unterhose über den Schulhof läuft. Den er unter anderem in katholischer Religion unterrichtet. Die muslimischen Kinder der Bahajis bleiben dabei einfach im Klassenverband sitzen, so läuft das damals. Bernhard Berentzen erinnert sich, dass sie auch mit in den Gottesdienst kamen, weil alle anderen Kinder zur Kirche gingen. »Seine Schwester ist mal mit zum Altar gegangen und hat die heilige Kommunion empfangen. Der Pastor war danach entsetzt.«

Said schreibt der Familie Berentzen noch einen Brief aus Marokko, und die Mutter legt seinen handgeschriebenen Zettel mit der neuen Anschrift bei, dann bricht der Kontakt ab. Zurück bleibt ein ratloser Lehrer. Es sei ein Rätsel für ihn, wer ihn so manipuliert haben könnte, wo er radikalisiert wurde, schon in Marokko oder erst in Deutschland? Seine älteste Tochter habe sich einmal mit Said gerauft, sagt er, den Grund wisse sie nicht mehr. Aber nach den Anschlägen habe sie zu ihm gesagt: »Papa, ich hab schon mal einen Terroristen verprügelt.«

Saids ehemals bester Freund Thorsten Gerke lebt noch immer in Fehndorf. Aber anders als die Berentzens hält er all die Jahre Kontakt zu ihm und seiner Schwester Maryam.

Während Saids WG-Mitbewohner Atta und Binalshibh nach Afghanistan zu Osama bin Laden reisen und die Anschläge planen, fährt Thorsten Gerke nach Hamburg, um seinen Freund zu Hause zu besuchen.

»Es ist ein unheimlicher Gedanke«, sagt der Campingplatzbesitzer in seinem Büro.

Thorsten Gerke ist ein nahbarer Mann, zupackend, unterhaltsam, geradeaus. Jemand, mit dem man gern an der Bar sitzen und ein Bier trinken würde. Said sei zwar eine Jahrgangsstufe unter ihm gewesen, aber die Klassen seien so klein gewesen, da hätten sie oft gemeinsam Unterricht gehabt. Sie sind beste Kumpels im Dorf, gucken zusammen »Captain Future«, und Thorsten geht gern rüber zu den Bahajis, denn die haben einen Projektor zu Hause. Der Kontakt reißt nicht ab, als Said nach Marokko zieht, sie schreiben sich Briefe, Telefonate sind zu teuer. Das neue Leben in Nordafrika mit einer neuen Sprache sei hart für Said gewesen, erzählt Thorsten Gerke. 1995 kehrt Said nach Deutschland zurück, um in Hamburg Elektrotechnik zu studieren.

Im Winter 1999/2000 besucht Gerke ihn während des Ramadans mit einem Freund in Hamburg. Er erzählt: »Es war das erste Mal seit der Schulzeit, dass ich ihn gesehen habe. Wir haben uns auf Anhieb wieder verstanden. Wir sind erst einmal spazieren gegangen und haben versucht, 15 Jahre aufzuarbeiten.« Sie gehen über die gefrorene Alster, lachen über ihre Streiche in Fehndorf. Thorsten tritt ins Fettnäpfchen, als er mit Said zu Burger King geht, trotz Ramadan. Abends fahren sie zu ihm nach Hause in die Marienstraße, und Said macht sich etwas zu essen. »Die Wohnung war aufgeräumt und sauber, seine Mitbewohner waren nicht da«, sagt Thorsten Gerke. »Nun zu wissen, dass Atta und Binalshibh damals nicht da waren, weil sie auf dem Weg zu bin Laden waren und den Angriff aufs World Trade Center planten, ist nicht zu fassen.«

Thorsten Gerke hat das Gefühl, dass Said sich über den Besuch freut, aber nicht, dass es für ihn ein Abschiednehmen war. Er bleibt zwei Tage in Hamburg, übernachtet aber nicht bei seinem Freund, der keinen Alkohol trinkt und sagt, er komme nicht gut klar in Deutschland, auch nicht mit seinen

Kommilitonen. Auf den Partys gehe es immer nur ums Saufen und er habe darauf keinen Bock. »Ich habe ihn verstanden, denn ich habe auch studiert und weiß, dass manche Partys ohne Alkohol nur schwer zu ertragen sind.«

Kurz nach den Anschlägen von New York fährt Thorsten Gerke mit seinem Auto auf der Bundesstraße 70 im Emsland, als er in den Nachrichten im Radio hört, dass sein Kumpel international gesucht wird. Er fährt rechts ran, versucht, seine Gedanken zu ordnen. »Ich dachte: ›Was ist denn hier los?‹ Das war ein ganz krasses Gefühl«, erzählt Thorsten Gerke. »Said hatte in Hamburg weder politisiert noch radikale Ansichten vertreten.« Als er ihn dann zum ersten Mal auf einem Fahndungsplakat sieht – »absolut surreal!« –, erkennt er seinen Freund sofort wieder.

* * *

Die ersten 28 Jahre ihres Lebens verliefen unspektakulär. Marcy Borders, geboren 1973, schrieb sich nach ihrem Highschool-Abschluss an der New Jersey State University ein, verließ die Uni aber nach kurzer Zeit wieder. Danach absolvierte sie einen Lehrgang am Chubb Institute, einer Fachschule für Büromanagement. 1993 kam ihre Tochter Noelle zur Welt, die sie in Bayonne, zehn Kilometer von Manhattan entfernt und auf der anderen Seite des Hudson River gelegen, großzog.

Nach mehreren Gelegenheitsjobs bekam sie durch eine Zeitarbeitsfirma das Angebot, für die Bank of America im World Trade Center in Downtown Manhattan zu arbeiten. Jahresgehalt: 40 000 Dollar. Marcy Borders fing am 12. August 2001 bei der Bank im WTC-Nordturm an und kümmerte sich als Assistentin um Rechtsfragen und Insolvenzen. Am 11. September 2001 steht sie in ihrem Büro im 81. Stock, als zwölf Stockwerke über ihr eines der von Terroristen entführten Passagierflugzeuge ins World Trade Center rast. Der damals 28-Jährigen gelingt die Flucht aus dem Gebäude, bevor die Türme des WTC einstürzen. Das Bild des AFP-Fotografen Stan Honda unmittelbar nach ihrer Flucht wird zur Ikone des 11. September – und sie als »Staubfrau« weltberühmt.

Den Anschlag überlebt Marcy Borders körperlich unverletzt, allerdings liegt seitdem ihr Leben in Trümmern. Kurz vor Weihnachten 2006 wohnt sie noch immer in Bayonne in New Jersey, heute allerdings in einer Sozialwohnung. Marcy Borders ist seit dem 11. September 2001 nie wieder in New York gewesen und hat seitdem nicht mehr gearbeitet. Die 33-Jährige will sich von mir nur in ihrer Wohnung interviewen lassen. Auch das Foto entsteht auf ihren Wunsch im Haus.

An ihrer Klingel steht kein Name, nur eine Nummer. Marcy Borders ist die 324. Ihre Zweizimmerwohnung ist karg eingerichtet. Eine alte Polstergarnitur, Telefon, Stereoanlage, ein Blumentopf – mehr gibt es nicht im Wohnzimmer von 324. Kein Weihnachtsschmuck, kein Bild an der Wand. Der Fernseher steht im Schlafzimmer, der Linoleumboden in der Küche klebt. Tristesse. Marcy Borders ist eine zierliche Frau, gut aussehend, dezent geschminkt, Ohrringe. Vor allem ist sie eine freundliche Frau. Dass sie vom Schicksal schwer gezeichnet ist, fällt auf den ersten Blick nicht auf. Schnell noch eine Zigarette, dann ist sie bereit fürs Gespräch, das Taschentuch in Griffnähe.

Mrs Borders ...

Ach, sagen Sie doch einfach Marcy. Das ist mir lieber.

Wie feiern Sie Weihnachten, Marcy?

Wahrscheinlich zusammen mit meiner Tochter Noelle, die bei ihrem Vater lebt. James ist ein toller Vater!

Haben Sie schon Geschenke eingekauft?

Da kann man nichts von mir erwarten. Diesen Job sollte Noelles Papa übernehmen. Ich bin arm, meine Mutter zahlt die Miete. Ich habe seit über fünf Jahren nicht mehr gearbeitet.

Der 11. September 2001 war Ihr letzter Arbeitstag?

Genau. Danach war ich zu nichts mehr zu gebrauchen. Jahrelang. Eine Woche nach den Anschlägen sollte ich wieder für die Bank of America arbeiten. Ich konnte aber nicht.

Welche Erinnerungen haben Sie an diesen Tag?

Ich brauchte am Morgen zu lange im Bad und kam daher zu spät zur Arbeit. Das war mir unangenehm. Ich hatte ja erst einen Monat zuvor bei der Bank im Nordturm des World Trade Center angefangen. Ich mochte meinen Job als Assistentin und wollte ihn nicht so schnell wieder verlieren. In der Lobby des Gebäudes kaufte ich mir noch schnell einen Kaffee und bin dann mit dem Fahrstuhl in den 81. Stock gefahren. Ich habe in meinem Büro gar nicht erst den Computer angemacht, sondern bin gleich zum Kopierer gegangen und fing an zu arbeiten. Ich wollte nicht, dass man mein Zuspätkommen bemerkt. Auf einmal hörte ich Lärm von draußen und dann eine Explosion.

Um 8.46 Uhr schlug das Flugzeug American Airlines 11 zwölf Stockwerke über Ihnen ein, zwischen dem 93. und 99. Stockwerk.

Können Sie sich vorstellen, was das für ein Krach war? Ein Passagierflugzeug, voll betankt! Das Gebäude wackelte. In unseren Büros fielen die Bildschirme auf den Boden, und Fensterscheiben zerbrachen. Ich dachte an einen Raketenangriff und an Krieg – und begann zu schreien. Meine

Kollegen versuchten, mich zu beruhigen; einer sagte, dass lediglich ein kleines Flugzeug uns gestreift hätte. Sie kannten die Richtlinien für den Notfall, versammelten sich in einem Raum und wollten auf den Feuerschutzbeauftragten warten. Aber ich hatte Panik und wollte nur noch raus aus dem WTC. Ich bin zum Treppenhaus gehetzt und nach unten gelaufen.

81 Stockwerke?

81 Stockwerke.

Wie lange haben Sie dafür gebraucht?

Ich wüsste es nicht mehr aus eigener Erinnerung, aber kurz nachdem ich draußen war – vielleicht ein oder zwei Minuten später –, stürzte um 9.59 Uhr der Südturm ein. Also habe ich ungefähr 70 Minuten gebraucht.

Hatten Sie in der Zwischenzeit mitbekommen, dass um 9.03 Uhr ein weiteres Flugzeug in den Südturm gerast war?

Nein. Bei meinem Abstieg sind mir Feuerwehrleute entgegengekommen. Den ersten von ihnen sah ich auf Höhe des 33. Stockwerks. Und Sicherheitsleute, die mich wieder nach oben schicken wollten. Aber ich bin stur geblieben und weiter nach unten gerannt.

Was geschah dann?

Ich sah den Platz vor dem WTC und die Skulptur in der Mitte. Ich wollte nur weg, aber Rettungskräfte hielten mich an den Armen fest und drückten mich an die Fassade. Sie wollten mich beschützen. Vor mir fielen Menschen, Computer und Stühle auf den Boden. Das Geräusch des Aufpralls war schrecklich. So laut und dumpf. Ich bin dann doch weggelaufen. Kurz darauf hörten wir ein Grummeln. Ein Feuerwehrmann schrie noch: »Rennt, rennt, dreht euch nicht um!« Da stürzte der Südturm ein. Alle rannten los: Feuerwehrleute, Polizisten, Helfer. Alle.

Wohin sind Sie gelaufen?

Keine Ahnung, vielleicht Richtung Broadway. Ich weiß nicht mehr, wie weit ich kam. Die Druckwelle riss mich von den Beinen. Ich schrie: »Ich will nicht sterben!« Ein Mann kam, packte mich am Arm und zog mich in ein Gebäude in Sicherheit. Dann lief er wieder davon, Richtung WTC. Er ist wahrscheinlich tot. Ich konnte nichts sehen und hatte überall Staub und Dreck auf meiner Kleidung, in Nase, Ohren und Augen. Das war der Moment, in dem das Foto aufgenommen wurde.

Können Sie sich daran erinnern?

Überhaupt nicht. Obwohl ich ja auf dem Bild in Richtung des Fotografen gucke. Ich habe ihn Monate später getroffen. Auch er weiß nicht, wo genau das Bild gemacht wurde. Wer hat in einem solchen Moment überhaupt die Zeit, um zu fotografieren? Das ist doch Wahnsinn!

Haben Sie das dem Fotografen gesagt?

Natürlich. Er versuchte, es mir zu erklären. Wir haben uns nie wieder getroffen.

Wann haben Sie das Bild zum ersten Mal gesehen?

Zwei Tage nach dem 11. September rief mich meine Mutter an: »Du stehst in der Zeitung.« – »Warum soll ich es sein?« – »Ich bin mir sicher. Ich kenne doch deine Nase und deinen Mund.« Dann hat sie mir die Zeitung vorbeigebracht.

Und plötzlich waren Sie die berühmte »Staubfrau«.

Es war so irreal. Meine Nachbarn und Freunde haben mich zum Glück in Ruhe gelassen. Aber vor vier Jahren kam zu Halloween ein junger Mann aus meiner alten Nachbarschaft zu mir. Er wollte witzig sein und trug seine Kleidung mit Staub bedeckt. Ich war nur schockiert und hätte beinahe die Polizei gerufen.

Nach dem 11. September lief Ihr Leben aus dem Ruder. Warum?

Ich habe Unmengen an Pillen geschluckt und begann zu trinken. Eigentlich sitze ich den ganzen Tag auf meinem Bett vor dem Fernseher. Ich weiß auch, dass das langweilig ist und einsam macht.

Empfanden Sie keine Freude, überlebt zu haben?

Noch nie. Ich habe keinen Kontakt mehr zu meinen ehemaligen Kollegen, habe aber gehört, dass vier von ihnen am 11. September starben. Also sollte ich eigentlich dankbar sein. Meine Mutter sagt ständig, dass ich nicht in Selbstmitleid verfallen soll. Früher war ich anders. Da zog ich um die Häuser und habe keine Party ausgelassen. Aber ich ertrage es einfach nicht, wenn ich nach draußen gehe und ein Flugzeug am Himmel sehe. Ich kann mir auch nicht die Skyline von Manhattan ansehen. Ich müsste dann bestimmt daran denken, dass erneut ein Flugzeug vor meinen Augen in einen Wolkenkratzer fliegt. Noch einmal will ich nicht Augenzeugin sein.

Warum haben Sie professionelle Hilfe bislang nicht angenommen? Für traumatisierte Opfer standen doch Millionen bereit.

In New York vielleicht.

Die Stadt ist eine halbe Stunde von Ihrer Wohnung entfernt.

Ich bin nie wieder in Manhattan gewesen.

Wem machen Sie denn Vorwürfe?

Ach, vielleicht liegt die Hälfte der Schuld für mein Elend bei mir selbst. Die ersten Monate habe ich kaum meine Wohnung verlassen. Ich hätte Hilfe auf Ämtern beantragen können. Aber das sind doch auch mögliche Anschlagsziele, genauso wie U-Bahnen, Brücken und Tunnel. Ich habe Angst, ich mache mich verrückt. Das ist mein Problem. Bislang hat der Teufel immer gesiegt.

Träumen Sie von den Geschehnissen?

Jede Nacht. Es sind Albträume: Manchmal bin ich in einem Hochhaus gefangen, renne nach New Jersey oder werde gefangen gehalten von Osama bin Ladens Kämpfern.

Wie soll es weitergehen? Sie sind erst 33, das Leben liegt noch vor Ihnen.

Ich bin jetzt bereit, psychologische Hilfe anzunehmen. Dafür benötige ich eine Krankenversicherung, die ich nicht habe. Aber ich fühle, dass ich lebe. Seit dem 16. August habe ich keinen Tropfen Alkohol mehr angerührt. Ich merke, dass mir meine 13-jährige Tochter wieder wichtig ist. Ich versuche, das Blatt zu wenden, denke daran, wieder arbeiten zu gehen, und werde mich an Silvester verloben.

Herzlichen Glückwunsch! Gibt Ihr Freund Ihnen die Kraft, die letzten Jahre hinter sich zu lassen?

Donald kenne ich seit zehn Jahren. Er ist Fernfahrer, am Wochenende immer in der Nähe und macht die Einsamkeit erträglich, vor allem jetzt in der Weihnachtszeit.

Sprechen Sie mit ihm über …

… den 11. September? Kein Wort! Er fragt nicht – und das finde ich gut.

Wer gibt Ihnen denn Halt?

Meine Kirchengemeinde. Viermal in der Woche gehe ich zu den Baptisten, singe dort, studiere die Bibel und tanze zu Gospelmusik. Meine Tochter ist am Wochenende immer bei mir, dann gehen wir gemeinsam hin.

Was haben Sie dieses Jahr am 11. September gemacht?

Ich habe mir die Gedenkfeiern im Fernsehen angeschaut. Ich könnte nicht zum Ground Zero gehen.

Besitzen Sie eigentlich noch Ihre Kleidung, die Sie auf dem Bild tragen?

(Sie steht auf und holt die Sachen.) Schuhe, Schal, Top und Rock liegen in einer Plastiktüte in einem Schrank in der Küche. Man sieht noch Dreck- und Staubspuren. Das meiste ist aber damals wieder abgefallen. Hier, riechen Sie mal! Das ist Brandgeruch.

Was haben Sie mit den Sachen vor?

Vielleicht versteigere ich sie bei eBay. Es gibt Leute, die kaufen jeden Blödsinn.

Das Fotoalbum liegt immer griffbereit neben der Couch im Wohnzimmer. Wenn Anneliese Bahaji, 76, ihren Sohn Said sehen will, dann blättert sie es durch. Die Bilder zeigen ihn im Kindergarten, im Schwimmbad mit Freunden und am Meer. Anneliese Bahaji, eine gelernte Modedirektrice, hat ihren Sohn seit Anfang September 2001 nicht mehr gesehen.

Ich treffe Anneliese Bahaji 2009 in ihrem weiß geklinkerten Wohnhaus in der Nähe von Osnabrück. Eigentlich redet sie nicht mit Journalisten. Ich hatte ihr aber vorab einen Gruß von ihrer ehemaligen Kollegin ausgerichtet, ebenjener Mutter meines besten Studienfreundes. Zudem weiß sie, dass das Magazin *Bunte*, in dem das Interview veröffentlicht wird, international – unter anderem an Flughäfen in Asien – vertrieben wird. Sie hofft, dass ihr Sohn eventuell auf diesem Weg von unserem Gespräch erfährt.

Anneliese Bahaji sagt mit der tiefen Überzeugung einer Mutter: »Ich glaube fest an seine Unschuld. Diese Anschläge passen nicht zu ihm. Wer ihn kennt, weiß das.«

Ein Teenagerbild von Said steht eingerahmt auf dem Schrank; daneben eine Skulptur mit der Aufschrift: »Ein Engel sei mit dir, wenn du dich einsam fühlst, er hält schützend die Hand über dich und schenkt dir Trost und Geborgenheit.«

Anneliese Bahaji wartet schon lange auf ein Lebenszeichen ihres Sohnes. Den letzten Anruf bekam sie im Herbst 2005, kurz nach dem schweren Erdbeben in Pakistan. »Er sagte nur: ›Mama, mir geht's gut, es ist alles okay.‹« Anneliese Bahajis Telefon wird abgehört, sie merkt das am Knacken in der Leitung. Zwei- bis dreimal hat er sich bei ihr seit 2001 gemeldet: »Es geht dann alles so schnell. Man denkt gar nicht daran zu sagen: ›Ich vermisse dich, ich liebe dich.‹ Einmal habe ich ihn ganz dumm gefragt: ›Wo bist du?‹ Said lachte und sagte, dass er mir das natürlich nicht sagen könne.«

Ende Oktober 2009 fand die pakistanische Armee Saids deutschen Pass bei einer Großoffensive gegen die Taliban in einer Lehmhütte in Waziristan, im Nordwesten des Landes. Der grüne Pass trägt noch den pakistanischen Einreisestempel vom 4. September 2001. Anneliese Bahaji: »Mich rief in aller Früh jemand aus Pakistan an und teilte mir die Neuigkeit mit. Ich bekam einen Schreck, und mein erster Gedanke war: Saidchen könnte tot sein. Ich hoffte natürlich, dass ich mich geirrt hatte. Ich war sehr deprimiert. Ob wir ihn noch einmal wiedersehen: Ich bezweifle das.«

Aus einem Umschlag zieht die Rentnerin einen vierseitigen handgeschriebenen Brief. Said schrieb ihn ihr am 26. April 2002. Es ist der einzige Brief, den sie nach dem Terroranschlag von ihm erhielt. »Ich habe ihn erst gestern Abend zum letzten Mal gelesen«, sagt Anneliese Bahaji und liest vor:

> *Meine liebe Mutter!*
> *Ich habe nichts mit den Ereignissen des*
> *11. September zu tun. Wir haben in der*
> *Marienstraße gute Zeiten verbracht, aber nie*
> *einen Anschlag geplant oder daran gedacht.*

Das ist der Strohhalm, an den sich Anneliese Bahaji klammert. »Vielleicht haben seine Freunde nur über den Plan geredet, wenn Saidchen nicht dabei war«, versucht sich die verzweifelte Mutter einzureden. Dann liest sie die letzten Zeilen vor:

> *In der Hoffnung, dass es Dir gut geht und dass*
> *wir uns bald wiedersehen, verbleibe ich mit den*
> *herzlichsten Grüßen.*
> *Dein Dich liebender Sohn Said.*

Sie legt den Brief zur Seite, blickt auf und guckt ins Leere. »Ich habe immer gehofft«, sagt sie. »Was bleibt mir anderes übrig?«

Ein Mensch – zwei Gesichter. Da ist der Sohn, der für seine Mutter immer »Saidchen« bleiben wird. Und da ist der mutmaßliche Massenmörder, der von den Geheimdiensten gejagt wird.

Frau Bahaji, was für ein Gefühl ist das, zu wissen, dass Ihrem Sohn mehrtausendfacher Mord vorgeworfen wird?

Es tut unheimlich weh.

Er ist einer der meistgesuchten Menschen auf der Welt.

Diesen Umstand habe ich verdrängt. Es ist nun mal so, wie es ist, ich kann es nicht ändern. Ich kann mir ja gar nicht etwas einreden, was für mich undenkbar wäre. Wissen Sie, kurz nach dem 11. September habe ich erst durch die vielen Fotografen vor meiner Haustür gemerkt, dass Said irgendwie involviert sein könnte. Ich stand völlig neben mir.

Was geht Ihnen durch den Kopf, wenn Sie die Bilder vom 11. September sehen?

Das ist sehr schlimm, aber Saidchen hat damit nichts zu tun.

Und wenn sich das Gegenteil herausstellen sollte?

Dann bleibt er noch immer mein Sohn. Mein Weltbild würde nicht zusammenbrechen.

Am Tag vor seiner Abreise nach Pakistan am 3. September 2001 hat Anneliese Bahaji ihren Sohn in Hamburg zum letzten Mal gesehen. »Ich dachte, er macht dort ein Praktikum und kommt in ein paar Wochen wieder zurück.« Vorwürfe hat sich Anneliese Bahaji nur unmittelbar nach den Anschlägen gemacht. »Vielleicht habe ich in der Erziehung etwas falsch gemacht. Ich zweifelte: Kann an seiner Tatbeteiligung etwas dran sein? Aber das ist ja absurd. Vielleicht klärt sich eines Tages alles auf.«

Anneliese Bahaji steht auf und geht in ihren kleinen Garten. Sie sagt: »Manchmal koche ich bewusst Couscous und Hähnchen und denke dabei an ihn. Es ist sein Lieblingsgericht.«

* * *

Auf diese Nachricht musste die Welt fast zehn Jahre lang warten. Osama bin Laden, 54, ist tot. Amerikanische Elitesoldaten erschossen den al-Qaida-Gründer 2011 in Pakistan. Der meistgesuchte Terrorist der Welt hatte sich in einer großen Residenz in Abbottabad, 60 Kilometer nördlich der Hauptstadt Islamabad, versteckt. Spezialkräfte einer Antiterroreinheit landeten mit Hubschraubern auf dem abgeschirmten Gelände und eröffneten das Feuer. Als US-Präsident Barack Obama die Nachricht eine Stunde später im Fernsehen verkündete, stürmten in den US-Metropolen die Menschen auf die Straßen und feierten den Tod des US-Staatsfeinds Nr. 1.

»Endlich ist dieser Verbrecher tot«, sagt auch Bernhard Sprockamp aus Bottrop, als ich ihn anrufe.

Bernhard und Wilhelmine Sprockamp haben am 11. September 2001 ihren Sohn Klaus beim Terrorangriff auf das World Trade Center in New York verloren. Der 42-jährige Finanzchef der Heidelberger Softwarefirma Lion Bioscience arbeitete um 9.03 Uhr im Südturm des Wolkenkratzers, als der Terrorist Marwan al-Shehhi eine Boeing 767 in das Gebäude steuerte. Bernhard Sprockamp: »Ich habe nicht mehr daran geglaubt, dass sie ihn finden. Am liebsten hätte ich den Mörder meines Sohnes eigenhändig erschossen. Er hat mir das Liebste genommen.« Seine Tochter habe ihn am Montagmorgen angerufen und die Nachricht überbracht. »Ich danke der amerikanischen Regierung und Präsident Obama von Herzen, dass sie ihn gefunden haben.«

Der 11. September habe das Leben seiner Familie verändert, erzählt er weiter. »Meine Frau und ich sind nicht mehr wir selbst seit damals. Bei meiner Frau führte das zu einem Schlaganfall und Schwindelgefühlen, ich habe seitdem Gleichgewichtsstörungen.« Die Nachricht vom Tod Osama bin Ladens wühle nun alles wieder auf. »Meine Frau ist mit ihren Nerven völlig am Ende«, sagt Bernhard Sprockamp. »Aber jetzt, wo er tot ist, hoffen wir, endlich ein bisschen Ruhe finden zu können.«

Die Erinnerung an ihren Sohn wird nicht verblassen. Überall in der Wohnung hat das Ehepaar Fotos von ihm aufgestellt. »Er war so ein lieber Junge, hat immer alles für uns getan. Obwohl er schon 17 war, ist er mit uns gemeinsam in den Urlaub gefahren. ›Papa, mit euch ist es am schönsten‹, hat er immer gesagt.«

Noch kurz vor dem 11. September hatten die Eltern mit ihrem Sohn telefoniert. »Er wollte am nächsten Tag zurück nach Hause fliegen«, erzählt sein Vater. Aber dort kam er nie an. Bernhard Sprockamp holt kurz Luft, dann sagt er: »Die Gerechtigkeit hat gesiegt, aber der Tod dieses Mörders kann meinen Sohn nicht wieder lebendig machen.«

Klaus Sprockamp liegt auf dem Friedhof von Seeheim-Jugenheim bei Darmstadt begraben. Er hinterließ eine Ehefrau und zwei Söhne. Seine Witwe arbeitet als Ärztin in der Nähe.

* * *

Zum zehnten Jahrestag der Anschläge fliege ich nach Pennsylvania in die USA, um dort die Angehörigen von Sigrid Wiswe zu treffen. Ihre Schwester Birgit Wiswe, 48, Allgemeinmedizinerin, und ihre Mutter Ute Bongers, 85, leben in Collegeville in Pennsylvania, zweieinhalb Stunden Autofahrt von New York entfernt.

Alles, was vom Leben der 41-Jährigen damals übrig geblieben ist, sind Kreditkarte, Mitarbeiter- und Hausausweis. »Ihre angekohlten Dokumente entdeckte man Monate später bei den Aufräumarbeiten«, sagt ihre Schwester. »Doch Sigrids Leiche konnte nie gefunden werden, sie ist zu Asche zerfallen.«

Es ist ein beklemmender Moment, nun die Überreste der Kreditkarte mit ihrem Foto und ihren Mitarbeiterausweis mit den Buchstaben »1WTC Wiswe« in den Händen zu halten.

Im Esszimmer steht auf einem Tisch ein großes Porträt von Sigrid. Es zeigt eine fröhliche, selbstbewusste Frau. Die American-Express-Managerin war in Offenbach aufgewachsen und nach der Scheidung der Eltern zusammen mit Mutter und Schwester in die USA ausgewandert. Ein Jahr vor den Anschlägen zog Sigrid Wiswe mit 30 Mitarbeitern ins World Trade Center auf die Etage der Firma Marsh & McLennan. »Die Erinnerungen an Sigrid verblassen nicht«, sagt Birgit Wiswe. »Der letzte gemeinsame Besuch in Deutschland, im Dezember 2000, auf dem Christkindlesmarkt in Nürnberg war herrlich. Es war unsere letzte gemeinsame Reise.«

Schlimm seien vor allem immer die Wochen vor dem 11. September, dann komme alles wieder hoch, erzählt Birgit Wiswe. Noch heute denke sie, wenn sie mal wieder nicht schlafen kann: »O Gott, es ist wieder August, der 11. September naht.« Kurz vor den Anschlägen hat sie ein Wochenende gemeinsam mit Sigrid in den Catskill Mountains verbracht; es sind herrlich unbeschwerte Tage gewesen, sie haben zusammen viel gelacht. Ute Bongers: »Am Sonntagabend haben wir noch telefoniert, und das war's dann.« Zwei Tage später ist ihre Tochter Sigrid tot.

Sigrid Wiswe geht am 11. September um 8.30 Uhr in ihr Büro im 94. Stock des Nordturms. Eigentlich wollte sie erst später kommen, aber dann wurde ein Meeting kurzfristig um zwei Tage vorverlegt auf den 11. September, 9 Uhr. Sigrid sortiert noch schnell ihre Unterlagen und sagt einer Kollegin, dass sie eine Viertelstunde vor Beginn des Meetings ihr Zimmer verlassen wolle. Doch um 8.46 Uhr kracht American-Airlines-Flug 11 zwischen dem 93. und 99. Stockwerk ins Gebäude. 38 000 Liter Treibstoff explodieren in einem Feuerball.

Birgit Wiswe ist damals im vierten Monat schwanger. An diesem 11. September macht sie sich auf den Weg zu einer Vorsorgeuntersuchung. Ihr Mann informiert sie per Handy über den Anschlag in New York. Sie glaubt im ersten Moment, nur eine kleine Cessna sei ins Gebäude gestürzt, und spricht ihrer Schwester auf die Mailbox. »Als ich nach Hause kam und meinen Mann Victor weinend in der Tür stehen sah, wusste ich, dass etwas viel Schlimmeres passiert sein musste. Da war schon der Südturm zusammengebrochen«, erzählt Birgit Wiswe.

Zwei Tage nach den Anschlägen fahren die Ärztin und ihr Mann Victor nach New York. Neun Tage suchen sie nach Sigrid, sprechen mit Feuerwehrleuten, hängen überall in Manhattan Sigrids Foto an Zäune und Laternenmasten. Birgit Wiswe telefoniert 30 Krankenhäuser ab, aber es gab ja kaum Verletzte. »Wir hatten trotzdem Hoffnung«, erzählt Ute Bongers. »Vielleicht ist Sigrid schon ein paar Minuten früher zu diesem Meeting gegangen, redeten wir uns ein. Gleichzeitig quälte mich die Vorstellung, dass Sigrid im Fahrstuhl eingeschlossen war und verbrannt ist. Ich hatte noch monatelang diesen Albtraum.«

Für Birgit Wiswe ist vor allem das erste halbe Jahr extrem emotional. Sie ist hin- und hergerissen, einen Tag glaubt sie an ein Wunder, am nächsten Tag versucht sie, sich mit Sigrids Tod abzufinden. »Für uns wäre es natürlich einfacher gewesen, hätte man ihre Leiche gefunden«, sagt sie. »So glaubte ich, sie sei verschollen, hänge irgendwie irgendwo fest. Da war natürlich viel Fantasie dabei. Erst allmählich habe ich realisiert, dass wir sie nie wiedersehen werden.«

Verzweiflung und Schuldgefühle wechseln sich ab. Birgit Wiswe fühlt sich ertappt, als sie ein paar Wochen nach den Anschlägen einmal lachen muss: »Ich dachte, meine Schwester ist tot und ich bin jetzt hier fröhlich.« Fünf Monate nach den Anschlägen bringt Birgit Wiswe eine Tochter zur Welt. Ihr ist klar, dass sie sie Sigrid nennt.

Schrecklich sei der Moment gewesen, als sie die Tür zu Sigrids Wohnung öffneten. »Es sah so friedlich aus, als ob sie gerade gegangen wäre«, sagt Ute Bongers. Und Birgit Wiswe ergänzt: »Sigrids Kopfkissen haben wir vom Bett genommen. Meine ältere Tochter Katja hat es heute noch in ihrem Bett – ungewaschen.«

Seit den Anschlägen fährt die Familie stets an den Jahrestagen zum Ground Zero. Die Mutter legt dann Rosen an einem Gedenkbrunnen im American-Express-Gebäude direkt gegenüber von Ground Zero ab. Dabei denkt sie an ihre Tochter, die gemeinsamen Erlebnisse in New York, die Besuche in der Oper, die Spaziergänge durch die Häuserschluchten. Auch bei Birgit Wiswe ist Sigrid ständig präsent; die Telefonnummer ihrer toten Schwester ist noch immer bei ihr im Handy gespeichert.

* * *

Judith Francis-Wertenbroch macht sich am Morgen des 11. September lediglich Gedanken über ihre Schuhe. Auf dem Weg zur Arbeit trägt sie weiß-braune Sneakers mit orangefarbenen Schnüren. Sie sehen nicht besonders schick aus, sind aber bequem. Sie hat sie gerade erst gekauft, will sie einlaufen, befürchtet aber, dass ihre Kollegen, die sie noch nicht lange kennt, denn sie arbeitet erst seit März in diesem Büro, komisch gucken könnten.

Eigentlich wäre sie an diesem Tag gestorben, hätte sie, wie üblich, gegen neun Uhr den Lift in ihr Büro im 102. Stockwerk des Südturms des World Trade Center genommen. Doch sie hat einem Kollegen versprochen, ihm bei einer Präsentation zu helfen, und kommt schon 20 Minuten früher zur Arbeit. Judith Francis-Wertenbroch ist Beraterin beim Versicherungskonzern AON und kümmert sich um Entschädigungszahlungen.

Eigentlich hat sie Höhenangst, aber sie findet den Blick auf Manhattan aus dem 102. Stock spektakulär, besonders an diesem klaren, wolkenlosen Herbsttag. Von ihrem Büro aus kann sie das erste Flugzeug, das in den Nordturm schräg gegenüber rast, nicht sehen. Sie sieht nur einen Schatten, kann ihn aber nicht einordnen. Als sie um 8.46 Uhr ihren kleinen Schrank öffnet, um ihre Schuhe zu wechseln, sieht sie plötzlich einen Feuerball, der aus dem Nordturm heraus explodiert, Teile, die herunterfallen, eine Staubwolke. Und sie spürt die Hitze, die zu ihr zum Südturm herüberbläst. »Meine Haare waren angesengt«, erzählt sie.

Sie weiß nicht, was drüben im WTC1 passiert ist. Aber sie schmeckt Flugzeugbenzin auf ihrer Zunge.

Sie rennt zu ihrem Boss, sagt ihm, er müsse raus. Sie sieht, wie sich ihre Kollegen an der Rezeption versammeln, unschlüssig, was zu tun sei. Sie wollen die Security informieren. Doch Judith ist in Panik. »Wir können doch nicht auf die Security warten. Wir müssen hier raus!«, schreit sie ihre Kollegen an. Sie nimmt Luisa, eine Mitarbeiterin, an die Hand und nicht den Fahrstuhl, wie einige ihrer Kollegen, sondern den Notausgang B in der Mitte des Turms.

Sie guckt auf die Uhr, es ist 8.52 Uhr, sechs Minuten später.

Erst im Nachhinein wird ihr bewusst, dass es das einzige Treppenhaus ist, das beim gleich folgenden Einschlag zunächst intakt bleibt und bis ins Erdgeschoss führt.

Um 9.02 Uhr hastet sie um den Treppenabsatz zwischen dem 86. und 85. Stockwerk, als zwischen dem 77. und 85. Stockwerk Marwan al-Shehhi mit der United-Airlines-Maschine 175 in einer Aufwärtskurve in den Südturm fliegt.

Ich treffe Judith Francis-Wertenbroch gemeinsam mit ihrem Ehemann Klaus, einem Marketingprofessor aus Deutschland, im vergangenen Jahr in einem Park in Singapur. Der Jahrestag steht bevor, das Ehepaar muss noch packen, denn am nächsten Tag verreist es nach Südafrika. Die beiden verreisen immer über den Jahrestag, zu Hause kann und will die Amerikanerin den 11. September nicht verbringen.

Judith Francis-Wertenbroch ringt nach Worten, wenn sie an den Moment des Einschlags denkt, auch 21 Jahre danach. »Können Sie sich vorstellen, wie das klingt, wenn Stahl auf Stahl trifft, wenn Stahlträger andere Stahlträger zerschneiden?«, fragt sie. Sie empfindet es als ein scharfes Geräusch, unfassbar laut, als ob tausend Elefanten durchs Gebäude trampeln.

Das Gebäude beginnt zu wackeln, durch eine offene Tür im 85. Stock fliegen Judith Trümmer und Glas ins Gesicht. Mit seinem Körper hält ein Mann die Tür geöffnet, es strömen weitere Menschen ins Treppenhaus. »Dieser Mann telefonierte und sagte beiläufig: ›Oh, das war eine Rakete.‹ Ich weiß nicht mehr, ob ich ihn angeschrien habe oder nur diesen Gedanken in meinen Kopf hatte: ›Wenn das eine Rakete war, willst du dann nicht verdammt noch mal raus hier?‹ Ich sah nur Rauch und Feuer und habe gerufen: ›Raus hier!‹«

Judith denkt wieder an den Geschmack von Flugzeugbenzin auf ihrer Zunge, den sie ein paar Minuten zuvor schmeckte, als das erste Flugzeug in den Nordturm flog. Sie lässt nach dem zweiten Einschlag die Hand ihrer Kollegin los und hastet allein weiter nach unten. Im 70. Stockwerk besinnt sie sich, denkt, was habe ich denn da gerade eigentlich gemacht, und ruft nach oben: »Komm, Luisa, beeil dich, mach schneller, komm, komm, komm!«

Die Hitze und der Staub nehmen zu. Im 66. Stockwerk kommen den beiden Frauen die ersten Feuerwehrmänner entgegen, die in voller Montur nach oben eilen. Judith und Luisa flehen sie an, nicht weiterzugehen. »Aber sie antworteten nur, das sei ihr Job.«

Wenn sie nun mit einem Abstand von mehr als 20 Jahren an ihre Flucht denkt, erinnert sie sich an einen gesitteten, fast friedlichen Ablauf. Zwar hätten einige Leute gerufen, man solle rennen, und andere wiederum hätten das Gegenteil gesagt, aber es sei eher ein hastiges Hinuntergehen gewesen, ohne über andere Menschen zu trampeln.

Doch während ihres Abstiegs denkt sie an nichts, sie betet, während sie hinuntereilt, Psalm 91,1. Jeder Person, die sie im Treppenhaus überholt, legt sie die Hand auf die Schulter und sagt: »Du schaffst das.«

»Es ging mir darum, dass man sich nicht allein fühlte. Das war extrem wichtig für mich.«

Für die 102 Stockwerke nach unten benötigt Judith eine Stunde und vier Minuten. Sie läuft die unterirdische Passage entlang, die weg vom Gebäude Richtung U-Bahnhof führt, den sie von ihrem täglichen Weg zur Arbeit kennt. Sie passiert »Kelly Film Express«, denkt kurz, dort müsse sie noch Fotos abholen, die sie zum Entwickeln abgegeben hat. Am Wochenende zuvor – zum US-amerikanischen Tag der Arbeit – hat ihre Mutter sie mit Neffe und Nichte besucht und sie hat viel geknipst. Ein Wachmann fordert sie auf, sie solle den Ausgang zur Plaza zwischen den beiden Türmen nehmen, sie läuft aber weiter und erreicht in der Nähe des Millennium-Hotels, an der Ecke Church Street und Dey Street, wieder Tageslicht. Drei Minuten später sieht sie die riesige Staubwolke – sie sagt: »Blumenkohlwolke« – des in sich zusammenstürzenden Südturms.

Von ihren insgesamt 250 Kollegen sterben 176, darunter auch Erica, ihre Mentorin.

Judith ist einer von nur 18 Menschen, die sich oberhalb der Einschlagszone im Gebäude befunden und überlebt haben.

Auch ihre Kollegin Luisa hat es an ihrer Seite geschafft. Sie halten kurz inne, beten, dann bringt sie ein Schulbus zur 9. Straße. Sie kämpfen sich zu Fuß weiter gen Norden, Angehörige ihrer Kollegin bringen sie zu deren Haus nach Long Island, wo Judith von ihrem Bruder abgeholt wird und mit ihm zu seinem Haus nach Brooklyn fährt. »Ich habe nicht viel gesagt. Ich war ganz weit weg – emotional, mental und physisch«, sagt Judith Francis-Wertenbroch. Sie habe das Gefühl gehabt, den Medien ihr Erlebnis schildern zu müssen, und gibt NBC ein Interview.

Klaus Wertenbroch, ihr Mann, sagt: »Wir kannten uns damals schon, waren aber noch nicht zusammen. Ich bin gerade im Urlaub in Griechenland gewesen, als ich sie plötzlich im Fernsehen sah.«

Bei Judith wird eine posttraumatische Belastungsstörung diagnostiziert, sie hat Panikattacken, Angstzustände; 18 Monate lang, zweimal in der Woche, geht sie zu ihrem Therapeuten. Was ihre ehemalige Kollegin heute macht, wo sie lebt? Judith weiß es nicht.

Neun Tage nach den Anschlägen wird zwischen den Trümmern von Ground Zero der unzerstörte Fotoladen entdeckt, in dem 500 Filmrollen in einem Korb liegen, darunter auch die von Judith. Ein paar Wochen später holt sie die entwickelten Fotos ab. »Ich habe mich wie ein Kind gefreut«, sagt sie. Das Magazin *People* bringt eine einseitige Story.

Kurz nach dem 11. September kehrt sie zurück zur Arbeit bei AON, in einem Behelfsbüro in der 59. Straße, gegenüber vom Kaufhaus Bloomingdale's. Business as usual? Für Judith überhaupt nicht.

* * *

Die Leben von Said Bahaji, Bernhard Berentzen, Thorsten Gerke, Marcy Borders, Anneliese Bahaji, Bernhard Sprockamp, Birgit Wiswe, Ute Bongers und Judith Francis-Wertenbroch sind mit dem 11. September verbunden, manche mehr, manche weniger. Sie haben unterschiedliche Erinnerungen an diesen Tag. Es sind verschiedene Schicksale, verschiedene Lebensläufe. Sie alle eint, dass sie für immer mit dem 11. September verwoben sein werden.

Marcy Borders erreicht ihren Tiefpunkt erst Jahre nach unserem Gespräch, als sie das Sorgerecht für ihre Kinder verliert. 2011 begibt sie sich in eine Suchtklinik, sie berappelt sich, ihre Kinder dürfen zu ihr zurück. 2014 erkrankt sie an Magenkrebs, sie führt ihn auf den giftigen Staub vom zerstörten World Trade Center zurück. Ihre Behandlung gegen den Krebs kann sie nicht bezahlen, sie hat hohe Schulden. Ein Jahr später stirbt sie im Alter von 42 Jahren.

Ob Said Bahaji noch lebt?

Er soll nach den Anschlägen unter seinem Kampfnamen Zuhair al-Maghribi für Propagandavideos und die Technik der al-Qaida-Medienabteilung »al-Sahab« verantwortlich gewesen und bei Kämpfen mit US-Truppen verletzt worden sein, dadurch hinke er. Das zumindest behaupteten zwei al-Qaida-Aussteiger gegenüber den Ermittlungsbehörden. Außerdem trage er Bart und wesentlich längere Haare als auf den Fahndungsplakaten. Er lebe mit einer Spanierin zusammen, mit der er mehrere Kinder habe.

Die Tageszeitung *Die Welt* berichtete, dass deutsche und amerikanische Sicherheitsbehörden davon ausgingen, dass Bahaji im September 2013 in der afghanisch-pakistanischen Grenzregion ums Leben gekommen sei. 2017 wird dieser Verdacht untermauert, als Aiman al-Zawahiri, al-Qaida-Anführer und Nachfolger Osama bin Ladens, in einer Videobotschaft den verschiedenen »Märtyrern« der Propagandaabteilung dankt, die in den vergangenen Jahren im Kampf ums Leben gekommen seien. Unter anderem nennt er den Namen Zuhair al-Maghribi.

Ist Said Bahaji also tot?

Das BKA hat seit 2006 den Fahndungsaufruf nicht mehr aktualisiert, führt Bahaji aber immer noch als Gesuchten. Der internationale Haftbefehl besteht, die Interpol-Fahndung läuft weiterhin. »Tod eines Geistes«, titelte *Die Welt*, »Der letzte Flüchtige« wiederum die *Bild*-Zeitung. Seine Mutter Anneliese hat nie Gewissheit bekommen; sie stirbt 2021 in Georgsmarien-hütte bei Osnabrück. Maryam, Saids Schwester, schickt Thorsten Gerke die Traueranzeige per WhatsApp. Sie stehen noch immer in Kontakt.

Bernhard Berentzen, sein Grundschullehrer, rührt die Information, dass sein ehemaliger Schüler vermutlich tot ist. »Ich habe mir manchmal gewünscht, dass man ihn lebend findet. Dass ich eine Erklärung bekomme.«

Judith Francis-Wertenbroch bewahrt zu Hause die Sneakers, die sie am 11. September trug, im Original-Schuhkarton auf. Manchmal öffnet sie ihn und schiebt das Einlegepapier zur Seite. Die Turnschuhe sehen noch immer wie neu aus. Judith hat sie nur ein Mal getragen.

Der Mord, den Jim Leavelle (links) nicht
verhindern kann: Jack Ruby (rechts) erschießt 1963
den Kennedy-Mörder Lee Harvey Oswald

DER KENNEDY-MORD (... UND DER MORD AM KENNEDY-MÖRDER)

Das Attentat auf US-Präsident John F. Kennedy am 22. November 1963 in Dallas gilt als Jahrhundertverbrechen. Lee Harvey Oswald erschießt den Präsidenten, als dieser in einer offenen Limousine auf dem Weg zu einer Wahlkampfrede ist. Zwei Tage nach dem Verbrechen wird Kennedys Mörder Oswald von Nachtclubbesitzer Jack Ruby im Keller des Polizeigebäudes von Dallas erschossen.

Beide Morde sind fotografisch/filmisch dokumentiert. Auf dem sogenannten Zapruder-Film sieht man die Schüsse auf den US-Präsidenten sowie den Bodyguard Clint Hill, der auf das Heck der fahrenden Limousine klettert. Jim Leavelle ist der Polizist, der Lee Harvey Oswald im Polizeigebäude von Dallas eskortiert und mittels einer Handschelle an ihn gefesselt ist, als der Kennedy-Mörder von Jack Ruby erschossen wird. Mit dem ehemaligen Detective spreche ich 2006.

* * *

Als Jim Leavelle stirbt, titelt die *Washington Post*: »Handcuffed to History«, übersetzt: »An die Geschichte gefesselt«. Eine treffende Überschrift.

Es gibt viele Bilder und Filme, die Verbrechen dokumentieren. Die Leichenberge in deutschen Konzentrationslagern nach dem Zweiten Weltkrieg, die Toten vom Massaker von My Lai während des Vietnamkrieges oder die Opfer der Apartheid in Südafrika zeugen von grauenvollen Taten. Doch nur wenige Aufnahmen zeigen den Moment des Mordes.

Nguyen Ngoc Loan erlangt 1968 weltweit zweifelhafte Berühmtheit. Der südvietnamesische General und Polizeichef von Saigon erschießt einen Vietcong-Angehörigen auf offener Straße. Der AP-Fotograf Eddie Adams hält den Moment fest, als Nguyen Van Lem mit einem Kopfschuss exekutiert wird. Der Polizeichef steht links im Bild, mit dem Rücken zur Kamera. Er zielt mit seiner Pistole auf den Kopf des 34-jährigen Vietcong, dessen Hände auf dem Rücken gefesselt sind und dessen Kopf zur Seite fliegt. Der Fotograf erhält im Jahr darauf den Pulitzerpreis; sein Foto gilt als eines der erschütterndsten Bilder des Vietnamkrieges.

Auch Clint Hill und James »Jim« Leavelle sind auf Bildern zu sehen, die einen Mord dokumentieren. Bilder, die die beiden US-Amerikaner dennoch populär gemacht haben. Sie schreiben Bücher, treten als Gastredner auf und signieren die historischen Aufnahmen. Beide zehren ein Leben lang von ihrem Ruhm. Und sind als Augenzeugen von zwei dramatischen Momenten der amerikanischen Geschichte begehrte Interviewpartner. Doch im November 1963 – innerhalb von zwei Tagen in derselben Stadt – können beide einen Mord nicht verhindern: Bodyguard Clint Hill den an US-Präsident Kennedy, Polizist Jim Leavelle den an Kennedy-Mörder Lee Harvey Oswald.

Clint Hill ist Leibwächter beim Secret Service. Er ist am 22. November 1963 im Konvoi dabei, als John F. Kennedy in

Dallas erschossen wird. Auf dem Film, der die Ermordung des US-Präsidenten zeigt, sieht man ihn von hinten auf das Heck der Präsidentenlimousine springen, dann schiebt er die First Lady Jacqueline Kennedy, die aufs Heck des Cabrios geklettert ist, zurück auf den Rücksitz des Wagens, der ins Krankenhaus rast.

Zwei Tage später begleitet Jim Leavelle, Polizist in Dallas, Lee Harvey Oswald, den Mörder Kennedys, durch den Keller des Polizeipräsidiums. Ein Fotograf hält den Moment fest, als der Nachtclubbesitzer Jack Ruby mit einer Waffe auf Oswald zielt und abdrückt. Leavelle steht verdattert daneben.

Beide historischen Zeitdokumente – der Film des Kennedy-Mordes wie auch das Foto der Erschießung Oswalds – brennen sich in das kollektive Gedächtnis nicht nur der USA, sondern der Weltöffentlichkeit ein. Ähnlich wie die Exekution des Vietcong in Vietnam zeigen beide den exakten Moment des Verbrechens.

Abraham Zapruder ist kein Journalist, sondern Textil-unternehmer von Beruf. Er ist Hobbyfilmer, als er mit seiner 414 PD Zoomatic-Kamera den vorbeifahrenden Präsidenten-konvoi in Dallas in Farbe festhält. Für einen Amateur ist er im Besitz einer geradezu professionellen Ausstattung. Er steht (unfreiwillig) goldrichtig, als direkt vor ihm Kennedy erschossen wird. Unmittelbar nach dem Attentat verkauft Zapruder seinen Film an das *Life*-Magazin für 125 000 Dollar. Nach seinem Tod gibt *Life* den Film an die Erben Zapruders zurück. Diese überlassen den Originalfilm schließlich der US-Regierung für 16 Millionen Dollar.

Die Protagonisten, die auf Zapruders Video zu sehen sind, sind schon lange tot. Jackie Kennedy-Onassis stirbt 1994, der texanische Gouverneur John Connally, der mit seiner Frau in der Reihe vor den Kennedys sitzt, stirbt im Jahr zuvor, seine Witwe 2006. William Greer vom Secret Service, der Fahrer der

Limousine, stirbt 1985, sein Kollege Roy Kellerman auf dem Beifahrersitz 1984.

Verbleibt: Clint Hill.

Clint Hill kommt 1932 in North Dakota zur Welt. 1958 fängt er in Denver beim Secret Service an, ein Jahr später wird er dem Weißen Haus zugeteilt. Er ist am 22. November 1963 als Personenschützer der First Lady eingeteilt, als diese ihren Mann auf Wahlkampfreise in Dallas begleitet. Gemeinsam mit dem texanischen Gouverneurs-Ehepaar fahren sie in einer offenen Limousine durch die Stadt. Abraham Zapruder steht an der Dealey Plaza und filmt die Präsidentenlimousine, die direkt vor ihm die Elm Street entlangfährt. Clint Hill steht auf dem vorderen linken Trittbrett eines Wagens des Secret Service unmittelbar dahinter. Auf seinem Film sieht man den US-Präsidenten Schaulustigen an der Strecke zuwinken, dann fängt Zapruder die ersten beiden Schüsse ein. Der Präsident ist am Hals getroffen, er reißt die Hände hoch, seine Frau beugt sich zu ihm, nimmt ihn in den Arm. Dann der fatale dritte Schuss, der den Kopf des US-Präsidenten nach hinten wirft. Während das Gouverneurs-Ehepaar Schutz unter seinen Sitzen sucht, klettert Jackie Kennedy auf die Kofferraumhaube. Nun kommt Clint Hill ins Bild, keine zwei Sekunden nach dem tödlichen Schuss. Er springt auf das hintere Trittbrett der Limousine, packt einen Handgriff, klettert auf das Heck und drängt die First Lady zurück ins Innere des Wagens. Dann beugt er sich schützend über den getroffenen Präsidenten und die First Lady. Die Limousine rast zum Krankenhaus.

Es sind nur ein paar Sekunden, die Clint Hill auf dem Zapruder-Film zu sehen ist. Sie machen aber den bis dato unbekannten Secret-Service-Agenten äußerst populär. Nach dem Anschlag sagt er in der Warren-Kommission, die den Mord an Kennedy aufklären soll, aus: »Der rechte hintere Teil seines Kopfes fehlte. Er lag auf dem Rücksitz des Autos. Sein Gehirn wurde freigelegt.

Der gesamte hintere Teil des Autos war mit Blut und Gehirnstücken bedeckt. Mrs Kennedy war komplett mit Blut bedeckt. Es war so viel Blut, dass man nicht sagen konnte, ob es noch eine andere Wunde gegeben hatte oder nicht, außer der einen großen klaffenden Wunde im rechten hinteren Teil des Kopfes.«

John F. Kennedy stirbt kurz darauf im Krankenhaus. Wahrscheinlich war er schon bei der Einlieferung ins Parkland Memorial Hospital hirntot.

Und Amerika ist um einen tragischen Helden reicher. Clint Hill wird ein paar Tage nach der Beisetzung Kennedys in Washington für seinen furchtlosen Einsatz geehrt – im Beisein von Jackie Kennedy. Über den Moment des Attentats sagte Clint Hill einmal in einem Gespräch mit der *New York Times*: »Ich habe immer ein Schuldgefühl gehabt. Ich wünschte, ich wäre schneller gewesen.«

Jim Leavelle wäre auch gern schneller gewesen, zwei Tage nach dem Mord an Kennedy.

Leavelle eskortiert am 24. November dessen Mörder Lee Harvey Oswald durch den Keller der Polizeizentrale in Dallas, als das Foto entsteht. Es zeigt den Polizisten mit cremefarbenem Anzug und Stetson-Hut. Er ist hochgewachsen, stämmig und hebt sich allein schon aufgrund seiner eleganten Kleidung von den Umherstehenden ab. Seine linke Hand ist mit Handschellen an die rechte von Oswald gekettet. Mit dem Rücken zur Kamera steht der Nachtclubbesitzer Jack Ruby, der auf Oswald schießt. Leavelle guckt perplex in Richtung des Mörders, Oswald krümmt sich mit gequältem Gesicht, sein Mund ist weit geöffnet, seine gefesselte Hand hält er vor seinen Körper. Robert H. Jackson schießt das Bild für *The Dallas Times Herald*. Seine Zeitung hat ihn beauftragt, die Überführung Oswalds vom Polizeigebäude ins Gefängnis zu dokumentieren. Beinahe Alltagsgeschäft für den Fotografen. Doch auch Jackson steht goldrichtig und drückt im richtigen Moment auf den Auslöser.

Sein Foto macht den Mann mit dem hellen Hut weltberühmt.

James Leavelle kommt 1920 in Texas zur Welt. Mit 19 geht er 1939 zur Marine und arbeitet als Matrose auf dem Kriegsschiff *USS Whitney*. Er ist an Bord, als japanische Flieger am 7. Dezember 1941 Pearl Harbor angreifen, und überlebt unverletzt. Das ist das erste Mal, dass er Geschichte hautnah miterlebt. 1950 fängt er bei der Polizei an, versieht die ersten Jahre Dienst als Streifenpolizist, arbeitet sich in der Abteilung für Einbruchsdiebstahl hoch und wechselt schließlich zur Mordkommission.

Jim Leavelle ist 85 Jahre alt, als ich mit ihm spreche. Er lebt mit seiner Frau Taimi noch immer in Dallas. Die beiden sind seit 62 Jahren verheiratet, haben drei Kinder und drei Enkelkinder.

Ich will von ihm wissen, was er von den unzähligen Verschwörungstheorien hält, die sich hartnäckig in der US-amerikanischen Öffentlichkeit halten. Es existieren Umfragen, nach denen bis zu 70 Prozent der Amerikaner bis heute nicht glauben, dass Lee Harvey Oswald ein fanatisierter Einzeltäter war. Auftraggeber seien vielmehr – je nach Einschätzung – Fidel Castro, die Mafia oder die CIA gewesen.

Mr Leavelle, welche Erinnerung haben Sie an den 24. November 1963?

Ich sollte Lee Harvey Oswald vom Polizeigebäude ins Gefängnis überführen. Auf dem Weg von der Zelle zum Auto im Polizeikeller habe ich noch im Spaß zu Oswald gesagt: »Wenn dich jemand erschießen will, hoffe ich, dass er ein guter Schütze ist und nicht mich trifft.« Oswald lächelte und sagte, dass niemand auf ihn schießen werde. Aber mein Scherz schmeichelte ihm. Oswald fühlte sich als Held und damit wichtig.

Was geschah dann?

Ich sah Jack Ruby auf uns zukommen und wusste sofort, was passieren würde. Ich wollte Oswald beschützen und ihn hinter mich schieben. Aber alles ging so rasend schnell. Ich habe Oswalds Körper gedreht, da fiel er auch schon zu Boden. Irgendwie haben mein Kollege und ich Ruby zu Boden werfen können. Als im Krankenhaus die Kugel aus Oswalds Körper entfernt wurde, habe ich einer Krankenschwester mein Taschenmesser gegeben, damit sie ihre Initialen in die Kugel einritzen konnte – als Beweis. Dann habe ich die Kugel in ein Taschentuch eingewickelt und ins Labor bringen lassen.

Kannten Sie Jack Ruby?

Ich war bereits 1951 als Polizist in seinem Tanzclub. Ich erkannte sein Gesicht, konnte es aber keiner Person zuordnen. Zwei Tage nach der Tat habe ich Ruby vom Polizeigebäude ins Gefängnis bringen müssen. Denselben Weg wie Oswald, aber dieses Mal natürlich geheim, ohne Presse und Kamera. Ruby war sehr nervös und hatte panische Angst, dass auch er erschossen werden würde. Er wollte zur Tarnung meinen weißen Anzug und meinen Hut tragen. Ich sagte ihm, dass er es nicht wert sei, getötet zu werden. Als wir zum Auto kamen, verkroch er sich schnell hinter den Vordersitz und machte sich ganz klein. Er wollte nicht erkannt werden.

Was ist aus Ihrer Kleidung geworden?

Hut, Anzug, Krawatte und Handschellen hat das Sixth Floor Museum in Dallas vor zwei Jahren als Leihgabe bekommen. Das Museum ist in jenem Lagerhaus, aus dem heraus Oswald auf Kennedy schoss.

Sie haben jahrelang in Schulen und vor Organisationen gesprochen. Warum?

Weil ich mich verpflichtet fühlte. Die Kinder lasen Bücher und sahen Filme, in denen immer wieder irgendwelche abstrusen Verschwörungstheorien geschildert wurden. Alles kam vor, nur nicht die Wahrheit. Lee Harvey Oswald war der alleinige Mörder des Präsidenten. Basta!

Was macht Sie so sicher?

Ich kenne alle Untersuchungsergebnisse. Hätte Oswald überlebt, wären sie ja im Gerichtsverfahren bekannt geworden, und jeder hätte anerkannt, dass er ein Einzeltäter war. Von Verschwörungstheorien habe ich die Nase voll. Ich habe einmal den Fehler gemacht, auf einem Podium vor Anhängern dieser Theorien zu stehen. Das tue ich nie wieder.

Wie sind Sie mit Ihrer Popularität in Amerika umgegangen?

Sie hat mein Leben zum Glück nicht verändert. Ich muss zwar auch heute noch jede Menge Autogrammpost beantworten, aber viel lieber hantiere ich in meiner Garage, tausche Glühbirnen aus und streiche das Wohnzimmer.

Haben Sie eigentlich jemals wieder derart erstaunt geguckt wie auf dem Foto?

Nie wieder, keine Situation war wie diese. Und nicht einmal meine Frau hat mich dazu bringen können, auch nur annähernd ähnlich zu schauen.

Jim Leavelle geht 1976 mit 56 Jahren als Detective in Rente. Clint Hill verlässt den Secret Service fast gleichzeitig, im Jahr zuvor. Nach seinem Ausscheiden aus dem Dienst gibt Hill ein langes Interview im US-Fernsehen, dann wird es still um ihn. Er beginnt zu trinken und wendet sich von seiner Familie ab. In den frühen 80er-Jahren kriegt er die Kurve und berappelt sich.

1990 fährt er zum ersten Mal seit dem Attentat auf Kennedy wieder nach Dallas. Er besucht das ehemalige Texas School Book Depository, ein sechsstöckiges Lagerhaus für Schulbücher, aus dessen zweitoberstem Stockwerk Oswald auf den Präsidenten schoss, vergleicht dort den Standpunkt des Schützen, Schusswinkel, Wetter, Sicht, Weg der Präsidentenlimousine, einfach alles, was ihm die Gewissheit verschafft: Er hat damals nicht versagt.

Jim Leavelle beantwortet auch noch mit 98 Jahren Fanpost, ist aber besorgt, dass seine Unterschrift mit dem Alter zu krakelig wird. Die Polizei in Dallas benennt eine Auszeichnung nach ihm, dort gilt er als lebende Legende, mehrere Polizisten checken wöchentlich, ob es ihm gut geht, denn seit dem Tod seiner Frau 2014 lebt er allein. Im Alltag trägt er immer ein paar Abzüge des historischen Bildes in der Tasche, die er bei Bedarf signiert. Zu Veteranentreffen in der US-Hauptstadt Washington nimmt er aber keine mit – dort will er mal nicht im Mittelpunkt stehen.

Die Stadt Dallas lebt gut von der Geschichte. Es gibt mehrere JFK-Touren, die zu den historischen Orten führen, zum Lagerhaus, aus dem Oswald auf den Präsidenten schoss, zum Parkland Hospital, in dem Kennedy, Oswald und Ruby starben und wo an der ehemaligen Notaufnahme, nun Radiologie, eine Plakette an Kennedys Einlieferung erinnert, zum Texas-Theater, in dem Oswald festgenommen wurde, und zum Polizeihauptquartier, in dessen Keller Ruby auf Oswald schoss. Oft markiert ein weißes Kreuz auf dem Straßenbelag der Elm Street die Stelle, an der Kennedy tödlich getroffen wurde. Es ist aber eher ein Orientierungspunkt für Schaulustige, die – kommt kein Auto – schnell auf die Straße huschen und ein Selfie machen.

In Dallas ist jeden Tag der 22. November 1963.

In den obersten zwei Stockwerken der Buch-Lagerräume ist seit 1989 das Sixth Floor Museum untergebracht, die meistbesuchte Sehenswürdigkeit der Stadt. Ein Exponat sticht sofort ins Auge: Es ist der cremefarbene Anzug von Jim Leavelle. 300 US-Dollar habe er damals im Monat verdient, sagte der Ex-Polizist einmal in einem Interview, davon habe er sich keinen Luxusanzug der US-Nobelkaufhauskette Neiman Marcus leisten können. Aber ein Freund, der zugenommen hatte und dem der edle Zwirn nicht mehr passte, habe ihn ihm geschenkt. Drei Anzüge hatte Leavelle in den 60er-Jahren in seiner Garderobe. Der berühmt gewordene sei an diesem schicksalsträchtigen 24. November schlicht an der Reihe gewesen.

2019 besucht Jim Leavelle eine seiner Töchter in Colorado. Er bricht sich dort die Hüfte, muss operiert werden und stirbt kurz darauf an einem Herzinfarkt. Leavelle wird 99 Jahre alt. Bei seinem Tod ist der ehemalige Detective schon seit 44 Jahren in Rente.

Clint Hill ist mittlerweile 91 und schreibt noch immer Bücher über seine Zeit mit der First Lady und dem US-Präsidenten.

Das Interesse an den Kennedys scheint endlos zu sein.

EPILOG

Für mich als Kind war er eine einzige Zumutung. Er wirkte seriöser als meine Grundschullehrerin Frau Pöker, was eigentlich gar nicht ging, denn Frau Pöker war für mich der Inbegriff des Ernsthaften. Er trug Anzug und Krawatte. Seine Stimme wirkte monoton und langweilig wie die eines Nachrichtensprechers der »Tagesschau«. An eine besondere Gestik oder Mimik kann ich mich nicht erinnern. Ist seine markante Hornbrille mal verrutscht? Musste er sie geraderücken? Auch ist bei mir kein Fauxpas hängen geblieben. Hat er sich mal verlesen? Klappte eine Schalte zu Konrad Toenz in die Schweiz oder zu Peter Nidetzky nach Wien nicht? Vor allem aber: Konnte dieser Mann überhaupt lachen?

Ich habe Eduard Zimmermann dennoch geliebt. Ich konnte es kaum erwarten, wenn ich ihn alle paar Wochen am Freitagabend um Viertel nach acht im ZDF sah. Wenn die Titelmelodie von »Aktenzeichen XY… ungelöst« einsetzte und dieser ältere grauhaarige Herr im biederen Anzug »Guten Abend, meine Damen und Herren« sagte. Bei mir zu Hause traf die Ansprache nur bedingt zu; mein Vater hatte kein Interesse an »XY«, er las vielmehr ein Buch. Noch heute äfft er lieber die »Tatort«-Melodie (»Da daa, da daaaa«) zu Beginn nach, als sich zu uns vor den Fernseher zu setzen. Übrig blieben also meine Mutter, mein Bruder und ich. Zu dritt guckten wir Eduard Zimmermann bei der Arbeit zu, wie er die Bevölkerung um Mithilfe bei der Aufklärung von Verbrechen bat.

An den anderen Freitagabenden saß ich ebenfalls nach der »Tagesschau« vor dem Fernseher und guckte den Krimi, der kam: Siegfried Lowitz in »Der Alte« und Horst Tappert als Kommissar

Derrick. Beide keine großartigen Energiebündel und Eduard Zimmermann in seiner spießigen, drögen Art ziemlich ähnlich. Zum Glück gabs da noch den Privatdetektiv Josef Matula in »Ein Fall für zwei«. Matula war cooler, vor allem jünger, mit frecher Schnauze, er schmiss sich in den Dreck und sagte auch mal »Scheiße«. In meinem Nachbarort spielte der Matula-Schauspieler Claus-Theo Gärtner einmal Theater mit seinem TV-Partner Günther Strack. Nach dem Auftritt gingen meine Kumpels und ich nach draußen zur Hintertür seiner Garderobe. Ob wir angeklopft haben oder nicht – das weiß ich nicht mehr. Claus-Theo Gärtner stand auf jeden Fall in Unterhose vor uns, rief noch »Moment, Moment«, hatte aber keine Chance, uns zu entkommen. Er tat so, als ob er uns an den Kragen wollte – und gab Autogramme.

Hätte ich Eduard Zimmermann in Unterhose sehen wollen? Hätte ich mir da auch ein Autogramm geholt?

Was mich aber bei Zimmermann so faszinierte: Es waren eben *echte* Fälle, es ging um *echten* Mord und Totschlag, *echten* Bank- und Juwelenraub. Ich hatte immer ein Kissen in der Nähe, das ich bei Bedarf schnell vors Gesicht hielt, wenn auf dem Bildschirm plötzlich ein Verbrecher aus dem Nichts auftauchte und jemanden totschlug. Das Problem: Die Kissen waren nicht groß genug, meine Ohren kriegten noch zu viel mit. Ich habe mir öfter fast in die Hose gemacht. Ich erinnere mich noch an einen Fall, als sich ein vermummter Gangster über Nacht in der Abstellkammer im Keller einer Bank versteckte, die ahnungslose Putzfrau vor Beginn der Schalterzeiten um sechs Uhr morgens die Tür öffnete, um Eimer und Besen zu holen – und der Verbrecher sie plötzlich mit einer abgesägten Schrotflinte bedrohte. Ich glaube, ich habe lauter geschrien als die Putzfrau, denn die Hand des Gangsters auf ihrem Mund war schneller als mein Griff zum Kissen. Erst Jahre später habe ich auf Wikipedia gelesen, dass abgesägte Schrotflinten bei

Bankräubern en vogue waren, weil sie durch die geringe Länge unauffälliger transportiert werden konnten.

Doch trotz immer wiederkehrender Angst vor überraschenden Momenten vor dem Fernseher am Freitagabend hätte ich Eduard Zimmermann nicht missen wollen. Denn diese *echten* Fälle kannte ich nicht.

In meiner Kindheit in einem Dorf im Emsland gab es keinen Mord und Totschlag. Immerhin: Es hingen Suchplakate der RAF-Terroristen in der örtlichen Post. Immer wenn einer geschnappt wurde, strich Herr Hengelage, der Postchef, das Gesicht mit einem schwarzen Filzstift durch. Er versorgte mich mit diesen Plakaten, die ich in meinem Kinderzimmer aufhängte. Manchmal bin ich mit meinem Fahrrad zur Post gefahren, um zu gucken, ob weitere Gesichter durchgestrichen waren.

Unsere Polizeistation war eine Ein-Mann-Dienststelle; den Polizisten nannte jeder beim Vornamen »Paul« oder – wenn man über ihn sprach – den »Dorfsheriff«. Ich sah ihn ein- oder zweimal wöchentlich und siezte ihn. Nicht, weil ich etwa etwas ausgefressen hatte: Herr Straatmann war mein Fußballtrainer in der E-Jugend. Als Kind war er für mich eine Respektsperson, ein Mittvierziger, liebenswürdig und nahbar. An taktische Finessen auf dem Bolzplatz kann ich mich nicht erinnern, auch nicht daran, dass er mal erwähnte, ob er gerade Verbrecher im Dorf fing (das hätte mich damals mehr interessiert als Passspiel und Ballannahme). Ein paarmal hat er mich und ein paar Nachbarjungs ermahnt, weil wir statt Fünfzigpfennigmünzen ähnlich große Zweipfennigstücke in den Kaugummiautomaten eingeworfen und ihn so geleert hatten. Unser Co-Trainer Horst wirkte dagegen jugendlich cool, mit Vollbart und einem kleinen Renault, den er rasant fuhr. Auf einem Mannschaftsfoto von 1982 steht links zwischen uns zehnjährigen Knirpsen unser Trainer mit Krawatte und rechts der Co-Trainer in Lederjacke. Herr Straatmann und Horst – irgendwie waren sie wie Zimmermann und Matula.

Heute sitzen in der neu gebauten Dienststelle ein knappes Dutzend Polizisten; der Chef und Hauptkommissar ist mein bester Abifreund. Mit einer Knarre habe ich ihn noch nie gesehen. Das liegt aber eher daran, dass ich ihn nur ein-, zweimal im Jahr zum Schnitzel und Bier in einer Kneipe treffe. Er würde niemals sein Dienstgeheimnis verletzen, aber ich habe auch nicht den Eindruck, wenn er es denn täte, dass er mir dann üppig von Mord und Totschlag berichten könnte.

Als ich 13 war, gab es endlich einmal Action in meinem Dorf. Da wurde bei einem Zahnarzt erst das Haus ausgeraubt und dann angezündet. »Ganz schön gemein«, schrieb ich am 27. März 1986 in mein Tagebuch. Die Polizei hatte damals den durch den Brand entstandenen Schaden auf ein bis eineinhalb Millionen DM beziffert. Eine Nummer zu klein für Eduard Zimmermann, aber großes Kino für mich.

Der Zahnarzt war ein Bekannter meiner Eltern. Ein schicker Enddreißiger mit schwarzem Haar, der einen coolen Citroën wie Schimanski im »Tatort« fuhr. 1983 nahm er mich und meinen Bruder mit zu einem Europapokalspiel von Werder Bremen gegen Lokomotive Leipzig. Er zahlte die Tickets und die Bratwurst in der Halbzeitpause. Ich mochte ihn. Und das Auto. Wir spielten im selben Tennisverein, hatten uns kurz nach dem Brand auf dem Platz verabredet. Doch mitten im ersten Satz brach er das Spiel ab; er meinte, ihm gehe es nicht gut. Ich führte das nicht auf meine unorthodoxe Spielweise zurück, die ihm das Leben auf der roten Asche zur Qual werden ließ, sondern auf die Nachwirkungen des Raubs bei ihm zu Hause.

Die Bombe platzte ein paar Tage später. »Diebesgut unter der Erde aufbewahrt – Stiftete Zahnarzt zur Brandstiftung an?«, titelte die *Ems-Zeitung* im Sommer 1986. Die Kriminalpolizei sei einem groß angelegten Versicherungsbetrug auf die Spur gekommen, hieß es, alle Beteiligten hätten Geständnisse abgelegt. Natürlich war er Gesprächsthema Nummer eins im Dorf.

So etwas hatte es bei uns ja auch noch nie gegeben. Ich meine: Brände, klar, die gab es, Versicherungsbetrug auch, Diebstahl sowieso. Aber alles auf einmal? Dazu gehörte er zur Hautevolee im Dorf. Der Zahnarzt! Mit Millionenvilla!

Doch damit nicht genug, die Polizei klärte zwei weitere Versicherungsbetrügereien auf. Ein paar Monate nach unserer Bremen-Fahrt ließ der Zahnarzt den von mir geliebten Citroën von einem Helfer aus einem Nachbarort wegschaffen. Dieser zerlegte den Wagen doch tatsächlich in Kleinteile und führte ihn dem Schrott zu.

Den Zahnarzt habe ich nach unserem Tennisspiel nie wieder gesehen. Eduard Zimmermann schon. Und zwar nicht im TV, sondern im *echten* Leben.

30 Jahre lang, von 1967 bis 1997, moderierte Zimmermann in 300 Sendungen den von ihm erfundenen ZDF-Klassiker »Aktenzeichen XY… ungelöst«. Er fasste 568 Mörder, 579 Räuber, 459 Betrüger, 142 Einbrecher und 13 Terroristen. Die Zahnarzt-Episode aus meinem Heimatdorf wäre ihm zu popelig gewesen.

Eduard Zimmermann hat zweifellos Fernsehgeschichte geschrieben. »Aktenzeichen XY… ungelöst« ist bis heute eines der langlebigsten und erfolgreichsten TV-Formate geblieben. Zimmermann ist preisgekrönt, wurde mit Goldener Kamera, Adolf-Grimme-Preis, Bambi und Bundesverdienstkreuz ausgezeichnet.

Als er seinen 75. Geburtstag feiert, besuche ich ihn zu Hause in Leukerbad in der Schweiz. Ich will mit ihm über den Erfolg der Sendung sprechen und darüber, warum er selbst mal im Knast saß.

Herr Zimmermann, wie würden Sie sich selbst auf einem Steckbrief beschreiben?

Als Mischung aus Fantast, Spinner und – na ja, Krümelkacker. Ich musste in meiner Sendung äußerst penibel sein. Übrigens bin ich als ausgesprochen fauler Mensch geboren. Meine Verwandten haben immer gesagt: »Aus dir wird nichts.«

Und dann hatten Sie mit Ihrer Sendung riesigen Erfolg …

Dass sie derart einschlägt, hatte ich nicht erwartet. In den ersten Jahren hatten wir eine Quote von 79 Prozent und 30 Millionen Zuschauer – das ist heute unvorstellbar.

Nun sind Sie seit sechs Jahren im Ruhestand.
Vermissen Sie die XY-Ganoven?

Nein, überhaupt nicht. Ich bin immer noch in der Redaktion aktiv, sozusagen die graue Eminenz im Hintergrund.

Und – freut sich Ihr Nachfolger Rudi Cerne über
sachdienliche Hinweise?

Jawohl! Er weiß, dass mein Wissen aus 40 Jahren Fernsehen nicht schädlich sein kann. Ich helfe ihm, damit er nicht in ein Fettnäpfchen tritt.

Sie selbst waren jahrelang extrem gefährdet, heißt es …

Ja, ich stand auf der Todesliste der RAF und hatte Polizeischutz. Das Sicherheitsproblem war schon lästig. Die RAF-Terroristin Ulrike Meinhof war meine erste Kritikerin. Für die Linken war meine Sendung natürlich ein Stich ins Herz: Da kommt der Zimmermann daher und stellt alle Theorien der 68er infrage.

Haben Sie jemals Post aus dem Gefängnis bekommen?

Da gab es einige, die mir geschrieben haben mit dem Tenor: »Nun haben Sie mich hinter Gitter gebracht. Wie stellen Sie sich jetzt meine Resozialisierung vor?«

Sie selbst saßen von 1949 bis 1954 im Gefängnis.
Warum?

Man warf mir Spionage vor. Ich bin im Auftrag einer Stockholmer Tageszeitung in die damalige sowjetische Besatzungszone gereist und wollte über die dortigen Verhältnisse schreiben. Ich wurde vor ein sowjetisches Militärgericht in Potsdam gestellt.

Was geschah dann?

Man verurteilte mich zu 25 Jahren Arbeitslager. Ich wurde in das berüchtigte Gefängnis in Bautzen eingeliefert. Der Schriftsteller Walter Kempowski war schon da, als ich ankam. Mit ihm hatte ich aber wenig Kontakt. Erst saß ich in einer Vier-Mann-Zelle drei Jahre in Bautzen, dann noch eineinhalb Jahre in Einzelhaft in Brandenburg. Ich war aufgefallen, weiß aber nicht mehr, warum. Entlassen wurde ich aus einer Zwölf-Mann-Zelle.

Wie schlimm war's?

Vieles hat man verdrängt, vieles auch vergessen, aber es war eine schlimme Zeit für mich. Sie hat mich geprägt, aber auch stark gemacht. Ich wurde mit Schlagstöcken und Knüppeln geschlagen. Erst von den Russen in der Untersuchungshaft, dann in Bautzen von der Volkspolizei. Aber ich will gar nicht so darüber nachdenken, denn sonst kommt man nicht mehr davon los. Heute ist diese schlimme Zeit sehr weit weg für mich.

Könnte man sagen, Sie haben zwei Leben gelebt?

O ja! Als ich freikam, habe ich mich über Berlin in den Westen abgesetzt, und heute feiere ich den 17. Januar, den Tag der Entlassung, als zusätzlichen Geburtstag, den Beginn meines zweiten Lebens.

Eduard Zimmermann steht auf, stellt den Fernseher an, legt eine Videokassette in den Rekorder und zeigt dem Fotografen, der mich begleitet, und mir die erste »XY«-Sendung vom 20. Oktober 1967. Pausbäckig und mit schwarzem Haar guckt er als Moderator ernst in die Kamera. Diese Art von Fernsehen war damals völlig neu. Zimmermann erfand quasi das Realityfernsehen in Deutschland – mit durchschlagendem Erfolg: Schon kurz nach der sechsten Sendung im Juni 1968 konnte dank Zuschauerhinweisen ein Mörder festgenommen werden.

Nun, im Winter 2004, ist Eduard Zimmermann TV-Pensionär und ergraut. Seine Ernsthaftigkeit ist geblieben. Der Fotograf muss ihn ein paarmal bitten und seine Bedenken entkräften, bevor er für ein Bild durch eine Lupe guckt. Das Ergebnis gefällt ihm. Sehe ich da etwa ein Lächeln über sein Gesicht huschen? Er schlägt vor, sich an der Bar fotografieren zu lassen, mit einem Glas Whiskey in der Hand. Er nimmt zwei Gläser aus dem Schrank, doch wir lehnen zunächst dankend ab, müssen noch mit dem Mietwagen zurück zum Flughafen nach Zürich. »Ich gieße aber kein Wasser hinein«, sagt er bestimmt – und lacht. Moment, Zimmermann lacht? Hat er gerade wirklich gelacht? Das Diktiergerät ist aus, der Fotograf hat seine Kamera zur Seite gelegt und wir prosten uns mit *echtem* Whiskey zu. Ich gestehe ihm, dass er mir als Kind schlaflose Nächte bereitet hat. »Da müssen Sie etwas falsch verstanden haben«, antwortet er trocken.

Der *Spiegel* schrieb einmal, Zimmermann sei eine Kultfigur des deutschen Fernsehens. Für mich war er derjenige, der das Grauen nach Hause brachte. Herrlich! Trotz Kissen vor dem Gesicht.

DANKSAGUNG

Danke an:
MaPa, Marc Groenewoud, Kathja Groenewoud,
Jan Groenewoud, Sára Maria Groenewoud

Danke an:
Sebastian Graf von Bassewitz, Hans-Jürgen Bomba, Klaus
Dierkes, Karl Doeleke, David Grondin, Thorsten Großer,
Ulla Hockerts, Kanut Kirches, Professor Dr. Guido Knopp,
Thilo Komma-Pöllath, Tanja Kuchenbecker, Matthias Kühr,
Silke Maier-Witt, Philipp Maußhardt, Normen Odenthal,
Adriana Ramirez-Bomba, Dr. Dr. Conrad Rauber, Kathrin
Rauschnabel, Markus Rauschnabel, Michael Rehfeld, Patricia
Riekel, Jörg Rohde, Fabian Erik Schlüter, Joachim Schmitz,
Frank Spörl, Carsten Stormer, Stefanie Will, Lena Woitkowiak

Danke an:
meine Gesprächspartner. Ohne die …

Folge dem Autor auf Amazon

Wenn dir dieses Buch gefallen hat, folge André Groenewoud auf Amazon. Dann erhältst du eine Benachrichtigung, wenn der Autor sein nächstes Buch veröffentlicht. Um dem Autor zu folgen, gehe bitte folgendermaßen vor:

Desktop:

1) Suche auf Amazon.de oder in der Amazon App nach dem Namen des Autors.
2) Klicke auf den Namen des Autors, um auf die Autorenseite zu gelangen.
3) Klicke auf den »Folgen«-Button.

Smartphone und Tablet:

1) Suche auf Amazon.de oder in der Amazon App nach dem Namen des Autors.
2) Klicke auf einen Titel des Autors.
3) Klicke auf den Namen des Autors, um auf die Autorenseite zu gelangen.
4) Klicke auf den »Folgen«-Button.

Kindle eReader und Kindle App:

Wenn du dieses Buch auf einem Kindle eReader oder in der Kindle App liest, wird dir automatisch angeboten, dem Autor zu folgen, nachdem du die letzte Seite des Buches gelesen hast.

Zeitfracht Medien GmbH
Ferdinand-Jühlke-Straße 7
99095 Erfurt, Deutschland
produktsicherheit@kolibri360.de

Druck:
CPI Druckdienstleistungen GmbH
im Auftrag der
Zeitfracht Medien GmbH
Ein Unternehmen der Zeitfracht - Gruppe
Ferdinand-Jühlke-Str. 7
99095 Erfurt